国际经贸合规风险与应对

彭德雷　王达坡　孙安艺　魏圣香 ◎ 著

上海人民出版社

序 言

当前，百年未有之大变局加速演进，世界进入新的动荡变革期。与此同时，国际经贸规则加速重塑，国际贸易和投资环境发生重大变化，我国“走出去”企业面临着愈加复杂的合规风险和挑战。深度参与全球产业分工和合作，维护多元稳定的国际经济格局和经贸关系，对我国推进高水平对外开放，实现经济高质量发展的总体目标至关重要。近年来，不少企业因对合规风险预判和经验不足而受到经济制裁、监管调查与不合理诉讼，由此遭受巨大经济和声誉损失。合规主要是指企业及其员工的经营管理行为符合有关国际条约、法律法规、监管规定、行业准则、商业惯例、道德规范和企业依法制定的章程及规章制度等要求的总称。当前，跨境合规涉及的领域显著扩张，涵盖贸易管制、国家安全审查、外汇管理、反垄断、反洗钱、反腐败、反补贴、反倾销、劳工权利保护、环境保护、数据和隐私保护、知识产权保护等多个领域。一些国家正密集出台或更新合规相关的法律政策，如美国陆续实施了《2018年出口管制改革法案》《外国投资风险审查现代化法案》《2022年芯片与科学法案》等一系列修法和专门立法，欧盟于2022年相继通过了《企业可持续性尽职调查指令草案》和《关于扭曲欧盟内部市场的外国补贴条例》等法案，配合执法实践的更新，对境内外企业的跨境投资与经营提出更高标准和要求，加剧双多边经贸投资秩序的不确定性和企业的全球合规负担。

国际经贸合规作为企业规范经营的管理手段，已成为现代企业健康发展的基石和企业参与全球市场竞争的必然选择，对中国企业的生存和发展而言，比过去任何历史时期都更为重要。增强企业合规风险意识，从多个角度形成主动合规格局，提升涉外企业的治理水平，是实现我国贸易与投资高质量发展和构建新发展格局所必须解决的一项长期且具有挑战性的工作。近年来，国务院办公厅、商务部和发展改革委等相关部门先后印发了一系列有关企业合规经营管理的指导文件，如2016年《关于建立国有企业违规经营投资责任追究制度的意见》，2018年《企业境外经营合规管理指引》和2022年《中央企业合规管理办法》等，为企业推进合规管理体系建设、提升抵御涉外经营风险的能力提供了制度支撑。2021年3月，企业合规被正式写入我国“十四五”规划（《中华人民共和国国民经济和社会发展第十四个五年规划和2035年远景目标纲要》第13章第2节、第19章第5节），规划明确指出，主管部门需“引导企业加强合规管理，防范化解境外政治、经济、安全等各类风险”“推动民营企业守法合规经营，鼓励民营企业积极履行社会责任”。

本书基于前期深入调研、广泛研讨等，围绕美国、欧盟、印度等重点国家与区域组织，以及“一带一路”倡议、《全面与进步跨太平洋伙伴关系协定》（CPTPP）、《数字经济伙伴关系协定》（DEPA）等国际经贸合作机制的最新实践变化，从国际法与国内法角度对国际经贸投资合规问题进行专题研究，主要包括第一篇“制裁与出口管制合规”，第二篇“境外投资与跨境经营合规”，第三篇“环境、社会与治理（ESG）合规”以及第四篇“知识产权与数据合规”，涵盖贸易摩擦与制裁、出口管制、境外投资国家安全审查、海外反腐败、绿色环保与可持续发展、知识产权、跨境数据流动、对接高水平经贸规则以及科技类企业经贸合规体系建设等具体议题，以供理论界和实务界参考。

第一篇“制裁与出口管制合规”共包含三章内容，主要聚焦美欧反经济胁迫机制、经济制裁和出口管制制度下的企业合规问题。当前，单边主义和保护主义抬头，日趋激烈的大国博弈加剧了全球治理困境。美欧希望突破现有法律体系，不断充实国内政策工具，扩大立法管辖范围和执法权限，强化对竞争对手的贸易与投资限制，经济制裁往往成为主要手段。因此，美欧经济制裁带来的相应风险成为我国企业开展国际业务无法回避的重要问题。本篇第一章《国际经贸摩擦中的制裁与反制裁——以美欧〈反经济胁迫法案〉为视角》系统检视了美欧应对贸易争端的现有法律工具和反经济胁迫法案的主要内容与具体实施，提示中国企业积极运用和不断完善现有贸易摩擦应对机制。第二章《欧盟对外经济制裁体系及其镜鉴》全面梳理了欧盟对外经济制裁体系的发展、建构与运作模式，揭示了欧盟对外经济制裁体系存在的诸多问题，提出各主体运用欧盟对外经济制裁体系漏洞、境内外司法与行政手段等维护自身合法权利的建议。第三章《美国对华出口管制：制度设计、发展趋势与企业应对策略研究》对美国军品与两用物项出口管制制度的法律渊源、体系设计和对华执法发展趋势等进行全方位审视，指出我国企业可以从内部合规、政策游说、行政申诉与司法诉讼等方面加强合规应对，以求在国际贸易竞争中保持主动。

第二篇“境外投资与跨境经营合规”共包含六章内容，重点关注企业境外投资和跨境经营过程中面临的国家安全审查、反垄断、反补贴、反腐败、反贿赂等合规风险。近年来，随着国际经贸环境日趋复杂，国际供应链安全问题频发，美欧等经济体纷纷出台海外投资审查的新规，中国企业往往成为重点审查对象，对境外高科技和敏感行业的投资收购频频受阻。本篇第四章《企业境外投资合规中的国家安全审查》以中国企业赴海外投资典型案例为依据，深入分析英国、美国、欧盟等发达国家和地区最新境外投资法律法规中的国家安全审查制度，围绕国家安全审查，为赴境外投资的中国企业提供相关建议。第五章《国有企业对外投资合规问题研究》剖析总结了国有企业对外投资面临的来自国内、投资东道国以及国际法上的三重合规要求，并就推动国有企业对外投资合规提出相应建议。第六章《美国〈反海外腐败法〉及中国跨国公司反腐败刑事合规建设》和第七章《美国〈反海外腐败法〉与中国企业反腐合规体系建设》全面梳理分析了美国《反海外腐败法》的规范体系及执法动态，探讨了美国执法部门“软硬兼施”的组合责任制度，并具体反思“西门子跨国商业贿赂案”这一美国反海外腐败执法典型案例，解读西门子公司建立的反腐败合规工具和合规准则，为企业构建反腐败合规管理体系提供有益借鉴。第八章《我国高新技术企业跨国经营之风险管理研究》以我国某高新技术企业的合规经验为例，探讨“长臂管辖权”对我国高新技术企业实施制裁的方式和影响，为我国高新技术企业应对相关跨国经营风险和合规体系建设提供参考。第九章《小米印度公司银行资产扣押案评析》依据公开资料，系统梳理了小米印度公司遭印度财政部下属的不同税务部门轮番调查的案件始末，为我国赴印经贸投资企业提供经验借鉴。

第三篇“环境、社会与治理（ESG）合规”共包含四章内容，主要聚焦环境保护和劳工权利保护等基于可持续发展理念的企业经营合规风险。进入21世纪，人类在推动科技进步和产业变革的同时，日益面临资源短缺、生态环境恶化、社会问题突出等多重挑战，因此可持续发展议题备受关注。ESG目标已被国际社会广泛认可，不少国家将其引入立法并作为企业经营发展必须遵守的理念原则。ESG目标要求企业在从事商业活动时，需要考虑自身生产经营和决策行为对环境保护和利益相关群体的负面影响，充分履行社会责任，提高企业治理水平。第十章《绿色“一带一路”倡议下企业境外投资ESG合规风险及规制》以绿色“一带一路”建设为背景，全面梳理了“一带一路”建设中和ESG相关的国内政策及立法，分析了中国“走出去”企业在“一带一路”沿线国家经贸投资活动中面临的环境保护、社会责任与公司治理三个维度的合规风险与成因，并从国家与企业层面提出防范与化解相关ESG合规风险的建议。第十一章《企业供应链环保合规风险及应对》聚焦欧盟及其成员国的企业供应链尽职调查立法的演进，提出当前欧盟企业供应链环保合规所要求的主体范围正不断扩大，立法趋势呈现从“软法”向“硬法”的过渡，需要相关主体予以重视并做好应对方案的建议。第十二章《我国应对欧盟碳边境调节机制的法律策略》系统检视了欧盟碳边境调节机制的演进、原因、要点，指出钢铁、电力等碳密集型产品与碳边境调节机制高度关联，可能对我国产业竞争力产生较大影响，建议我国积极开展环境产品和服务自由化谈判，同时加快高碳行业绿色转型，建立健全碳交易市场与碳税的制度设计。第十三章《CPTPP劳工标准与中国的加入路径探讨——以越南劳工标准改革为借鉴》是以CPTPP协定第19章劳工条款确立的高标准权利保护内容为研究基础，借鉴越南国内劳工标准改革实践，以为中国加入CPTPP的劳工标准谈判提供路径指引。

第四篇“知识产权与数据合规”共包含四章内容，主要聚焦数字经济背景下数据跨境流动和知识产权合规等关键议题。当前我国知识产权保护程度和发达国家尚存差距，企业在进出口贸易中的知识产权风险一直以来都是一个值得关注的合规风险点。伴随新近高水平区域贸易协定将知识产权保护水准不断提升，该领域的合规风险防范也变得愈发紧迫。第十四章《企业知识产权国际合规：发展历程、规则检视与体系完善》回顾了企业知识产权国际合规发展历程，梳理了RCEP、CPTPP等国际贸易协定的知识产权规则，系统分析我国企业在知识产权国际合规管理中应关注的知识产权注册登记、境外监测及争议应对、合规文化建设、管理体系认证等重点问题，以期在实现企业自身更好发展的同时，为建设知识产权强国和贸易强国提供动力支持。第十五章《个人信息出境合规要求探析》和第十六章《补全个人信息出境合规路径的拼图——〈个人信息出境标准合同办法〉重点解读》深入解读了我国最新出台的《数据出境安全评估办法》《个人信息出境标准合同办法》等数据出境相关规定，从实务层面帮助我国企业明辨数据出境评估要求，为个人信息数据、成体量数据等数据跨境安全传输提供了行之有效的方法论。第十七章《科技类企业经贸合规体系的构建》围绕网络安全与隐私保护、知识产权与商业秘密保护等合规领域，系统梳理、分析典型科技类企业经长期商业实践建立起来的成熟合规经验，以期为我国更多同类型企业的合规管理提供借鉴与启示，助力我国科技类企业在经济全球化大潮中行稳致远。

目　录

第二篇　境外投资与跨境经营合规

第三篇 环境、社会与治理（ESG）合规

第四篇　知识产权与数据合规

第一篇　制裁与出口管制合规

第一章　国际经贸摩擦中的制裁与反制裁

——以美欧《反经济胁迫法案》为视角

一、经济胁迫及欧盟现有应对贸易争端的法律工具

（一）欧盟指称关于经济胁迫的类型与典型案例

欧盟《反经济胁迫条例（草案）》将经济胁迫定义为“第三国试图通过实施或威胁实施影响贸易、投资的措施，干涉欧盟或其成员国基于主权的合法选择；或者试图阻止及争取欧盟或其成员国停止、修改或通过某一决定”。①在欧盟《反经济胁迫条例（草案）》的评估报告中，将经济胁迫分为显性胁迫、变相胁迫、无声胁迫三类。

首先，显性胁迫（Explicit coercion）是指使用正式的胁迫措施。一个著名的例子是1974年《美国贸易法》第301条的规定：在不违反国际义务的情况下，因第三国采取不合理、不公平损害美国企业商业利益的措施，美国据此采取或威胁采取贸易限制措施。

其次，变相胁迫（Disguised coercion）是指滥用一种本身可能具有合法目的的手段。例如，一国试图滥用贸易防御工具，选择性地

① Proposal for a Regulation of the European Parliament and of the Council on the Protection of the Union and Its Member States from Economic Coercion by Third Countries, Brussels, 8.12.2021 COM (2021) 775 final.

加强对来自特定国家或地区的货物的边境检查；采取过度或歧视性的卫生和植物检疫措施是出于胁迫的意图，而不是出于保护健康的理由。

最后，无声胁迫（Silent coercion）和抵制往往是由私人行为者在外国政府的非正式指示下实施的非正式限制，以影响外国政府的政策，而非以立法或管制行动的形式出现。例如，一国的消费者集体抵制另一国的产品。①

（二）欧盟指称关于经济胁迫的典型案例

2019 年初，欧盟委员会计划在 2030 年之前逐步停止在运输燃料中使用棕榈油，以防止棕榈种植导致森林过度砍伐及气候变化。为此，2019 年 12 月，印度尼西亚禁止从欧盟进口烈酒、葡萄酒和乳制品，以回应欧盟针对棕榈油作为运输燃料的监管规定。2019 年欧盟对啤酒、葡萄酒和烈酒的出口量下降超过 60%。2021 年 6 月 2 日，美国根据 1974 年《美国贸易法》第 301 条，发起对奥地利、西班牙和意大利数字服务税的调查，② 此前美国也曾对法国进行过类似的调查。美国决定对从这四个欧盟成员国进口的价值 31.8 亿美元的商品征收 25% 的从价税。③ 美国认为，这些国家对数字服务提供商的税收“不合理或具有歧视性，对美国的商业构成负担或限制”。在欧盟看来这些都属于经济胁迫的范畴，欧盟正在积极推进的《反经济胁迫条例（草案）》更具有普遍性，并不

①③ Commission Staff Working Document Impact Assessment Report, Brussels, 8.12.2021, SWD(2021) 371 final.

② Section 301-Digital Services Taxes, https://ustr.gov/issue-areas/enforcement/section-301-investigations/section-301-digital-services-taxes, visited on 23 January 2023.

仅仅是针对中国，后续推进实施的可能性更大。

（三）欧盟解决经贸争端的现有法律工具

首先，WTO 争端解决机制是欧盟常用应对经贸争端的法律工具。根据 WTO《关于争端解决的谅解协定（DSU）》的规定，WTO 争端解决机制主要用于解决其他成员违反 WTO 规则的情况，主要解决涵盖协定（Covered Agreement）下利益被取消或受到损害的情况。但是，欧盟委员会认为 WTO 争端解决机制以及欧盟缔结的其他贸易协定的争端解决制度，往往用于处理违反特定协定的情形。针对某些违反习惯国际法的经济胁迫，通过基于条约的 WTO 争端解决机制予以解决，则存在一定障碍。

其次，根据《欧盟运行条约（TFEU）》第 207 条的规定，欧洲议会和理事会基于立法程序，以条例的形式采取措施执行欧盟共同商业政策，① 但是 TFEU 第 207 条难以迅速解决个案中的经济胁迫问题，最终达到制止的效果。同时，根据 TFEU 第 215 条，欧盟理事会可以对第三国、自然人和法人采取限制性措施，但第 215 条并不是处理经济胁迫问题的专门条款，② 因此，欧盟委员会认为 TFEU 第 215 条不是实现该反经济胁迫目标的适当法律依据。此外，外交方式是可以采用的一种措施，但并非在所有情况下都足够有效。

最后，值得一提的是欧盟《阻断法》。早在 1996 年，为了减轻《赫尔姆斯—伯顿法案》规定的美国对古巴经济制裁的域外影响，欧盟理事会于同年 11 月 22 日通过了《阻断法》，以防止第三国通过的立法及其

---

① The Treaty on the Functioning of the European Union, Article 207.

② The Treaty on the Functioning of the European Union, Article 215.

所依据或由此产生的行动带来的域外适用的影响。《阻断法》旨在禁止美国针对古巴、伊朗、利比亚、俄罗斯以及叙利亚的单边制裁措施，适用于与上述制裁国家存在商业往来的欧洲企业。通过该项立法，防止欧盟实体因遵守美国的次级制裁而受到影响。

从内容上看，欧盟《阻断法》包括了三项核心制度：（1）从实体和程序上“阻断美国特定法律在欧盟境内的效力和执行”，明确美国特定法律在欧盟境内无效，且其影响措施和司法文书不被认可和执行；（2）禁止相关主体遵守美国特定法律；（3）对追索权的设定：允许相关主体就美国特定法律给其带来的损失进行索赔。①2018 年 8 月 7 日，欧盟更新了《阻断法》，在其附件中增加了《伊朗自由与反扩散法案》《2012 财政年度国防授权法案》《伊朗威胁减少和叙利亚人权法案》《伊朗交易和制裁条例》等需要阻断适用的美国法律。更新后的《阻断法》主要有以下四个部分：第一，如果欧盟企业的经济或财政利益受到制裁法律或行为直接或间接的影响，其必须在 30 日内通知欧洲委员会；第二，禁止欧盟公司“直接”或“间接”遵守美国制裁附件中列出的法律，从而保护与伊朗合法经营的欧盟公司免受美国域外制裁；第三，欧盟不承认任何执行美国域外制裁的判决的效力；第四，任何因美国域外制裁而遭受损失的欧盟公司可以寻求损害赔偿。②

然而，实践中欧盟《阻断法》在成员国适用的案例很少。伊朗

① 郭欢等：《冰与火之歌——制裁与阻断的深层分析》，https://www.kwm.com/cn/zh/insights/latest-thinking/song-of-ice-and-fire-a-deep-analysis.html，2023 年 1 月 26 日访问。

② 周勇等：《美国对古巴贸易制裁升级，“连坐”制殃及池鱼》，http://www.junhe.com/law-reviews/936，2023 年 1 月 20 日访问。

Melli银行诉德国电信案则是欧洲法院佐审官首次对《阻断法》发表官方意见。德国电信为伊朗Melli银行在德国的分行提供通信服务，2018年5月，特朗普宣布退出伊朗核协议，恢复对伊朗的次级制裁，并重新将Melli银行加入“特别指定国民清单”（SDN）。2018年11月，德国电信通知Melli银行终止双方之间的服务合同。随后，Melli银行在德国法院起诉，指控德国电信遵循美国制裁而终止合同的行为违反了欧盟《阻断法》。从本案中，也可以透视出《阻断法》的局限在于它可能令当事人陷入矛盾之中：既面临不遵守美国次级制裁的法律风险，又面临违反欧盟《阻断法》而引发的处罚和赔偿风险。《阻断法》本质上是以欧盟企业的损失为代价而对美国施加反向压力，但是其实质效果使得相关企业不得不在美国法与欧盟法之间“选边站”。在阻断国与美国之间的实力、手段和筹码存在客观差距的情况下，《阻断法》并不能从根本上改善被制裁企业的处境，当事人选择遵守美国制裁法律的现实可能性更大。① 在实践中，《阻断法》并没有从实质上改变欧盟企业自愿遵守美国制裁的现状。企业放弃在被制裁国的相关业务，面临《阻断法》带来的惩罚措施，也不愿退出美国市场。总之，现有欧盟法律框架没有提供一种迅速、协同和有效的方式遏制和打击经济胁迫的工具。在欧盟看来，《阻断法》也不是解决反经济胁迫目标的一种选择，在应对经济胁迫方面，威慑作用还需要加强，以更有效地阻止域外制裁，并保护欧盟运营商免受制裁。②

---

① 漆彤：《欧盟〈阻断法〉的适用困境及其对我国的启示——以伊朗梅利银行诉德国电信案为例》，载《财经法学》2022年第1期。

② Commission Staff Working Document Impact Assessment Report, Brussels, 8.12.2021, SWD (2021) 371 final.

二、美欧反经济胁迫法案的主要内容与具体实施

（一）欧盟《反经济胁迫条例（草案）》

1. 欧盟《反经济胁迫条例（草案）》的主要内容

首先，从立法依据来看，通过该法案前言以及相关条款的表述可以看出，欧盟尽力确保该条例符合国际法要求。法案序言提及，虑及《欧盟运行条约》特别是其中第 207（2）条，制定本条例。

在欧盟委员会看来，TFEU 第 207（1）条规定了欧盟共同商业政策的范围，包括货物和服务贸易、知识产权贸易、外国直接投资、出口政策和保护贸易的措施等。TFEU 第 207（2）条界定了实施共同商业政策的框架，成为欧盟在经济胁迫的情况下进行政策干预的充分法律依据。①

同时，欧盟《反经济胁迫条例（草案）》指出当面临第三国的胁迫时，欧盟及其成员国有权采用国际法允许的手段对这种胁迫作出反应。这些手段包括《国家对国际不法行为的责任的条款》（以下简称《条款》）第 49 条及其后的习惯国际法所规定的权利。②第 49 条（反措施的目的和限制）规定：（1）一受害国只在为促使一国际不法行为的责任国依第二部分履行其义务时，才可对该国采取反措施。（2）反措施限于暂不履行对责任国采取措施的一国的国际义务。（3）反措施应尽可能容许恢复履行有关义务。《条款》于 2001 年国际法委员会第五十三届会议通过，并提交联合国大会。不过联合国大会在 2001 年 12 月 12 日第 56/83 号决

①② Commission Staff Working Document Impact Assessment Report, Brussels, 8.12.2021, SWD (2021) 371 final.

议中表示注意到《条款》并建议各国政府予以注意，对将来是否作为条约案文通过这些条款或采取其他适当行动，大会不抱成见。[①]

同时，欧盟《反经济胁迫条例（草案）》在序言中还特别援引了下列法律依据。（1）根据《欧盟条约》第3（5）条，欧盟在处理其更广泛的国家关系时，应维护并提升其价值观和利益，为保护其公民做出应有贡献。此外，欧盟还应推动不同民族之间的团结和相互尊重，严格遵守国际法的发展，包括尊重《联合国宪章》的原则。（2）根据《欧盟条约》第21（1）条，欧盟在国际舞台上的举措应遵循法治、平等和团结的原则，并尊重《联合国宪章》和国际法的原则。欧盟应促进多边路径解决共同关注。（3）根据《联合国宪章》第1条，联合国的宗旨是在尊重平等权利原则的基础上，发展各国之间的友好关系。（4）《欧盟条约》第21（2）条要求欧盟各国采取共同的政策，并尽力在国际关系中的所有领域进行高度合作，以维护其价值观、基本利益、独立和完整性，巩固和支持法治以及国际法原则。同时，欧盟《反经济胁迫条例草案》第1条（主要事项）规定：根据本条例采取的任何措施应符合欧盟的国际法义务，且要符合欧盟的对外原则和目标。

其次，法案的主要内容比较完整，涵盖实体和程序条款。内容涵盖序言、适用事项（第1条）、适用范围（第2条）、第三国措施的考察（第3条）、针对第三国措施的决定（第4条）、与第三国的沟通交涉（第5条）、国际合作（第6条）、欧盟应对措施（第7条）、针对自然人和法人的欧盟应对措施（第8条）、欧盟应对措施选择和构建的标准（包括措施在应对经济胁迫方面的有效性、对相关主体的影响，措施

① 詹姆斯·克劳福德：《国家对国际不法行为的责任条款》，https://legal.un.org/avl/pdf/ha/rsiwa/rsiwa_c.pdf，2023年1月23日访问。

的负面影响和成本）；其他相关国家在应对经济胁迫时的类似措施，以及国际法提供的相关标准参考等（第9条）、欧盟应对措施的修改、暂停和终止（第10条）；欧盟应对措施的信息收集（第11条）、保密信息（第12条）、原产地（第13条）、授权行为（第14条）、委员会程序（第15条）、复审（第16条）、生效（第17条）。

法案中比较重要的内容是关于欧盟具体应对经济胁迫措施选项、启动应对措施的条件、选择标准以及对应对措施的修改、暂停和终止等。例如，第5条（与相关第三国的沟通交涉）指出，欧盟委员会应代表欧盟与相关第三国进行来往，探讨停止经济胁迫的各种选项。这种选项可包括：直接谈判，调停、调解或斡旋，提交国际裁决等。欧盟委员会应在相关国际场合上提出这一问题，以设法停止经济胁迫；应将相关发展动态随时通知欧洲议会和理事会。根据第7条采取应对措施后，欧盟委员会应继续保持与有关第三国沟通交涉。

第7条（欧盟应对措施）指出，在下列情况下，欧盟委员会应执行法案，并确认采取欧盟的应对措施：（1）按照第4条和第5条采取举措后，经济胁迫未能停止，且在一段合理的时间内，未对欧盟或其成员国造成的损害进行赔偿；（2）在该特定情况下，有必要采取行动以保护欧盟及其成员国的利益和权利；（3）采取的行动应符合欧盟的利益。第9条（欧盟应对措施选择和构建的标准），主要涵盖所采取措施在应对经济胁迫方面的有效性、对相关主体的影响，以及措施的负面影响和成本；其他相关国家在应对经济胁迫时的类似措施，以及国际法提供的相关标准参考等。

第10条（欧盟应对措施的修改、暂停和终止）指出：有下列情况之一，则欧盟委员会应终止欧盟应对措施：（1）经济胁迫已经停止;（2）达成其他双方同意的解决办法;（3）在相关第三国与欧盟或某一成员国之间的争端中，第三方国际裁决中出现有约束力的决议，要求撤回欧盟的应对措施:（4）符合欧盟的利益。同时，根据第7条终止欧盟采取应对措施，应符合第15条第2款提及的审查程序。

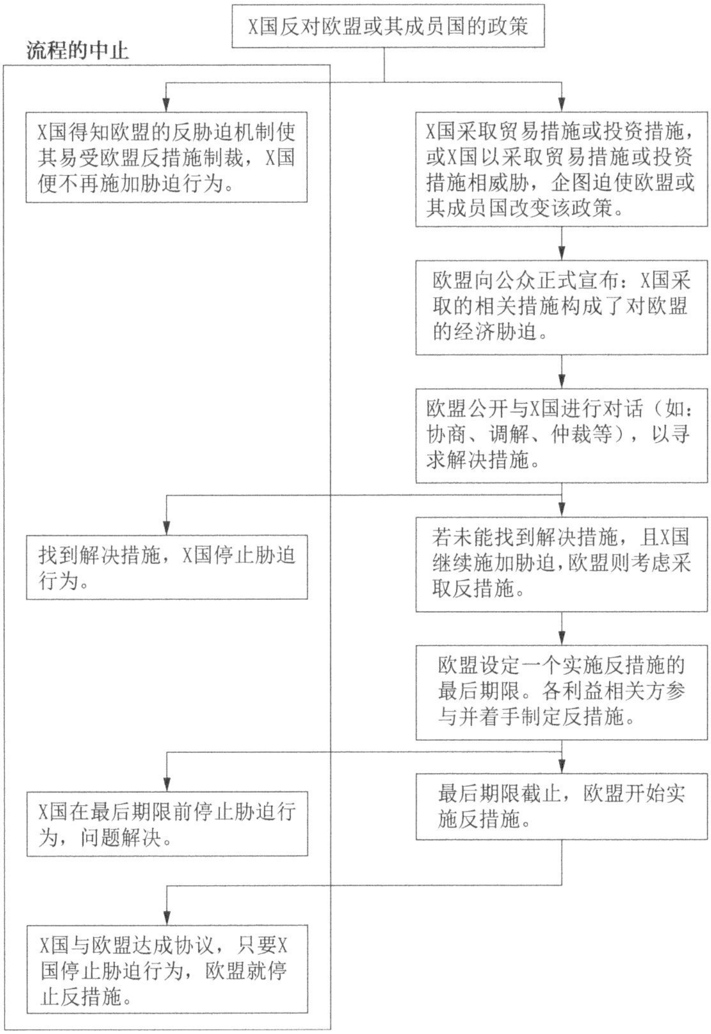

图1-1　欧盟《反经济胁迫条例（草案）》流程图

2. 欧盟《反经济胁迫条例（草案）》的具体实施

欧盟的《反经济胁迫条例（草案）》在实施流程和具体措施方面较为具体。具体的流程如下：

欧盟《反经济胁迫条例（草案）》列明的具体措施包括：对出口和进口货物实施新型关税或提高关税，以及限制进出口货物的数量；对进口或出口的货物收取额外费用；对货物过境进行限制；通过配额、非自动进出口许可证或其他措施对货物的进出口进行数量限制；对服务贸易实施新限制或增加限制；对投资，特别是新投资实施限制；对第三国持有人的知识产权保护或其商业开发利用实施限制；将来自第三国设立和经营货物或服务的供应商排除在公共采购之外等，范围十分广泛。[①]

（二）美国《反经济胁迫法案》

相比起欧盟的《反经济胁迫条例（草案）》，美国则显得更加激进。2021 年 10 月 15 日，一个由美国两党议员组成的提案小组提出了一项全新法案，美国国会众议院公开，并提交给了众议院外交事务委员会。法案的名称即为《反中国经济胁迫法案》（Countering China Economic Coercion Act）。[②] 根据法案规定，在该法颁布之日起 180 天内，总统应设立一个跨部门工作组——“反经济胁迫工作组（Countering Economic Coercion Task Force）”。

---

① Commission Staff Working Document Impact Assessment Report, Brussels, 8.12.2021, SWD(2021) 371 final.

② 提案的美国议员包括，Mr. BERA (for himself), Mrs. WAGNER, Mr. CASTRO of Texas, Mr. CHABOT, Ms. TITUS, Mr. FITZPATRICK, and Mr. VARGAS。加利福尼亚州民主党籍联邦众议员阿米·贝拉（Ami Bera）、密苏里州共和党籍联邦众议员安·瓦格纳（Ann Wagner）以及其他跨党派议员。

同时，“反经济胁迫工作组”还将发布初期、中期和最终报告。根据法案规定，工作组应向相关的国会委员会提交包括以下内容的最终报告，并通过总统行政办公室的网站向公众提供。内容主要包括：（1）关于中国胁迫性经济措施以及这些胁迫性措施给美国企业带来的成本的分析。（2）关于美国以及美国伙伴、盟国的潜在易受影响的商业领域的分析。（3）关于后续如何反制中国胁迫性经济措施的建议。

和欧盟相比，美国《反中国经济胁迫法案》的针对性更强，并倡议设立工作组，执行机制更有力，同时体现了一定的结盟特征。不过，该法案能否最终实施，仍然存在不确定性。根据国会众、参两院议事规则，一项议案自提出到最终成为法律要经过以下立法程序：议案提出，委员会审议、通过，全院大会审议、通过，两院统一文本以及总统签署。①

事实上，长期以来，美国以“国家安全”为由出台了众多制裁性法律。冷战时期，美国出台《武器出口控制法》《出口管制条例》等法规，阻止盟友向社会主义阵营国家出口相关产品。冷战结束后，又通过诸如 1996 年《赫尔姆斯—伯顿法案》等一系列国内法，在金融投资、反垄断、出口管制、网络安全等众多领域，对委内瑞拉、利比亚、伊朗、伊拉克、叙利亚等国进行相应制裁。

近年来，美国继续加强自身贸易政策工具的实施。例如，美国财政部利用“特别指定国民清单（SDN）”，以涉敏感地区或国家的交易违反美国法律为由，制裁其他国家；美国商务部则利用出口管制措施，如通过将个人或企业加入“实体清单”和“军事最终用户清单（MEU）”

---

① 参见中国人大网：《美国国会》，http://www.npc.gov.cn/zgrdw/npc/zt/qt/xzdbtcf/2011-06/13/content_2054549.htm，2023 年 1 月 26 日访问。

等形式，实现对其他国家高科技、通信、航空航天等领域以及个别行政区域的限制。[1] 2018 年，美国通过了《出口管制改革法》，该法扩大了出口管制物项的范围，赋予主管部门更多“域外执法权”。除了国际贸易领域的诸多限制和制裁以外，美国还进一步收紧了对外国资本的审查，其中 2018 年美国最新通过了《外商投资风险评估现代化法案》（*FIRRMA*），扩大了外国投资审查委员会（CFIUS）权限，加强了对中资收购美国科技类企业的管制。欧盟《阻断法》以及中国近期出台的《中华人民共和国反外国制裁法》(以下简称《反外国制裁法》)、《中华人民共和国出口管制法》(以下简称《出口管制法》)，以及通过设立不可靠实体名单等，能够在某种程度上反制其他国家对其采取的限制措施。

三、制裁与反制裁国际格局下的中国应对

（一）充分运用现有法律工具应对贸易争端

当前国际安全体系和秩序受到冲击，世界和平面临多元挑战和威胁，为此中国应积极运用现有法律工具应对贸易摩擦。

首先，以《中华人民共和国国家安全法》(以下简称《国家安全法》)为统领，从整体上构建国家安全法律体系。2015 年《国家安全法》正式实施，提出了国家安全工作应当坚持总体国家安全观，以经济安全为基础，以促进国际安全为依托，维护各领域国家安全，构建国家安全体系。[2]2020 年《出口管制法》正式实施，其中第 3 条指出，出口管制工

---

① 郭欢等：《冰与火之歌——制裁与阻断的深层分析》，https://www.kwm.com/cn/zh/insights/latest-thinking/song-of-ice-and-fire-a-deep-analysis.html, 2023 年 1 月 26 日访问。

② 《中华人民共和国国家安全法》第 3 条、第 6 条。

作应当坚持总体国家安全观，维护国际和平，统筹安全和发展，完善出口管制管理和服务。国家实行统一的出口管制制度，通过制定管制清单、名录或者目录（以下统称管制清单）、实施出口许可等方式进行管理（第4条）。国家出口管制管理部门对有下列情形之一的进口商和最终用户，建立管控名单：（一）违反最终用户或者最终用途管理要求的；（二）可能危害国家安全和利益的；（三）将管制物项用于恐怖主义目的的。对列入管控名单的进口商和最终用户，国家出口管制管理部门可以采取禁止、限制有关管制物项交易，责令中止有关管制物项出口等必要的措施。①

公正、合理、非歧视的出口管制，在有效应对新形势下国际和地区安全风险与挑战、维护世界和平与发展等方面的地位和作用日益凸显。②《出口管制法》出台以来，为确保各项制度有效实施，国家出口管制管理部门积极开展相关配套法规、部门规章的“立改废”工作，确保出口管制法律制度各领域之间高效衔接。除《出口管制法》外，《国家安全法》《中华人民共和国对外贸易法》《中华人民共和国数据安全法》《中华人民共和国核安全法》《中华人民共和国海关法》《中华人民共和国行政许可法》《中华人民共和国行政处罚法》《中华人民共和国刑法》等法律也为出口管制措施执行等相关工作提供了有力法律依据。中国应高度重视出口管制合规建设，坚持“政府引导、企业为主、多方联动”的原则，夯实法律基础，完善政策框架，开展宣传培训，推动出口管制合规建设取得积极成效。③

其次，以《反外国制裁法》为基础，维护以联合国为核心的国际体

① 《中华人民共和国出口管制法》第3条、第4条、第18条。

②③ 国务院新闻办公室：《中国的出口管制》，http://www.gov.cn/zhengce/2021-12/29/content_5665104.htm，2023年2月20日访问。

系和以国际法为基础的国际秩序，应对外国对华制裁。各国反制裁立法和措施可分为对抗型、规避型、抵消型三类。对抗型的典范包括俄罗斯和伊朗近期的一些立法和措施。例如，2018 年 6 月 4 日俄罗斯总统普京签署《关于影响（反制）美国和其他国家不友好行为的措施》，赋予了总统针对外国制裁行为采取相应反制措施的权力，如停止或暂停与不友好国家或实体在特定领域的国际合作，禁止从其进口或向其出口特定产品和原材料，禁止其参与国家、地方工程或采购项目或私有化进程等。为应对美欧制裁，俄罗斯财政部还专门成立反制裁司，负责制定和落实相关反制措施并在降低外国制裁带来的危害方面与各部门进行协调。① 规避型措施，例如部分国家单独或联合创立的独立于“环球同业银行金融电讯协会”（SWIFT）之外的金融结算系统。通过建立独立的支付清算系统、减少美元储备等方式降低对美元为核心的国际金融体系的依赖，抗衡美国基于美元霸权地位而在国际金融体系中具有的“结构性权力”，从而规避美国制裁对本国正常贸易投资的消极影响。② 抵消型则是直接针对他国具有域外适用效果的制裁立法或措施，制定抵消型的反制裁法，以阻断外国制裁法对本国国民的适用，保护本

① 漆彤：《欧盟〈阻断法〉的适用困境及其对我国的启示——以伊朗梅利银行诉德国电信案为例》，载《财经法学》2022 年第 1 期。此外，如 2020 年 12 月伊朗通过《反制裁战略法》，通过增加生产浓缩铀的比例、大量增装离心机以复兴伊朗的核工业，进而对抗西方国家的制裁。

② 漆彤：《欧盟〈阻断法〉的适用困境及其对我国的启示——以伊朗梅利银行诉德国电信案为例》，载《财经法学》2022 年第 1 期。此外，2019 年 1 月 31 日，法国、德国和英国创建“贸易结算支持机制（INSTEX）”，伊朗则建立了“特别贸易与金融机构（STFI）”与之对接。该系统以“记账”方式规避美元和美国金融系统，欧盟与伊朗的进出口商之间无需发生直接的资金结算，即可实现与伊朗的经济交往。俄罗斯采取了建立本国独立的金融信息传输系统（SPFS）作为 SWIFT 系统的替代方案、减少美元储备、降低美元使用等多种手段规避美国制裁。

国国民免受次级制裁立法的不利影响。欧盟《阻断法》即是这方面的典型。①

2021年6月，中国通过了《反外国制裁法》，在很大程度上将现有做法纳入立法中，这部法律为中国企业应对第三国实施的歧视性限制措施提供了法律支持和保障。此外，该法还规定了广泛的适用对象，包括直接或间接参与制定、通过和执行外国制裁的任何个人和组织，可能涉及制定或实施外国制裁的外国议员、政府官员、执法人员，甚至银行或公司，甚至还包括个人的配偶和直系亲属，以及受制裁实体或个人管理或有关的公司。同时，可能采取的反制措施范围非常广泛，包括拒绝/撤销签证、拒绝入境、驱逐出境、冻结资产、禁止或限制与列名人员交易等。

具体而言，《反外国制裁法》规定外国国家违反国际法和国际关系基本准则，以各种借口或者依据其本国法律对我国进行遏制、打压，对我国公民、组织采取歧视性限制措施，干涉我国内政的，我国有权采取相应反制措施。②同时，国务院有关部门可以决定将直接或者间接参与制定、决定、实施本法第三条规定的歧视性限制措施的个人、组织列入反制清单。③除针对列入反制清单的个人、组织以外，国务院有关部门还可以决定对下列个人、组织采取反制措施：（一）列入反制清单个人的配偶和直系亲属；（二）列入反制清单组织的高级管理人员或者实际控制人；（三）由列入反制清单个人担任高级管理人员的组织；（四）由

① 漆彤：《欧盟〈阻断法〉的适用困境及其对我国的启示——以伊朗梅利银行诉德国电信案为例》，载《财经法学》2022年第1期。

② 《中华人民共和国反外国制裁法》，http://www.npc.gov.cn/npc/c30834/202106/d4a714d5813c4ad2ac54a5f0f78a5270.shtml，2023年2月20日访问。

③ 《反外国制裁法》第4条。

列入反制清单个人和组织实际控制或者参与设立、运营的组织。① 具体反制措施的方式包括：（一）不予签发签证、不准入境、注销签证或者驱逐出境；（二）查封、扣押、冻结在我国境内的动产、不动产和其他各类财产；（三）禁止或者限制我国境内的组织、个人与其进行有关交易、合作等活动；（四）其他必要措施。②

再次，借助《阻断外国法律与措施不当域外适用办法》和《不可靠实体清单规定》有效应对外国的歧视性措施。判断有关外国法律与措施是否存在不当域外适用情形，主要由工作机制综合考虑下列因素评估确认：（一）是否违反国际法和国际关系基本准则；（二）对中国国家主权、安全、发展利益可能产生的影响；（三）对中国公民、法人或者其他组织合法权益可能产生的影响；（四）其他应当考虑的因素。③ 工作机制经评估，确认有关外国法律与措施存在不当域外适用情形的，可以决定由国务院商务主管部门发布不得承认、不得执行、不得遵守有关外国法律与措施的禁令（以下简称禁令）。工作机制可以根据实际情况，决定中止或者撤销禁令。④

2020 年商务部颁布了《不可靠实体清单规定》，建立了不可靠实体清单制度，对外国实体在国际经贸及相关活动中的下列行为采取相应措施：（一）危害中国国家主权、安全、发展利益；（二）违反正常的市场交易原则，中断与中国企业、其他组织或者个人的正常交易，或者对中国企业、其他组织或者个人采取歧视性措施，严重损害中国企业、其他

① 《反外国制裁法》第 5 条。
② 《反外国制裁法》第 6 条。
③ 《阻断外国法律与措施不当域外适用办法》第 6 条，http://www.mofcom.gov.cn/article/b/c/202101/20210103029710.shtml，2023 年 2 月 20 日访问。
④ 《阻断外国法律与措施不当域外适用办法》第 7 条。

组织或者个人合法权益。本规定所称外国实体，包括外国企业、其他组织或者个人。①

是否将外国实体列入清单，由工作机制根据调查结果，综合考虑以下因素，包括（一）对中国国家主权、安全、发展利益的危害程度；（二）对中国企业、其他组织或者个人合法权益的损害程度；（三）是否符合国际通行经贸规则；（四）其他应当考虑的因素。②一旦列入清单，则工作机制可以决定采取下列一项或者多项措施：（一）限制或者禁止其从事与中国有关的进出口活动；（二）限制或者禁止其在中国境内投资；（三）限制或者禁止其相关人员、交通运输工具等入境；（四）限制或者取消其相关人员在中国境内工作许可、停留或者居留资格；（五）根据情节轻重给予相应数额的罚款；（六）其他必要的措施。③中国的上述措施，总体而言属于防守型。

（二）密切关注欧盟新型贸易政策工具

近年来，欧盟为了维护其贸易权利，实施了一系列新贸易和投资战略措施。例如在投资领域，新的《欧盟外商直接投资审查条例》(以下简称为第2019/452号条例或《条例》）于2019年4月生效，推动越来越多欧盟成员国对其外商投资制度进行改革，以阻止外国投资者对其战略性行业和企业进行投机性收购。《条例》建立了对欧盟范围内的外商直接投资的审查框架，允许欧盟委员会审查“涉及欧盟利益的”特定投资

---

①《不可靠实体清单规定》第2条，http://www.mofcom.gov.cn/article/b/fwzl/202009/20200903002593.shtml，2023年2月20日访问。

②《不可靠实体清单规定》第7条。

③《不可靠实体清单规定》第10条。

并向投资所在地的成员国出具无约束力的意见。允许欧盟成员国在认为某项投资可能会对其安全和公共秩序产生影响的情况下向审查某项投资的成员国提供评论和意见。列出了一份帮助各成员国和委员会判断投资是否会影响安全或公共秩序的提示性清单，因此扩大了可被审查的投资范围。该清单特别提及投资对以下项目的影响：关键技术和军民两用产品。自新的外国直接投资（FDI）审查立法生效以来，委员会审查了400项外国投资；与此同时，欧盟出口管制制度下的成员国审查了超过3万份潜在军事用途货物的出口请求，其中603份出口请求被阻止。①

同时，欧盟正准备实施一些应对外商投资的新工具。2020年6月，欧盟委员会发布了《关于在外国补贴方面创造公平竞争环境的白皮书》（以下简称为《白皮书》）。②2021年5月5日，继《白皮书》之后，欧委会发布了针对非欧盟（外国）补贴的条例草案，即《针对扭曲欧盟内部市场的外国补贴条例建议稿》（以下简称为《条例建议稿》），《条例建议稿》涵盖了非欧盟国家补贴可能引起调查或申报的三种具体情形，即并购、公共采购和市场行为（即行为表现）。该《条例建议稿》已于2023年1月12日正式生效，其要求收购方企业追踪和计算其在过去三年中从所有非欧盟政府处获得的补贴。因此，中国的收购方企业不仅需要考虑来自中国的援助，还需要考虑例如来自印度、非洲和南美国家以及“一带一路”倡议参与国的援助。例如，当目标公司在欧盟的营业额超过5亿欧元，并且收购方在过去三年中曾收到超过5000万欧元的非

① Trade and Security: Commission Highlights Work to Defend EU Interests and Values, https://trade.ec.europa.eu/doclib/press/index.cfm?id=2327, visited on 20 February 2023.

② White Paper, On Levelling the Playing Field as regards Foreign Subsidies, Brussels, 17.6.2020 COM (2020) 253 final, https://ec.europa.eu/competition/international/overview/foreign_subsidies_white_paper.pdf, visited on 20 February 2023.

欧盟国家补贴的，根据新条例将需要进行强制性申报。①

在贸易救济领域，虽然欧盟取消了“非市场经济国家”名单，但“借尸还魂”，引入了所谓的“市场严重扭曲”的概念。在被欧盟认定为存在市场“严重扭曲”时，欧盟仍然可以使用第三国的价格来判定是否存在倾销行为，新瓶装旧酒。② 2020年7月，欧盟委员会任命丹尼斯·雷登内特（Denis Redonnet）担任欧盟首席贸易执法官（Chief Trade Enforcement Officer，CTEO），负责监督欧盟贸易政策的执行，并向欧洲议会和欧盟理事会作定期通报。③欧盟设立首席贸易执法官旨在加强欧盟贸易规则以及欧盟与其他国家和地区签订的贸易协定的实施和执行，包括确保与欧盟签订贸易协定的国家履行其在协定项下的承诺，以及管理根据《贸易壁垒条例》（Trade Barrier Regulation，以下简称TBR）发起的调查等。2020年11月16日，欧盟委员会启动了新的贸易壁垒投诉系统，用于欧盟企业和相关组织报告国外的市场准入壁垒。④但该投诉系统不受理贸易救济方面的投诉，因为欧盟委员会专门建立了贸易救济电子信息平台，对于国外发起的贸易救济调查，相关企业可以直接向欧盟委员会贸易救济投诉办公室投诉。⑤未来欧盟还将更系统地利用欧盟

① 《欧盟外国补贴条例草案》，http://www.dhl.com.cn/CN/tansuocontent/0008/021624/7.aspx?MID=0902&AID=00000000000000001923，2023年2月20日访问。

② 《欧盟启用新方法曲线应对中国市场经济地位之争，但只是新瓶装旧酒》，http://trb.mofcom.gov.cn/article/zuixindt/201712/20171202689607.shtml，2023年2月20日访问。

③ European Commission, European Commission Appoints Its First Chief Trade Enforcement Officer, https://trade.ec.europa.eu/doclib/press/index.cfm?id=2173, visited on 24 January 2023.

④ European Commission, Commission Launches New Complaints System to Fight Trade Barriers and Violations of Sustainable Trade Commitments, https://trade.ec.europa.eu/doclib/press/index.cfm?id=2213, visited on 24 January 2023.

⑤ 陈咏梅：《欧盟贸易壁垒调查立法流变及启示》，载《国际法研究》2022年第1期。

贸易协定建立的制度结构，积极地使用争议解决机制，继续动员民间社会代表监督执行欧盟贸易协定和安排，以确保第三国有效履行承诺并解决市场准入壁垒问题，维护欧盟贸易利益。

总之，应对欧美上述法案保持密切跟踪，同时关注澳大利亚、加拿大等是否有类似的动议，并防止我国成为各方主要针对的对象。

（三）积极运用和不断完善现有贸易摩擦应对机制

早在 1984 年，欧盟参照美国《1974 年贸易法》“301 条款”颁布了《新商业政策工具》文件，建立了欧盟企业对国外非公平贸易措施提起欧盟内部调查申请的程序。该文件成为欧盟 1994 年颁布《贸易壁垒条例》的前身。[①] 主要内容是授权欧共体内私人在出口产品遭受第三国阻碍时，可以针对第三国不正当的贸易做法向欧共体申诉，欧共体可以据此采取与第三国协商等争端解决方式。1994 年《贸易壁垒条例》已历经 5 次修订，而第 5 次修订的《贸易壁垒条例》即为目前新任欧盟首席贸易执法官管理贸易壁垒调查所依据的《贸易壁垒条例》，即 2015 年《贸易壁垒条例》。[②]

欧盟《贸易壁垒条例》在贸易政策领域为欧盟维护其权益提供了一套完整的程序规则。当欧盟产业和企业遭遇贸易壁垒，从而影响其进入第三国市场或欧盟统一大市场的建设时，其可依据该程序规则建立起的机制，要求欧盟委员会对相关不公平贸易措施开展调查，并通过双边磋商、WTO 争端解决机制予以解决。传统的反倾销、反补贴和保障措施

① 1994 年 12 月 22 日，欧盟部长理事会颁布了《贸易壁垒规则》，取代了《新商业政策工具》，并于 1995 年 1 月 1 日起生效。

② 陈咏梅：《欧盟贸易壁垒调查立法流变及启示》，载《国际法研究》2022 年第 1 期。

等均旨在保护欧盟市场免受进口冲击带来的损害，是防守型贸易政策工具。作为一种新的贸易政策工具，《贸易壁垒条例》为欧盟提供了一种进攻型的市场准入法律，确保了欧盟享有其在国际贸易规则框架中，尤其是 WTO 相关协定所赋予的权利。它反映出欧盟在反击不公平贸易行为上的政策转型。①

中国 2005 年实施的《对外贸易壁垒调查规则》第 33 条规定，如果被调查的措施或者做法被认定构成该规则第 3 条所称的贸易壁垒，商务部应当视情况采取以下措施：（1）进行双边磋商；（2）启动多边争端解决机制；（3）采取其他适当的措施。上述规则仅在两个案件中被适用，一是 2004 年对日本紫菜出口配额案件的调查，另一个是 2012 年对美国新能源补贴案件的调查。由此可见，该规则并没有被中国企业有效利用。②

有学者建议未来中国在贸易救济体系建设方面，可在以下方面改进：一是调查信息的透明。建立贸易救济的联席机制。借鉴欧盟做法，建立能够涵盖所有贸易壁垒（已查明的和主动调查的）的贸易壁垒调查数据库资源，方便商务部披露贸易壁垒调查信息，方便企业追踪调查信息。二是调查申请的便利。目前中国企业反映贸易壁垒情况的渠道主要是直接联系商务部贸易救济调查局、各省市商务委员会、各大商协会、驻外经商处等，尚未建立有效的贸易壁垒调查申请的网络服务平台，目前仍缺乏政府与企业之间通过数字网络建立起来的互动联系机制，故建议为企业提供更便捷的网络服务平台，为企业提供更便利的申诉服务指

① 范嵬：《欧盟贸易壁垒调查制度介绍》，http://www.mofcom.gov.cn/aarticle/Nocategory/200503/20050300020114.html，2023 年 1 月 26 日访问。

② 相关论述参见陈咏梅：《欧盟贸易壁垒调查立法流变及启示》，载《国际法研究》2022 年第 1 期。

南和渠道。[1]

（四）积极运用 WTO 等国际机制，检验美欧国内措施的合法性

尽管当前 WTO 遭遇危机，但是各成员仍然积极利用 WTO 机制针对他国实施的存在争议的贸易限制措施进行救济，例如近期欧盟在 WTO 提起了涉及知识产权和立陶宛贸易措施的两起针对中国的案例。在贸易制裁领域，此前的一些典型案例，包括欧盟起诉美国的《赫尔姆斯—伯顿法案》[2]、中国香港起诉美国的原产地标记案[3]、乌克兰诉俄罗斯过境运输措施案等[4]，都试图借助 WTO 争端解决机制对对方的措施进行合法性检验。早在 1996 年 5 月 3 日，欧洲共同体就《赫尔姆斯—伯顿法案》及美国国会颁布的对古巴贸易制裁的其他立法进行磋商。欧盟称，美国对古巴货物的贸易限制，签证的拒签和将非美国国民排除在美国领土之外的规定，违反了美国在 WTO 协议下的义务：即违反《关贸总协定》（GATT）第 1、3、5、11、和 13 条以及《服务贸易总协定》（GATS）第 1、3、6、16 和 17 条。欧盟还声称，即使美国的这些措施可能不违反 GATT 或 GATS 的具体规定，它们仍然会使得其在 GATT 和 GATS 下享有的预期利益归为无效或受到损害，并阻碍 1994 年《关贸总协定》的目标的实现。后因美国与欧共体达成和解，应欧共体的请求，专家组于 1997 年 4 月 21 日暂停其工作。由于欧共体没有要求专家

---

① 陈咏梅：《欧盟贸易壁垒调查立法流变及启示》，载《国际法研究》2022 年第 1 期。

② DS38: United States-The Cuban Liberty and Democratic Solidarity Act, https://www.wto.org/english/tratop_e/dispu_e/cases_e/ds38_e.htm, visited on 28 January 2023.

③ DS597: United States-Origin Marking Requirement, https://www.wto.org/english/tratop_e/dispu_e/cases_e/ds597_e.htm, visited on 28 January 2023.

④ DS512: Russia-Measures Concerning Traffic in Transit; DS544: United States-Certain Measures on Steel and Aluminium Products.

组根据《关于争端解决规则与程序的谅解》（DSU）第12.12条恢复其工作，该专家组的权力于1998年4月22日失效。虽然该案未走完所有程序，但是无论如何对美国的措施起到了很好的压制作用。因此，WTO争端解决的多边机制，仍然是可供中国利用的一套有效的机制。

四、本章小结

在当前国际经贸趋势复杂紧张的背景下，美欧希望突破现有法律体系，不断充实国内政策工具，对其他国家的经贸措施采取更快速、有效的解决方式，以回应其他国家促使其改变政策的企图。但是，这也容易导致贸易摩擦升级的风险。近年来，欧盟在贸易和投资领域特别强调捍卫欧盟利益，欧盟整体的主权观念进一步加强。一些国家继续以"民主""人权"为由，对中国实施贸易限制，由此可能导致贸易摩擦升级。

为了避免贸易摩擦升级和进行一定程度上的反制，尽管近期中国陆续出台了《阻断法》《反外国制裁法》《出口管制法》《不可靠实体清单规定》等，但整体上这些法律等都属于防守型的法律工具，中国并无意主动对欧盟和美国发起贸易限制措施。当前国际经贸政策极易受到地缘政治的影响，中国仍然需要加强涉外法治体系建设，发挥现有涉外法律体系的功能，随着美国新的经贸措施的出台，需要不断完善自身涉外法治工具箱。最后，不管是美国还是欧盟，如果以反经济胁迫为由对中国采取制裁措施，中国仍应积极利用国际争端解决机制，例如向WTO提起诉讼等，一定程度上压制美欧经贸措施在实践层面的影响。同时密切关注其他相关国家的经贸措施，警惕其他成员可能出现类似法案。

第二章　欧盟对外经济制裁体系及其镜鉴*

当前，百年未有之大变局加速演进，逆全球化、单边主义和保护主义思潮抬头，世界进入新的动荡变革期，其中一个突出表现就是一些主要国家的对外经济制裁呈现蔓延之势。①截至2023年1月，仅美国财政部实施的经济制裁就涉及约6300个个人和实体，②欧盟的经济制裁措施则涉及近40个国家和地区。③系统梳理发现，现有研究对美国经济制裁制度及其实践关注较多，对欧盟经济制裁体系的研究则相对不足。与此同时，美欧在经济制裁与反制裁方面有过激烈交锋，这为我国应对来自美国和其他国家及区域组织的经济制裁提供了观察窗口。

---

* 本章是国家社会科学基金项目“数字贸易框架下跨境数据流动的国家规制与国际治理研究”（项目号：19CFX083）、2016年司法部国家法治与法学理论课题“国际法视阈下国家规制的次生风险与法律控制研究”（项目号：16SFB3044）以及上海市浦江人才计划和教育法学人才计划的阶段性成果。已发表于《德国研究》2023年第2期，第102—123页。

① 为行文便利，本章未做特别说明的“制裁”均指“经济制裁”。

② U.S. Department of the Treasury, Sanctions Programs and Country Information, https://home.treasury.gov/policy-issues/financial-sanctions/sanctions-programs-and-country-information/where-is-ofacs-country-list-what-countries-do-i-need-to-worry-about-in-terms-of-us-sanctions, visited on 25 February 2023.

③ European Commission, EU Sanctions Map, https://sanctionsmap.eu/#/main?search=%7B%22value%22:%22%22,%22searchType%22:%7B%7D%7D, visited on 25 February 2023.

经济制裁在欧盟语境内被称为“限制性措施”（Restrictive Measures）。近年来，欧盟频繁发动制裁以实现其共同外交和安全政策（Common Foreign Security Policy，以下简称 CFSP）框架内的战略目标。制裁成为欧盟宣誓共同外交立场、凸显国际存在、提高国际影响力的重要途径。[①] 随着欧盟《保护联盟及其成员国免受第三国经济胁迫条例（草案）》（以下简称《反经济胁迫条例（草案）》）、《针对威胁欧盟或其成员国的网络攻击采取限制性措施条例》、《针对严重侵犯人权行为采取限制性措施条例》等系列法律出台，以及欧盟全球人权制裁机制与网络制裁机制的确立，欧盟对自身对外制裁体系进行全面升级并付诸新一轮实践，特别是在俄乌冲突中，欧盟甚至对俄罗斯实施了“史上最有力”制裁，引发学界与实务界的高度关注。中国必须对各种可能的经济制裁做好长期应对准备。研究欧盟对外经济制裁体系的法律基础、制度实践与优势局限等关键问题，对于中国完善自身制裁与反制裁体系、运用法治方式反制他国单边经济制裁、正当维护自身权益，以及有效应对外部风险挑战具有重要意义。而这也正是统筹推进国内法治和涉外法治的应有之义。[②]

一、欧盟对外经济制裁的发展演变

欧盟对外经济制裁主要包括执行联合国安全理事会（以下简称“安理会”）的制裁决议，以及欧盟自主发起的对外经济制裁两

① 顾婷：《欧盟对外制裁制度的法律解析——从〈罗马条约〉到〈里斯本条约〉》，载《欧洲研究》2013 年第 3 期。

② 黄进：《论统筹推进国内法治和涉外法治》，载《中国社会科学》2022 年第 12 期。

类。[1]前者属于多边制裁，后者多被视为单边制裁。[2]《联合国宪章》第48条为欧盟发动多边制裁提供了国际法基础；欧盟超国家属性的基础条约则为其发动单边制裁以及发动超越安理会制裁决议限度的制裁提供了法律依据，欧盟的制裁权限依据不同时期的基础条约规则变动而不断变化。

（一）《罗马条约》时期的对外经济制裁

1957年3月25日，法国、联邦德国、意大利、荷兰、比利时和卢森堡六国首脑及外长在罗马签署了《欧洲经济共同体条约》与《欧洲原子能联营条约》，统称为《罗马条约》。作为建立欧共体的基础条约，《罗马条约》并未对共同体与成员国的制裁权限作出明确规定，仅在第223条、第224条肯定成员国为履行联合国宪章义务而发动对外制裁的权力，成员国可以在适当减损共同体单一市场利益的前提下，发动制裁以捍卫国际安全与和平。由于《罗马条约》框架下的欧共体既无权利也无义务执行安理会的制裁决议，亦无发动单边制裁的法律依据[3]，因此在1965年安理会授权对南罗德西亚（津巴布韦共和国前身）实施

---

① Clara Portela, European Union Sanctions and Foreign Policy When and Why Do They Work? (Abingdon: Routledge Press 2010), p.19; Panos Koutrakos, Trade, Foreign Policy and Defence in EU Constitutional Law (Oxford: Hart Publishing 2001), p.58.

② 通常认为，在国际法上判断一项制裁属于多边制裁还是单边制裁，依据的并不是发起制裁国的数量，也不取决于发起制裁的是国家抑或国际组织，而是看制裁是否得到多边国际条约的授权并在授权范围内予以施加。如欧盟依据其基础立法对成员国施加的制裁，属于多边制裁；但欧盟依据其法律对区域外第三国实施的制裁，则属于单边制裁。参见霍政欣：《〈反外国制裁法〉的国际法意涵》，载《比较法研究》2021年第4期。

③ Kern Alexander, Economic Sanctions Law and Public Policy (NY: Palgrave Macmillan 2009), pp.128—129.

制裁时，欧共体理事会拒绝在共同体层面执行该制裁，并认为制裁是成员国的主权事项，应由成员国各自执行，该制裁模式后被称作“罗德西亚模式”。①20 世纪 80 年代，苏联入侵阿富汗，冷战中东西方关系第二次缓和期宣告结束，欧共体面临直接的外部安全威胁，成员国不得不重新审视安全合作议题。1981 年 10 月，欧共体通过《伦敦报告》，同意将“安全的政治方面”纳入“欧洲政治合作”（European Political Cooperation，以下简称 EPC）框架内进行讨论，并提出采取“联合行动”的愿景。②EPC 诞生于 1970 年，是政府间层面的政治运作模式，与欧共体“超国家因素”同轨运作，构成了欧洲一体化运动中的两种主要法律模式。③EPC 提供成员国政府间有关“共同体外交安全”事项的决策机制，但因无具体执行机构与程序而被视为一种“软合作”。④《伦敦报告》的通过表明成员国从广度和深度上已普遍接受发展 EPC 的想法，并同意将 EPC 由协调立场进一步发展到联合行动上来，因而有学者将欧共体正式拥有制裁权限的起点定格于此。⑤1982 年，欧共体在 EPC 框架内达成一致意见后，援引《罗马条约》第 133 条“共同商业

① Panos Kourtrakos, Trade, Foreign Policy and Defense in EU Constitutional Law, p.58.

② 朱明权：《欧盟共同外交和安全政策与欧美协调》，文汇出版社 2002 年版，第 53—55 页。

③ 曾令良：《欧洲政治合作与欧洲共同体》，载《武汉大学学报（社会科学版）》1991 年第 3 期。

④ Sir William Nicoll and Trevor C. Salmon, Understanding the European Union, London: Longman, 2001, p.350.

⑤ Joakim Kreutz, Hard Measures by a Soft Power? Sanctions Policy of the European Union 1981—2004, p.13, https://www.bicc.de/uploads/tx_bicctools/paper45.pdf, visited on 25 February 2023; Francesco Giumelli, Implementation of Sanctions European Union, in Masahiko Asada (ed.), Economic Sanctions in International Law and Practice 116—135 (Abingdon: Routledge Press 2020), p.117；冯存万：《欧盟安全视阈中的对外制裁》，载《外交评论（外交学院学报）》2010 年第 5 期。

政策”条款作为法律准据，在欧共体层面执行安理会对苏联的制裁。值得注意的是，这一实践的法律基础并不牢靠，援引“共同商业政策”条款被视为具有“政治目的”且有失偏颇，因为条款规制内容为经济合作事项而不涉及外交与安全合作。但欧共体巧妙地通过欧共体法院判决对第133条进行扩大解释，进而实现了商业条款适配EPC机制的目的。①尔后，这些意见被吸收至1987年7月1日生效的《单一欧洲法令》之中。该法令规定“共同体的对外政策和EPC机制下达成的政策必须保持一致”，并规定在布鲁塞尔成立一个常设的EPC秘书处，EPC正式实体化。②

总之，《罗马条约》时期见证了欧共体制裁体系的起源与初步成型。欧共体通过建立EPC制裁决策制度、对基础条约扩大解释及追加条约授权、依托多边制裁开展实践等方式，基本确立了“EPC＋共同商业政策”型的“政治＋法律”对外制裁模式。但受制于EPC架构的松散，以及欧共体没有赋予制裁事项立法强制性（legally binding），欧共体是否为能够有效开展制裁行动的国际行为体依然存疑。

（二）《欧洲联盟条约》生效后的对外经济制裁

1991年12月9日，欧共体首脑会议在荷兰马斯特里赫特举行。经过两天辩论，代表们通过并草签了《欧洲经济与货币联盟条约》和《政治联盟条约》，统称《欧洲联盟条约》，欧盟正式宣告成立。《欧洲联盟

① 可参见案例：ECJ, Fritz Werner Industrie-Ausrüstungen GmbH v. Federal Republic of Germany, Case C-70/94, (1995) ECR I-3224, p.10.

② 曾令良：《欧洲政治合作与欧洲共同体》，载《武汉大学学报（社会科学版）》1991年第3期。

条约》是对《罗马条约》的修订，其立法目标不再局限于建立一个共同经济市场，而是加增了构建欧盟共同外交与安全政策的重任，制裁在条约中的工具作用愈加凸显。《欧洲联盟条约》强化了欧盟的制裁权限，不仅为欧盟发动单边制裁提供法律依据，还将“EPC＋共同商业政策”升级为沿用至今的“CFSP＋专门制裁条款”模式，使制裁更具“集体合法性”。[①] 具言之，《欧洲联盟条约》在第60条和第301条赋予欧盟代表成员国发动一致对外制裁的权力，制裁成为欧盟主权事项；将EPC升级为CFSP，确立CFSP为发动制裁的前置程序。相比EPC，CFSP不仅拥有完备的程序规则，还涵盖了执行机构、执行代表与主管部门等实体规定。在《欧洲联盟条约》架构下，制裁的发动要求成员国首先在CFSP框架下达成制裁合意，后以第60条和第301条为准据形成欧盟制裁立法并在全欧盟层面执行。从这个角度看，欧共体时期“政治＋法律”的对外制裁模式在《欧洲联盟条约》中得到了延续。欧盟同样通过司法手段对制裁条款进行扩大解释，从而扩张制裁的适用范围。例如，著名的卡迪案（Kadi）的判决使欧盟发动制裁的对象由国家扩展到个人和实体。此外，欧盟分别于2003年12月和2004年6月通过了《欧盟限制性措施实施和评估指南》（已更新至2018年版）与《欧盟关于限制性措施实施的基本原则》，进一步规范欧盟及成员国制裁运作与执行的标准，以保证对外制裁的一致性。这些举措也标志着欧盟努力按照2003年出台的欧洲安全战略（European Security Strategy）的规划，将自己发展成一个活跃的安全供给者（Security Provider）。

《欧洲联盟条约》及各制裁细则实施后，欧盟迎来了第一个对外制

---

① Clara Portela, European Union Sanctions and Foreign Policy When and Why Do They Work?, pp.20—21.

裁高峰期。彼时不少欧洲学者与官员认为欧盟的制裁体系已基本成形，伴随当时如火如荼的“欧盟制宪”运动，他们开始致力将制裁制度入宪。但事与愿违，科索沃危机与欧盟制宪危机爆发，使欧盟搁置了制裁制度性改革。一方面，鉴于波黑危机的教训，欧盟希望动用一切外交经济手段阻止科索沃危机再次演进为全面内战。然而，制裁工具在危机中的表现却暴露了欧盟外交有心无力的现状：在制裁决策过程中，即使是一些次要的问题，成员国也常常意见不一，制裁无法得到快速响应。另一方面，法国和荷兰均在各自的全民公决中否决了彼时已基本成型的《欧盟宪法条约草案》，且包含法国和荷兰在内的一些成员国表露出对草案中共同外交与安全政策规则的修改会导致本国军备负担过重、决策比重减少及主权事权削弱的担忧。“欧盟制宪”与“制裁入宪”愿景双双破灭，欧盟被迫放弃制宪转而寻求对基础条约的修改。这些事件的发生也使得欧盟制裁在一段时期内被贴上了“软弱的行为体”执行的“软政策”的标签，一些持新现实主义观点的学者形容欧盟制裁“是‘胡萝卜’，而非‘大棒’，象征意义远大于实际意义”。①

（三）《里斯本条约》生效后的对外经济制裁

2007年《里斯本条约》出台，取代了《欧盟宪法条约草案》，一定程度上化解了前述危机，并逐渐削去欧盟制裁“软”的特点。由于《里斯本条约》是在原《欧盟宪法条约草案》的基础上修改而成，因此被视为“简版”的《欧盟宪法条约草案》，一些原“制裁入宪”的改革主张也得到了延续。2009年11月3日，捷克批准了《里斯本条约》，成为欧

① ［丹麦］提摩·基维马基：《欧美对外政策的差异》，张铁军译，载《德国研究》2008年第2期。

盟 27 个成员国中最后一个签署国，《里斯本条约》于 2009 年 12 月正式生效。《里斯本条约》由修改后的《欧洲联盟条约》和《欧洲联盟运行条约》共同组成。在《里斯本条约》框架下，欧盟制裁体系出现了一系列新的变化并沿用至今。

一是欧盟制裁权限进一步增强。《里斯本条约》取消了欧盟“三驾马车”的运行架构，打破了不同政策领域适用不同决策框架的界限，统合欧盟整体的对外政策并赋予欧盟独立的法律人格。此举彻底解决了《罗马条约》时期遗留下来的“共同商业政策”与 EPC、CFSP 不兼容的问题，使制裁可灵活依托欧盟经济、外交、防务、安全、立法与司法等领域的目标或手段进行。

二是高度强调制裁一致性。《里斯本条约》在序言部分明确提出“提高欧盟的效率、民主合法性以及行动的一致性”的改革目标，特别是将提高欧盟行动一致性作为改革重点，关键的变化有：（1）设立了欧盟外交事务与安全政策高级代表（以下简称“高级代表”）；（2）设立了欧洲对外行动署（以下简称 EEAS）；①（3）简化 CFSP 部分事项的决策程序。高级代表的前身是欧盟共同外交与安全政策高级代表、欧盟委员会对外关系委员和欧盟轮值主席国外交部部长，因此又称“身兼三职”的代表。高级代表可以以欧盟身份同第三国展开政治对话，并就具体事项交付 EEAS 执行。这就设定了欧盟外交的单一口径，强化了欧盟对外整体形象。② 与此同时，《里斯本条约》减少了欧盟委员会的构成人数，取

---

① 周乔：《论〈里斯本条约〉后欧盟外交的一致性——历史制度主义的分析》，载《德国研究》2014 年第 2 期。

② Simon Duke, Providing for European-Level Diplomacy after Lisbon: The case of the European External Action Service, 4 The Hague Journal of Diplomacy 211 (2009), pp.211—213.

消了“一国一委员”规则而采取轮流制，增强委员会主席的作用，并将更多CFSP事项划归到“双重多数表决制”决策范围，以简化决策程序。

三是整合制裁规则，扩大制裁适用范围。《里斯本条约》在立法排布上对制裁规则进行重新调整。其中，修改后的《欧洲联盟条约》第2章专门规定CFSP事项，为作为CFSP政策工具的制裁提供原则性规范。根据新规，经CFSP决策通过的条例具有欧盟立法强制力。作为《里斯本条约》的组成部分，新修订命名的《欧洲联盟运行条约》第4编对“限制性措施”的具体内涵、外延、对象、主体等内容做出规定，以第215条取代前述修改前的《欧洲联盟条约》第60条和第301条的规定，使制裁规则更具针对性，免去原第60条和第301条在衔接适用上的难题。此外，《欧洲联盟运行条约》第215条第2款规定“……（欧盟）理事会可根据第1款规定的程序，通过针对自然人或法人以及团体或非国家实体的限制性措施”，① 进而将卡迪案中欧盟法院对制裁对象的扩大解释进行了立法确认，明确欧盟对国家、非国家实体实施制裁的权限。②

《里斯本条约》的制裁规则似乎是历次欧盟基础条约制裁条款的“集大成者”，不仅将欧盟数十年制裁实践的经验与教训成果纳入其中，也将制裁彻底定性为欧盟的主权事项之一，并设计了更为精细的、包含程序与实体规则的法律支撑结构。《里斯本条约》生效后，欧

① 《欧洲联盟基础条约：经〈里斯本条约〉修订》，程卫东、李靖堃译，社会科学文献出版社2010年版，第128页。
② 周乔：《论〈里斯本条约〉后欧盟外交的一致性——历史制度主义的分析》，载《德国研究》2014年第2期。

盟依据《里斯本条约》及前述相关制裁细则的规定，制定并颁布了不同主题的制裁决定与条例，并在这些分主题立法基础上逐渐形成了不同专题的多元制裁机制，① 涵盖传统的贸易、金融、反恐和反战等制裁议题，以及近年来衍生发展出的网络、人权、环保和横向制裁等新型制裁内容。

国际关系学者将“机制”界定为“由行为体确立的一整套原则、规则和决策程序”。② 在这个意义上，欧盟制裁机制主要是指欧盟为追求特定政策目标，制定对其成员国具有法律约束力的原则、规则和决策程序的制度安排。③ 以欧盟全球人权制裁机制为例，④ 人权一直是欧盟外交政策的优先事项，⑤ 在人权制裁机制形成以前，欧盟就试图在贸易政策领域通过贸易优惠协议以及单边贸易限制等方式来促进和保护非欧盟国家的人权，输出欧盟的政策理念。2020 年 12 月 7 日，欧盟理事会通过了《针对严重侵犯人权行为采取限制性措施决定》与《针对严重侵犯人权行为采取限制性措施条例》，欧盟全球人权制裁机制法律基础成型。该机制基本遵循美国、英国和加拿大的人权制裁框架，适用于种族灭绝、危害人类罪和其他严重侵犯或践踏人权的行为，制裁对象包括个人、国家和

① 王媛媛：《欧盟制裁机制的转型：欧盟全球人权制裁机制的法律框架、运行机制及缺陷》，载《国际法研究》2022 年第 3 期。

② 葛建华：《欧盟共同外交与安全决策机制》，社会科学文献出版社 2020 年版，第 22 页。

③ 周乔：《论〈里斯本条约〉后欧盟外交的一致性——历史制度主义的分析》，载《德国研究》2014 年第 2 期。

④ European Parliament, Globalisation: How the EU’s Trade Policy Helps to Promote Human Rights, 19 June 2019, https://www.europarl.europa.eu/news/en/headlines/priorities/globalisation/20190612STO54309/globalisation-how-eu-trade-policy-helps-promote-human-rights, visited on 25 February 2023.

⑤ 张华：《欧洲联盟对外关系中的“人权条款”初探》，载《国际论坛》2008 年第 10 期。

非国家实体与机构，制裁措施包含资产冻结、旅行禁令等。① 自 2021 年 3 月起，欧盟先后对俄罗斯、朝鲜、利比亚、厄立特里亚等国的个人和实体实施人权制裁。② 截至 2023 年 3 月，共有 33 名个人和 15 个实体被列入欧盟人权制裁清单之中。③

总之，在《里斯本条约》生效后的十几年时间里，欧盟制裁产品快速丰富，制裁广度与强度显著提升。在俄乌冲突中，欧盟接过美国制裁大棒，对俄发动超十轮制裁，制裁不再是欧盟外交具有象征意义的“温和手段”，而是“有牙齿的老虎”。④

二、欧盟反制裁机制的主要类型

“哪里有制裁，哪里就有反制裁”，从广义角度而言，制裁还包括反制裁。反制裁的本质是“对制裁的制裁”，是对一国的国际不法行为的“反措施”。⑤ 与对外制裁类同，反制裁是欧盟成员国集体参与并“发动制裁”的另一种方式，是成员国应对外部冲击可采取的反

---

① Council Regulation (EU) 2020/1998 of 7 December 2020 concerning restrictive measures against serious human rights violations and abuses, and Council Decision (CFSP) 2020/1999 of 7 December 2020 concerning restrictive measures against serious human rights violations.

② Council Implementing Regulation (EU) 2021/478 of 22 March 2021 implementing Regulation (EU) 2020/1998 concerning restrictive measures against serious human rights violations and abuses.

③ European Commission, EU Sanctions Map.

④ Richard Roeder (eds.), Toothless Tiger No More? Germany Strengthens Sanctions and AML Enforcement, 24 January 2023, https://www.willkie.com/-/media/files/publications/2023/toothlesstigernomoregermanystrengthenssanctionsand.pdf, visited on 2 April 2023.

⑤ 赵德铭、周文桐、金挺峰：《〈反外国制裁〉评述》，载《国际经济法学刊》2022 年第 1 期。

制工具。研究欧盟反制裁的最新实践，有助于全面认识欧盟的制裁体系。

（一）阻断机制

2018年5月8日，时任美国总统特朗普宣布重启对伊朗的制裁，这一决定给涉伊全球能源、金融、外贸、保险和运输行业带来巨大冲击。美国的退出使早先由安理会一致通过的《联合全面行动计划》陷入瘫痪，平添全球经贸风险与金融合规负担。2018年6月6日，经欧盟理事会一致同意授权，欧盟委员会发布（EU）2018/1100授权条例，①激活尘封二十余年的第2271/96号条例（以下简称《欧盟阻断条例》），并对其附件进行更新，希望以此阻断和抵消美国对伊制裁措施对欧盟自然人和法人带来的不利影响。②该条例禁止欧洲公司遵守美国对伊朗的制裁，禁止执行外国法院在这些制裁基础上所做出的任何决定，阻断美国1993年《财政年度国防授权法》、1992年《古巴民主法》、1996年《伊朗制裁法》、2012年《伊朗自由与反扩散法》等法案在欧盟的适用，并明确违反条例规定的实体将被处罚。2019年，欧洲对外关系委员会（European Council on Foreign Relations）发布《应对次级制裁的挑战》报告，梳理并反思《欧盟阻断条例》的实施状况，提出要"找到一个案例并展开阻断法调查"，以提升《欧盟阻断条例》的国际影响力以及成员国阻断执行的能

① Commission Delegated Regulation (EU) 2018/1100 of 6 June 2018 amending the Annex to Council Regulation (EC) No 2271/96 protecting against the effects of extra-territorial application of legislation adopted by a third country, and actions based thereon or resulting therefrom.

② 廖凡：《比较视角下的不可靠实体清单制度》，载《比较法研究》2021年第1期。

力。[1]2021 年，欧盟法院采纳报告建议，在“伊朗梅利银行诉德国电信有限公司案”中，系统审查了《欧盟阻断条例》有关“禁止遵守”义务的实施问题，解答了《欧盟阻断条例》实施过程中欧盟企业自身利益与欧盟外部利益的衡平与冲突问题。在严格实施《欧盟阻断条例》并维护其权威的同时，也正视了阻断措施给欧盟经营者带来的“副作用”，试图减轻对欧盟经营者的不利影响，允许外国实体通过转移举证责任、起诉欧盟经营者等方式保护合同利益，以此在一定程度上缓和与美国的经贸盟友关系并增加政治谈判筹码，明确保护企业商业自由和利益的价值取向。[2]

（二）反经济胁迫机制

受特朗普时期美国向欧盟商品加征关税影响，部分欧盟贸易大国提出了“经济胁迫”概念，指受地缘政治局势影响产生的贸易与投资“武器化”、大国通过“经济胁迫”手段干预欧盟及其成员国决策等行为，因此欧盟最初进行反经济胁迫的对象主要是美国。后伴随拜登政府上台及美欧经贸关系的缓和，在第二次“中国问题对话”和七国集团外长联合声明中，美欧就所谓“中国经济胁迫”达成共识，欧盟反经济胁迫目标逐渐指向中国。2021 年 12 月 8 日，欧盟委员会公布《反经济胁迫条例（草案）》，对所谓“经济胁迫”行为反制做出一系列规范，主要包

---

① Ellie Geranmayeh and Manuel Lafont Rapnouil, Meeting the Challenge of Secondary Sanctions, 25 June 2019, https://ecfr.eu/publication/meeting_the_challenge_of_secondary_sanctions/, visited on 2 April 2023.

② 陈若鸿：《阻断法实施的严格进路——欧洲法院伊朗 Melli 银行案对中国的启示》，载《国际经济法学刊》2022 年第 2 期；漆彤：《欧盟〈阻断法〉的适用困境及其对我国的启示——以伊朗梅利银行诉德国电信案为例》，载《财经法学》2022 年第 1 期。

括提高关税、货物进出口限制、公共采购投标限制、外国直接投资限制、贸易相关的知识产权使用限制和金融服务限制等。在制裁“胁迫方”的过程中，欧盟委员会将持续收集成员国的意见，审查评估胁迫情况。如果胁迫行为终止，制裁也将停止。欧盟委员会称，将借助《反经济胁迫条例（草案）》的威慑力击退第三国的“经济胁迫”行为，并致力于将《反经济胁迫条例（草案）》和《欧盟阻断条例》共同打造成为欧盟应对第三国贸易竞争和立法域外适用的法律武器。①

（三）金融反制裁机制

当前，欧盟的金融反制裁法律制度虽未完全机制化，但部分欧盟成员国的立法与司法实践正不断倒逼欧盟在此领域创新。②欧盟的金融反制裁工作主要包括两个方面：一是降低对美元结算的依赖。当前国际贸易的美元结算和支付主要通过“环球银行间金融电讯协会”（SWIFT）和“纽约清算所银行同业支付系统”（CHIPS）进行。虽然SWIFT总部设在欧盟境内的比利时，但囿于美元的国际货币地位，SWIFT无法脱离CHIPS单独存在，因此美国具备控制SWIFT从而达到精准打击制裁对象的目的。为应对美国对涉伊金融交易的监管，绕开美国对美元的监管，减少美国对伊金融制裁给伊朗与欧盟间贸易带来的不利影响，英、法、德三国曾于2019年建立“贸易结算支持机制”，伊朗也同步建立了

① 孙舒：《欧盟〈反经济胁迫条例（草案）〉的立法设计、适用风险及中国应对》，载《江西社会科学》2022年第5期。

② European Commission, Anti-Money Laundering and Countering the Financing of Terrorism Legislative Package, 20 July 2021, https://finance.ec.europa.eu/publications/anti-money-laundering-and-countering-financing-terrorism-legislative-package_en, visited on 2 April 2023.

“特别贸易与金融机构”，为贸易结算体系提供信息支持，这套机制于2019年6月正式投入运行。二是发展各类金融科技手段。欧盟一直是金融科技的忠实拥护者与推动者，数字货币、区块链金融、监管沙盒、金融数据保护等工作不仅被列入欧盟委员会年度工作计划，还在德国、荷兰等部分成员国得到立法确认与保护。欧盟主张利用数字货币技术实现全球货币的自动结算，主张通过区块链加密技术建立欧盟在线资本市场，并通过监管沙盒工具提高欧盟整体金融监管水平。这些技术手段的引入通常以成员国创新实践为先，再逐步被欧盟接受并推广。这不仅促进了欧盟金融市场的数字化转型，还体现出欧盟运用数字技术提高欧元国际货币地位、抵御经贸金融风险、提升数字金融领域制裁与反制裁能力以及发展新型数字经济的考量。

三、欧盟对外经济制裁的决策与执行

经《里斯本条约》调整后，欧盟逐渐形成一套较为定式的制裁决策、运作与执行程序，[①]制裁的制度性规范实现可执行转换。当前欧盟已在CFSP框架内搭建起以两步决策程序为主的制裁决策模式，并通过法律指定、欧盟主管部门事权划分、成员国自决及实践惯例等方式，使欧盟的制裁决策在全欧盟范围内得到推广与执行。

（一）两步决策程序

欧盟制裁决策最终以两种法律文书呈现：决定（Decisions）与条例

① 王磊、刘建伟：《欧盟对外制裁决策：制度设计与影响因素》，载《国际观察》2016年第1期。

（Regulations）。两种文书指代了不同的参与主体、决策顺序及文书效力。一般而言，决定是在特别安排（ad hoc）的基础上做出的，而条例更常见于欧盟的对外制裁实践之中。《欧洲联盟运行条约》第4、5、6、215条对欧盟和成员国的制裁权限进行了划分，武器禁运、外交制裁和签证禁令为欧盟和成员国共享权限，而经济制裁、金融制裁的权限则归属欧盟。对于欧盟与成员国共享权限的制裁事项，欧盟一般以决定的形式发布制裁决议，如“武器禁运”一般是欧盟理事会以决定形式发布的，并交由成员国自行立法制定相应规则予以执行。对于专属欧盟的制裁事项，欧盟在发布决定的基础上，还将转化决定为制裁条例。决定与条例均对成员国具有约束力，但条例因具有直接适用效力（directly binding）而在欧盟法域内效力更高。制裁决定的起草主体一般为欧盟委员会，而制裁条例的起草主体则包括高级代表与欧盟委员会。制裁条例须纳入两步决策程序中进行，实际上，二者最大的区别在于是否具有第二步决策步骤——即通过表决程序将决定转化为条例。[①] 受限于篇幅，本章选取更为常见的欧盟经济金融制裁条例事项进行探讨。

欧盟对外经济金融制裁决策大致可分为两个步骤。第一步是各成员国在CFSP框架内形成合意。制裁提案由高级代表与欧盟委员会共同起草并提交欧盟理事会下属CFSP委员会，委员会下设各工作组会对提案进行讨论，该讨论可以是共同讨论，也可以是单独讨论。参与讨论的工作组一般包括：（1）负责目标制裁国或地区的工作组；（2）外交关系顾问工作组；（3）政治和安全委员会；（4）常驻代表委员会。其中，政治和安全委员会为欧洲议会、欧洲理事会与欧盟理事会提供了磋商机制，

---

① Francesco Giumelli, Implementation of sanctions European Union, pp.120—121.

拓宽了参与制裁决策的欧盟主体序列。[1] 各工作组达成合意后将形成欧盟理事会的初步决定。尔后，欧盟理事会根据《欧洲联盟条约》第31条的规定，按“一致同意”原则，就初步决定表决形成“理事会决定”（Council Decision）。学界一般将CFSP委员会通过的决定分为立法型外交决定、倡议型外交决定、日常型外交决定和危机型外交决定四种。[2] 经济金融制裁决定属于立法型外交决定，因为决定最终会经由第二个步骤转化为条例。第二步是在欧盟层面制定制裁条例。“理事会决定”发布后，欧盟理事会以“有效多数”原则制定具体的、具有直接适用效力的制裁条例（Council Regulation），并知会欧洲议会，在官方公报上公布后即对全体成员国生效。实践中，出于时间等因素的考虑，[3] 这两步通常是同时完成的，即欧盟理事会会同时通过决定与条例。此外，当制裁名单（清单）需要补充修改时，同样遵循前述程序。[4]

（二）欧盟层面的执行保证

欧盟层面的制裁执行主要通过部门主导的方式进行。乌尔苏拉·冯德莱恩（Ursula von der Leyen）担任欧盟委员会主席后，基于其团队“不断强化欧盟经济安全与金融稳定机制建设”的执政理念，欧盟委员会下属的负责欧盟金融安全执行工作的“金融服务和资本市场联盟总理事会”（以下简称“总理事会”）的权限不断扩大。制裁是强化欧盟经济

---

① Francesco Giumelli, Implementation of sanctions European Union, p.122.

② 葛建华：《欧盟共同外交与安全决策机制》，社会科学文献出版社2020年版，第151—156页。

③ 王磊、刘建伟：《欧盟对外制裁决策：制度设计与影响因素》，载《国际观察》2016年第1期。

④ 王媛媛：《欧盟制裁机制的转型：欧盟全球人权制裁机制的法律框架、运行机制及缺陷》，载《国际法研究》2022年第3期。

金融安全的政策工具之一，因而欧盟层面的制裁执行也顺理成章地成为总理事会事权。冯德莱恩在写给总理事会专员的使命信中强调“为巩固欧盟的经济主权，希望总理事会可以提出确保欧盟对第三国的域外制裁更具弹性（resilient）的提案，并确保制裁的执行，尤其是通过欧盟金融体系进行的制裁”。①

总理事会对制裁的执行工作包括：（1）起草提案。根据分工，总理事会主要负责起草决定类的制裁提案。在提案起草过程中，总理事会负责代表欧盟委员会同各成员国交换意见，使提案能够充分反映成员国主张。（2）监督制裁决定及条例在成员国的实施情况。对于需转化、另立为成员国立法的制裁规范，总理事会有权监督成员国的实施情况，必要时可提请欧盟委员会对成员国启动《欧洲联盟运行条约》侵权调查程序。（3）定期汇报进展。总理事会负责定期向欧盟理事会、欧洲议会汇报制裁的实施进展情况。（4）协调成员国与欧盟的关系。总理事会负责制裁立法实施环节的解释工作，须对成员国主管部门、经济和人道主义专员（Economic and Humanitarian Operators）提出的问题以问答声明（Q&A）等形式定期作答。（5）执行安理会制裁决议。总理事会负责将联合国安理会的制裁决议转化为欧盟立法并在全欧盟实施。

（三）成员国层面的执行保证

欧盟成员国是制裁的执行主体，成员国一般会指定一个政府专门机

① Ursula von der Leyen, Mission Letter to Mairead McGuinness, Commissioner-Designate for Financial Services, Financial Stability and the Capital Markets Union, 13 September 2020, p.5, https://ec.europa.eu/commission/commissioners/sites/default/files/commissioner_mission_letters/president_von_der_leyens_mission_letter_to_mairead_mcguiness.pdf, visited on 2 April 2023.

关负责。值得注意的是，成员国对制裁的参与绝非仅限于后端，在制裁提案提出之前，成员国代表就通过欧盟理事会、CFSP 委员会工作组和欧洲议会等多种途径参与其中，如负责收集并提供信息用于主张制裁名单的设定等，以及商讨具体制裁条款的制定，并参与表决。成员国除须按要求对欧盟制裁决定、条例予以执行外，一般还需根据本国国情出台具体的制裁细则，包括：（1）明确罚则。确定在本国境内违反制裁措施的处罚规则、处罚对象和处罚豁免等。（2）收集情报。从本国银行、证券公司、上市公司、行业协会和行政执法部门等处收集与制裁对象相关的情报并及时通过各类情报合作渠道传递信息。（3）定期向总理事会报告制裁实施情况。（4）披露信息。建立公开透明的制裁信息公示系统，以保证及时向相关主体披露制裁程序、内容和期限等。此外，每个成员国均须起草和发布旨在明确自然人和法人须遵守的指南性文件，并按期评估制裁效果等。

成员国还须保证制裁执行措施的标准统一。制裁措施的具体要求往往会在制裁决定、条例内列明。欧盟成员国在行使具体制裁措施时，须遵循《欧盟关于限制性措施实施的基本原则》（2004 年）、《欧盟限制性措施实施和评估指南》（2018 年更新）和《欧盟有效执行限制性措施的最佳实践》（2018 年）等细则指引进行，并与欧盟保持沟通。当前，欧盟成员国的制裁措施主要包括：资产冻结、签证禁令、武器禁运、贸易限制、金融限制、航空限制、外交抵制以及文化抵制等。

四、欧盟对外经济制裁体系的检视

欧盟对外经济制裁体系可总结为三个主要层面：（1）法律层面，涵盖欧盟基础立法的制裁条款及相应细则、多元制裁与反制裁立法与机制等，共同为欧盟发动制裁提供法源基础；（2）政治层面，主要通过 CFSP、两步决策程序等保障欧盟与成员国对制裁事项的政治参与及具体运作；（3）执行层面，分别涵盖欧盟层面与成员国层面的制裁执行（见图 2-1）。

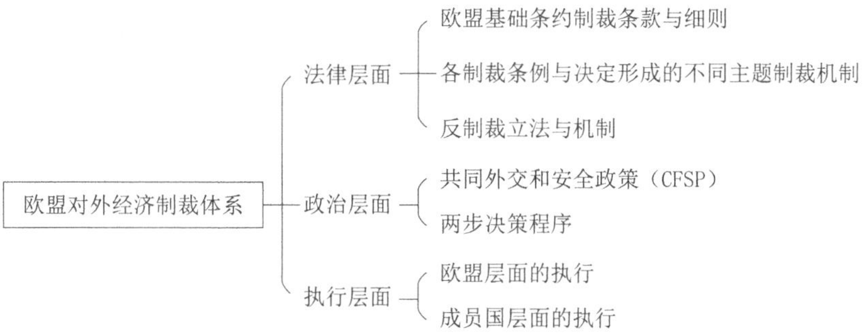

图 2-1　欧盟对外经济制裁体系的主要构成

资料来源：作者自制。

欧盟对外经济制裁体系架构看似缜密，为欧盟提供了制裁合法性、合理性与可行性依据，但从国际法和欧盟法的角度仔细审视其框架内容以及相关的政策文件、实践案例，仍然可以看出其中存在多个方面的不确定性。当前体系并未很好地调和欧盟立法、司法与执法的事权冲突，也没有解决欧盟成员国与欧盟主权事项之间的矛盾。制度的堆砌不仅平添制裁再度“软化”与滥用风险，也可能直接激化欧盟与第三国的矛盾。

（一）制裁体系内容庞杂，制裁决策存在不确定性

欧盟对外经济制裁体系包含名目繁多的决策程序及手段各样的制度机制。一些欧洲学者指出，与其他外交领域不同，制裁是相对“灵活”的外交事项，要求一国可以对国际行为做出快速判断与反应，欧

盟庞杂的制裁体系看似兼顾了各方主体，但却大大削弱了欧盟应对危机的能力。① 以参与主体为例，仅两步决策程序的参与主体就包括了欧洲议会、欧盟理事会、欧盟委员会、高级代表与 EEAS，以及欧盟成员国外交部部长、国际组织人权专员等，主体庞杂以及利益取向的不同使欧盟制裁提案常常发生“停滞”。而制裁决策的表决程序则进一步拖累制裁效率。②《里斯本条约》虽然引入了“双重多数表决制”用以简化欧盟理事会的表决程序，规定决议只要获得至少 55% 的理事会成员、并且他们所代表成员国的人口至少占欧盟人口的 65% 以上赞同即可通过，③ 但“双重多数表决制”仅涵盖部分司法和内政事项，税收、社会保障、外交和防务等事项仍采取全体一致通过原则，成员国可以以“一票否决”的方式阻拦制裁决策的通过，这就让欧盟对外制裁变得“可预测”。

俄乌冲突爆发后，欧盟对俄罗斯能源行业的制裁表现便是欧盟对外经济制裁体系内容庞杂与决策不确定性的典型例证。一方面，欧盟对俄能源制裁计划的出台十分艰难。在能源议题上，由于各国与俄罗斯的亲疏程度、对俄能源依赖等情况存在差异，④ 一边是波兰、北欧和波罗的海国家制裁态度坚决，另一边是德国、法国和匈牙利等国始终

---

① Clara Portela, European Union Sanctions and Foreign Policy When and Why Do They Work?, p.55.

② Morad Bali and Nady Rapelanoro, How to Simulate International Economic Sanctions: A Multipurpose Index Modelling Illustrated with EU Sanctions Against Russia, 168 International Economics 25 (2021).

③《欧洲联盟基础条约：经〈里斯本条约〉修订》，程卫东、李靖堃译，社会科学文献出版社 2010 年版，第 38 页；转引自李明明：《共识政治的危机：欧洲一体化与欧盟政治分歧的发展》，载《德国研究》2019 年第 2 期。

④ 郑春荣、金欣：《俄乌冲突背景下德国在欧盟领导角色的式微》，载《国际展望》2023 年第 1 期。

担心能源作为制裁手段的“反噬”效果，企图用温和态度或替代措施解决能源制裁纷争。这两派的对立使得欧盟在对俄能源制裁议题上很难用一个声音说话[①]，造成了对俄第五轮和第六轮制裁屡屡受阻，未能取得实质性进展。另一方面，部分能源制裁提案在表决会召开前便可提前预知结果。2022 年 5 月，在欧盟意图对俄罗斯实施包含石油禁运措施的第五轮制裁前夕，匈牙利外交部部长彼得·西雅尔多（Peter Szijjarto）提前表示将基于“经济考虑而非政治考虑”的原因而明确反对提案，并暗示将在正式投票阶段一票否决制裁提案。匈牙利的做法引发了欧盟一些成员国的不满，如立陶宛外交部部长加布里埃乌斯·兰茨贝尔吉斯（Gabrielius Landsbergis）指责匈牙利，称“整个欧盟都被一个成员国所绑架”。[②] 面对匈牙利相对强硬的立场，欧盟不得不做出特别安排：2022 年 5 月 31 日，欧盟特别峰会在“争吵”中结束，[③] 欧盟在“建设性弃权”的制度规范内对匈牙利等少部分成员国的管道能源权益进行了折中保障，对俄能源制裁决议（第六轮制裁）才最终得以通过。[④] “建设性弃权”是欧盟额外创设的制裁决议程序，目的是平衡欧盟与成员国间权限，使制裁事项可以以成员国弃权的方式通过，但弃权意味着成员国不受制裁决定的约束，使制裁执行效果大打折扣。实际上，欧盟不断致力于解决制裁决策僵局、矛盾、冲突等问题。2018 年，欧盟委员会曾提议制裁事项采用“双重多数表决制”来替代“一

---

① 郑春荣、金欣:《俄乌冲突背景下德国在欧盟领导角色的式微》，载《国际展望》2023 年第 1 期。

② 廖冰清:《外长会磋商未果　欧盟对俄“禁油令”分歧难消》，载《经济参考报》2022 年 5 月 18 日，第 4 版。

③ 翁东辉:《欧盟特别峰会并不特别》，载《经济日报》2022 年 6 月 2 日，第 4 版。

④ 贾文华:《“失败的前进”：欧盟域外制裁的理论诠释与实证考察》，载《欧洲研究》2023 年第 1 期。

致同意”，理由是“一票否决”妨碍了欧盟“对国际事态发展做出迅速而坚定的反应”的能力。① 但由于该提案属于外交与安全事项，仍应全体一致通过，因此该提案一经产生旋即陷入死循环，至今未被采纳。②

（二）制裁运作壁垒明显，制裁执行具有非一致性

《里斯本条约》及其配套的制裁细则、指导文件虽然为欧盟一致对外的制裁运作及执行提供了立法制度保障，但实施效果实际乏善可陈，制裁运作执行的协同性与一致性等均受到质疑。

第一，与美国财政部设立海外资产管理办公室（OFAC）主要负责对外经济金融制裁事项不同，欧盟并没有一个类中央集权的机构全权负责经济制裁工作，这就产生了欧盟制裁主管部门多头、权责不清的问题。在实践中，欧盟理事会、欧盟委员会、高级代表、EEAS、总理事会及成员国主管部门等主体分别对欧盟制裁的不同阶段拥有管辖权，权责分散。制裁一旦进入执行阶段，欧盟层面的作用便十分有限，欧盟理事会、欧盟委员会、总理事会等主体咨询作用有限，对制裁运作过程中出现的成员国推诿、纷争等问题往往难以决断。在欧盟对俄制裁议题上，乌克兰就屡屡抱怨欧盟制裁的有效性、效率性和真实性，乌克兰总统泽连斯基曾在正式或非正式场合多次表达对欧盟的不满，并反复催促

① European Commission, Communication from the Commission to the European Council, the European Parliament and the Council, A Stronger Global Actor: A More Efficient Decision-Making for EU Common Foreign and Security Policy, COM(2018) 647 final, 12 September 2018.

② European Parliamen, Intergovernmental Conference Task Force, White Paper on the 1996 Intergovernmental Conference, January 1996, http://aei.pitt.edu/50080/1/A9219.pdf, visited on 2 April 2023.

对俄制裁落地。[①] 在这种情况下，为了加强对制裁的统筹领导力与执行力，欧盟只得不断更新调整制裁措施，阶段性地推出愈加严厉的制裁计划，以维持并增强对俄制裁的效果，消解成员国的“信心动摇”。[②] 欧盟委员会甚至提出“违反欧盟制裁决定负有刑事责任”的立法提案，指出“自俄乌冲突以来，欧盟对俄罗斯和白俄罗斯的个人和实体采取了一系列制裁措施……实践表明，被制裁对象通过复杂的法律和金融手段将被执行财产藏匿于不同的司法管辖区……欧盟现有的法律漏洞为其提供了便利，因为欧盟各成员国关于违反欧盟制裁决定的刑法规定各不相同……（这些漏洞）削弱了欧盟以一个声音说话的能力”[③]，旗帜鲜明地指出欧盟当前对外制裁缺乏一致性、效率性、协同性及有效性等问题，并试图通过设置严厉的刑罚方式，纠正部分成员国、实体与个人对制裁决议的让步与违反，倒逼成员国在制裁运作执行问题上的趋同化进程。

实际上，制裁隶属于欧盟“共同外交与安全”事项，对比他类事项，该事项似乎更强调主权让渡问题，换言之，“欧盟超国家主权与成员国主权”这对冲突似乎在制裁议题上更为明显。一方面，欧盟试图通过立法型外交决定的方式，将制裁转化为强制立法行为，进而使制裁的执行在成员国立法框架内得到保障，制裁具有欧盟实体法与程序法上的保护。另一方面，与共同商业政策上欧盟拥有排他权限不同，共同外交与安全事项在

---

① Ukraine's Zelenskiy Complains about EU Divisions over New Russia Sanctions, Reuters, 27 May 2022, https://www.reuters.com/world/europe/ukraines-zelenskiy-complains-about-eu-divisions-over-new-russia-sanctions-2022-05-26/, visited on 2 April 2023.

② 肖新新、柳玉鹏、牧之：《欧盟对俄实施“史上最有力”制裁》，载《环球时报》2023 年 2 月 27 日，第 16 版。

③ European Commission, Ukraine: Commission Proposes to Criminalise the Violation of EU Sanctions, 2 December 2022, https://ec.europa.eu/commission/presscorner/detail/en/IP_22_7371, visited on 2 April 2023.

习惯上被认为是成员国的主权事项，欧盟需在更大程度上与成员国进行协商。从近几年的发展情况看，欧盟制裁的“跨政府间”特性更加明显，以成员国间官僚政治谈判方式达成协议的情形比重在不断上升。①有学者认为，欧盟制裁已成为“以成员国决策为主，欧盟机构、非政府组织参与，第三国等外部力量施加影响”②的混合行为。基于此，成员国在参与并执行欧盟制裁决策时似乎常伴有较大自主性与天然“抵触心理”，常通过主张豁免、一票否决、弃权及设置制裁执行“规则洼地”等方式阻碍执行，使欧盟的制裁决议流于形式，制裁有效性大打折扣。

第二，为使制裁相关立法更易被成员国接受与通过，欧盟一开始在制定制裁配套制度时普遍采用模糊表述规则的方式，“建设性模糊”意图明显，且未及时对制裁配套指南文件更新而使部分文件沿用十余年至今，这也为当前欧盟制裁的不一致性埋下祸根。基于近年来对欧盟成员国制裁实施情况的观察，成员国在有关欧盟制裁措施方面的立法转化与具体执行上具有较大自主裁量权，配套制度的统一功效没有得到很好的发挥。有如上述，欧盟各成员国的制裁罚则并不统一。个人与实体基于同一事由违反欧盟制裁规定，在不同成员国所需承担的法律责任并不相同，跨度涵盖民事、行政与刑事责任。例如，当个人或实体违反欧盟经济制裁决定向被制裁国出口特定产品时，对个人的罚款从1000欧元（保加利亚）到10万欧元（德国）不等，对公司实体的罚款从1万欧元（保加利亚）到100万欧元（德国）不等。又如，《欧盟关于限制性措施实施的基本原则》与《欧盟限制性措施实施和评估指南》确立了

① Francesco Giumelli, Implementation of sanctions European Union, p.121.

② 王媛媛：《欧盟制裁机制的转型：欧盟全球人权制裁机制的法律框架、运行机制及缺陷》，载《国际法研究》2022年第3期。

制裁信息通报制度，要求成员国应相互通报所采取的措施，包括行政命令、立法情况和司法判决等，以此协调各成员国的制裁进展情况，防止重复制裁、过度制裁等问题的产生。2014 年 7 月 31 日，在欧盟理事会第 833/2014 号对俄罗斯制裁条例中指出“成员国除与其他成员国、欧盟委员会通报外，还应与 EEAS、欧洲刑警组织、欧洲司法组织、金融行动特别工作组、安理会制裁委员会和安理会反恐委员会等国际组织进行信息共享”①，将信息通报的范围进一步扩大，试图增加制裁影响力并提升成员间协作能力。然而成员国间的制裁协作渠道实际上并不畅通。信息通报制度以成员国“主动”为前提，具有倡议性质，法律没有明确规定未通报的后果。通报的信息格式、方式、程序与时间也没有明确规定，成员国自主性依然较大，且基于外交保密等原因，部分成员国的通报并不完全与及时，欧盟成员国对制裁的重复执行、过度执行现象时有发生。

（三）欧盟司法干预带来法律不确定性

《里斯本条约》虽然将制裁所属的 CFSP 事项移出欧盟法院（Court of Justice of the EU）管辖范围，欧盟法院对涉及依据 CFSP 而制定的法律文件不具有管辖权，但《欧洲联盟运行条约》同时留有后手，其第 263 条第 4 款和第 275 条规定欧盟法院可以对欧盟理事会通过的旨在对自然人和法人采取的制裁措施决议（包括制裁决定与条例）进行合法性审查，制裁对象可以向欧盟法院提起诉讼②，这成为欧盟司法干预制裁事项的法

① Kern Alexander, Economic Sanctions Law and Public Policy, p.131.
② 《欧洲联盟基础条约：经〈里斯本条约〉修订》，程卫东、李靖堃译，社会科学文献出版社 2010 年版，第 128 页。

律依据。俄乌冲突爆发后，被欧盟制裁对象便依循此规，将欧盟制裁决议诉诸欧盟法院，要求撤销决议、停止制裁。据统计，自 2022 年 4 月以来，已有约 30 个个人和实体将欧盟告上法庭，要求将他们从制裁名单中除名，另外有 10 人直接向欧盟委员会提请要求解除对俄制裁。① 这些诉讼举措也带来了实质性效果，部分欧盟对俄制裁措施被欧盟法院裁定中止。如 2023 年 3 月 1 日，欧盟法院发布临时司法命令，要求暂停对俄罗斯世界一级方程式锦标赛（F1）车手尼基塔·马泽平的部分制裁限制，并允许他参加在欧洲境内举办的 F1 比赛。② 此前，受到美欧与国际汽联制裁影响，作为 2022 赛季的俄罗斯籍 F1 车手，尼基塔·马泽平被迫与美国哈斯车队终止合同，其在意大利的财产也被冻结。

诚然，从欧盟制裁体系的整体设计中可以看出，欧盟在极力褪除制裁架构中的“司法色彩”以增强灵活性，但显然并未达成目标。过去几年，欧盟法院越来越频繁地通过行使审查权判决欧盟理事会制裁决定与条例无效。相较而言，在《里斯本条约》生效以前的很长一段时期内，欧盟制裁的司法参与并不强烈，甚至欧盟司法一度成为增强欧盟制裁权限的手段——通过对基础条约的扩大解释，扩张基础条约制裁规则的适用范围。但自卡迪案欧盟法院确认被制裁对象拥有司法救济权后，③ 欧盟法院对制裁的态度似乎由“司法辅助”向“司法干预”转移。有资料

① 20 Russian Billionaires Challenge EU Sanctions in Court-Bloomberg, The Moscow Times, 9 June 2022, https://www.themoscowtimes.com/2022/06/09/20-russian-billionaires-challenge-eu-sanctions-in-court-bloomberg-a77946, visited on 3 March 2023.

② CJEU, Nikita Dmitrievich Mazepin v. Council of the European Union, Case T-743/22 R, Order of the President of the General Court, 1 March 2023, https://curia.europa.eu/juris/document/document.jsf?text=&docid=270836&pageIndex=0&doclang=en&mode=req&dir=&occ=first&part=1&cid=4629788, visited on 3 March 2023.

③ 王蕾凡：《安理会目标制裁决议实施中人权保护的司法审查——从“卡迪案”到“阿尔-杜立弥案”的演进》，载《国际法研究》2017 年第 4 期。

显示，卡迪案后欧盟法院制裁相关的案件数量激增，法院更偏向对个人与实体的倾斜保护。2011—2014年，欧盟理事会有过半案件败诉，直至2015年才慢慢扭转态势①，而新近《欧盟阻断条例》相关判例似乎又表明欧盟司法重新向保护个人与实体利益进路转换。欧盟理事会败诉的理由主要包括制裁决策程序不透明、举证不能及无法明确制裁是否有效改变目标国政策等。②尽管欧盟理事会往往通过“二次列明（Relist）”以及不断改进制裁程序以适应欧盟法院变化等方式进行补救，即当欧盟法院判处将个人或实体从制裁名单除名时，欧盟理事会会依据其他理由将其重新列入制裁名单。但深陷制裁决策违反欧盟法可能以及“烂诉泥潭”间接导致了制裁的法律不确定性显著上升，并不断倒逼欧盟理事会采取降低制裁事由准入门槛、扩大制裁对象等策略以降低举证责任难度，③客观上导致更多的个人与实体被纳入制裁政策影响范围。

（四）制衡缺位催发欧盟对外制裁泛化

尽管欧盟一直对外宣称其制裁政策是“限制性的”并带有强烈的克制色彩，但近年来欧盟的制裁实践已与该理念背道而驰。欧盟自身并未明确框定制裁的边界，加之制裁各类规则普遍具有“建设性模糊”，以及制裁以政府间决策为主的特性，欧盟对外制裁泛化问题不断凸显。

---

① European Union Committee, The Legality of EU Sanctions, 2 February 2017, pp.9—10, https://publications.parliament.uk/pa/ld201617/ldselect/ldeucom/102/102.pdf, visited on 25 March 2023.

② Kern Alexander, Economic Sanctions Law and Public Policy, p.128；案例可参见 UK Parliament, Oral Evidence Session: EU Sanctions, http://data.parliament.uk/writtenevidence/committeeevidence.svc/evidencedocument/eu-justice-subcommittee/eu-sanctions/written/41026.html, visited on 25 March 2023.

③ 王媛媛：《欧盟制裁机制的转型：欧盟全球人权制裁机制的法律框架、运行机制及缺陷》，载《国际法研究》2022年第3期。

政治行为是欧盟对外制裁泛化的主要推手。部分欧盟机构、成员国致力于通过扩大欧盟制裁域外管辖权等方式来增强欧盟制裁的国际影响力。[①]《欧盟限制性措施实施和评估指南》规定，欧盟制裁一般适用于欧盟具备管辖权的领土、船舶与航空器、个人或实体，包括：（1）欧盟的领土及领空；（2）在欧盟注册的船舶或航空器；（3）欧盟成员国的自然人国民；（4）依据欧盟成员国法律设立或组建的法人、机构或实体，不论位于欧盟境内或境外；（5）在欧盟境内开展部分或全部业务（商业活动）的法人、机构或实体。欧盟特别警告成员国实体不要使用"关联公司作为规避制裁条例的工具，包括非欧盟公司"。[②]从规则上看，欧盟的制裁管辖以"发生实际联系"为原则，相较美国"长臂管辖"而言具有限制性。但在实践中部分欧盟机构在成员国的积极主张下，试图通过非正式方式邀请某些第三国配合其所实施的制裁，间接扩大制裁的管辖与适用范围，[③]如欧盟试图与欧洲经济区（EEA）、欧洲自由贸易联盟（EFTA）成员国建立制裁联络机制。[④]俄乌冲突爆发后，欧盟更加积极主动地拉拢盟友对俄制裁，对俄超十轮制裁彰显了欧盟强调自身实力及打造新欧洲关系的野心。例如，2022 年 3 月 18 日，欧洲经济区联合委员会召开第二次会议，会议由欧盟委员会主持。会上，欧洲经济区与

---

① 蒋小红：《欧盟法的域外适用：价值目标、生成路径和自我限制》，载《国际法研究》2022 年第 6 期。

② Sachiko Yoshimura, United Nations Financial Sanctions (Abingdon: Routledge Press 2021), pp.8—9.

③ Christina Eckes, The Law and Practice of EU Sanctions, in Steven Blockmans/Panos Koutrakos (eds.), Research Handbook on the EU's Common Foreign and Security Policy 206—229 (Massachusetts: Edward Elgar Publishing 2018), pp.206, 217.

④ Mirko Sossai, "Legality of Extraterritorial Sanctions", in Masahiko Asada (ed.), Economic Sanctions in International Law and Practice, Abingdon: Routledge Press, 2020, pp.62—79, here pp.66—67.

欧洲自由贸易联盟代表们纷纷表明支持欧盟对俄制裁的决心，并通过了《担保债券条例》（EU 2019/2160）以加强欧盟与经济体成员国的金融协作，抵御经济制裁影响。①

除政治拉拢，欧盟亦通过立法、执行等方式“静悄悄”地扩展域外管辖权，延伸制裁适用触角。②其中最具有代表性的是2018年5月25日出台实施的《欧盟一般数据保护条例》，该条例被称为“史上最严格”的数据保护立法，内容充斥欧盟扩大域外管辖意图。从规则上看，《欧盟一般数据保护条例》对“地域范围”作出重新界定，并创新性地将欧盟数据保护法由过去的属地原则扩展为“属地原则为主、效果原则为辅”，确立了有“与欧盟发生联系”的最低连接因素便可行使管辖权的原则。③无独有偶，在《欧盟一般数据保护条例》施行一年后，欧盟便加紧完成了网络制裁机制的建设工作，于2019年5月17日通过了第2019 /796号《针对威胁欧盟或其成员国的网络攻击采取限制性措施条例》④，并直接引入“与欧盟发生联系”的管辖规则，将网络制裁的管辖适用范围扩张至境外成立或运行的法人、实体或机构。⑤

---

① EEA EFTA States Reiterate Support with EU Sanctions Against Russia, *EFTA*, 18 March 2022, https://www.efta.int/EEA/news/EEA-EFTA-States-reiterate-support-EU-sanctions-against-Russia-528876, visited on 2 April 2023.

② 孟刚、李思佳：《欧盟经济制裁及其对中国的启示》，载《财经法学》2020年第4期。

③ 白雪、邹国勇：《美国“长臂管辖”的欧盟应对：措施、成效与启示》，载《武大国际法评论》2021年第5期；CJEU, Google Spain SL, Google Inc. v. Agencia Espaöla de Protección de Datos, Mario Costeja González, C131/12, CJEU (2014)。

④ Council Regulation (EU) 2019/796 of 17 May 2019 Concerning Restrictive Measures Against Cyber-attacks Threatening the Union or Its Member States.

⑤ 若有证据表明欧盟境外自然人、法人或实体对欧盟境内的网络攻击提供了支持，或者是指挥或控制了网络攻击，则这些实体及其关联实体将可能受到欧盟网络制裁。参见张华：《欧盟网络制裁机制的国际法透视》，载《欧洲研究》2020年第6期。

五、欧盟对外经济制裁体系对中国的启示

面对日趋复杂的国际经贸与政治形势，美欧希望突破现有法律体系，不断充实国内政策工具，对其他国家采取更快速、有效的遏制方式，促使其他国家改变政策以达到维护自身利益的企图明显，制裁便成为美欧的首选项。我国需要加强涉外法治体系建设，不断丰富自身涉外法治工具箱。研究欧盟对外经济制裁体系对我国未来制裁与反制裁制度体系建设有益，不仅提供了一些可供参考的经验教训，还揭开了以欧盟为代表的西方国家对外制裁可能存在的薄弱点。① 在制裁与反制裁领域，中国可在以下方面逐步完善：

第一，不断完善我国反制裁法律体系。我国于 2021 年 6 月 10 日公布并实施《中华人民共和国反外国制裁法》，与《中华人民共和国出口管制法》《阻断外国法律与措施不当域外适用办法》《不可靠实体清单规定》等法律和行政法规初步构筑起我国反外国制裁法律体系。反制裁法律体系建设是一个系统工程，涉及国家主权、外交、经贸和司法等多个领域，我国可从欧盟对外制裁体系建设与运作中汲取经验教训，基于我国国情，构建起我国制裁框架结构，可以包含立法、司法与执法三个层面，并适配相应的国际法合法性审查机制、制裁信息通报机制、决策机制与救济机制等，并可开创性地设立反制裁应急机制、多主体协同机制以及保险机制等，以此增强反制裁快速响应与协作能力，保证反制裁的有效性。此外，立法、司法机关可以通过修法与另立新法、发布司法解

---

① 王达坡：《另类投资基金单一护照制度：欧盟实践与中国因应》，载《武大国际法评论》2021 年第 6 期。

释等方式，在必要情况下明确我国部分经济金融立法的域外效力，发挥跨国司法治理权，有步骤地推进我国重要立法的域外适用工作。①

第二，成立制裁与反制裁专门负责部门。《中华人民共和国反外国制裁法》第 10 条规定“国家设立反外国制裁工作协调机制，负责统筹协调相关工作。国务院有关部门应当加强协同配合和信息共享，按照各自职责和任务分工确定和实施有关反制措施”。该规定回应了我国制裁与反制裁执行过程中的工作协调、信息共享、职责分工问题，但并未对具体责任部门、机制架构、运作程序进行规定。中国目前没有独立的制裁与反制裁主管部门与执行安排，制裁与反制裁的执行通常是以多部门联合行动的方式进行，包括中国人民银行、商务部、财政部、外交部、公安部、国家安全部、最高人民法院、最高人民检察院等主体，这样的制度安排在实际运行中易导致类似欧盟制裁制度庞杂、执行效率不高等问题。② 中国可以尝试建立制裁与反制裁相对集中的主管部门或工作小组。就中国的现实情况而言，这一部门或小组可以置于外交系统，也可以置于经贸系统，或者以国务院领导小组形式设立，主要职责有情报收集、信息处理、协调决策、执行分工以及评估管理，形成对外制裁与反制裁的单一口径与系统核心。

第三，善用他方制裁体系漏洞进行反制。以欧盟为代表的西方国家对外制裁存在的种种缺漏为精准反制提供了狙击点。一方面，基于前述分析，欧盟部分类别的制裁决策与运作效率并不高，甚至在制裁决策阶

① 霍政欣：《论全球治理体系中的国内法院》，载《中国法学》2018 年第 3 期；霍政欣：《国内法的域外效力：美国机制、学理解构与中国路径》，载《政法论坛》2020 年第 2 期。

② 袁见等：《美国对他国金融制裁的法律基础、实践及对中国的启示》，载《国际贸易》2021 年第 7 期。

段便可提前预判最终结果，因而并非所有欧盟制裁均需采取反制措施，可以在充分研判的基础上提前采取预防规避举措。另一方面，也可运用他方制裁体系的漏洞，将制裁瓦解于初始阶段，进行“非对称”反制。例如，可以利用欧盟制裁体系庞杂、主体众多的特点，通过对关键成员国、欧盟组织与欧盟代表的游说，以及借助国际组织的发声，使欧盟的制裁决议终止于提案阶段，将争端事前化解，避免造成不必要的损失。此外，也可运用境内外司法手段进行合理反制。实践表明，司法手段是干预美欧行政制裁措施的利器。我国可以通过贸易调整援助等方式，支持受制裁影响的实体积极运用制裁国境内司法手段，如通过欧盟法院提起制裁诉讼的方式，维护自己的合法权益。有关部门应联合高校、研究机构等建立涉外律师人才专家库，培育发展一批跨境专业服务机构，以更好服务境外诉讼。

第四，运用 WTO 等国际机制检验美欧国内制裁措施的合法性。尽管当前 WTO 上诉机构遭遇停摆危机，但是各成员仍然积极利用 WTO 机制针对他国实施的、存在争议的贸易限制措施进行救济。在贸易制裁领域，此前的一些典型案例，包括欧盟起诉美国的“赫尔姆斯–伯顿法案”①、中国香港起诉美国的原产地标记案、②乌克兰诉俄罗斯过境运输措施案等③，都试图借助 WTO 争端解决机制对制裁措施进行合法性检验。早在 1996 年 5 月 3 日，欧共体曾就“赫尔姆斯–伯顿法案”以及美国国会颁布的对古巴贸易制裁立法进行磋商（DS38）。欧共体声称，美国对

① WTO, DS38: United States-The Cuban Liberty and Democratic Solidarity Act.

② WTO, DS597: United States-Origin Marking Requirement.

③ WTO, DS512: Russia-Measures Concerning Traffic in Transit; WTO, DS544: United States-Certain Measures on Steel and Aluminium Products.

古巴货物的贸易限制、签证政策的收紧和将非美国国民排除在美国领土之外的规定，违反了美国在 WTO 协议下的义务，并阻碍了 1994 年《关贸总协定》的目标的实现，最终美国与欧共体达成和解。虽然 DS38 未走完程序，但无论如何 WTO 司法措施对美国的制裁起到了很好的压制作用。2022 年 7 月，“欧盟—土耳其有关药品生产、进口和销售措施案”首次以临时上诉仲裁的方式成功解决双方经贸争端，证明了以 WTO 规则为基础的争端解决机制仍然是可供中国运用的一套有效的机制。

六、本章小结

当前，国际经济秩序正经历深刻的调整期，经济制裁正呈现蔓延之势。党的二十大报告明确要求“加强重点领域、新兴领域和涉外领域立法，统筹推进国内法治和涉外法治，以良法促进发展、保障善治”，为我国构建具有中国特色、中国风格和中国气派的制裁与反制裁体系提供了根本遵循。① 欧盟对外经济制裁体系主要包含制裁立法、政治协调及运作执行三个方面。具体而言，欧盟相关制裁立法为欧盟发动制裁提供法源基础；通过 CFSP、两步决策程序等程序性设计，尽可能广泛地协调欧盟成员国的政治主张，保证欧盟制裁向可执行过渡；通过划分执行权责及明晰具体制裁措施等方式，加强欧盟对外经济制裁的一致性、有效性。② 中国应持续加大对美欧等重点国家地区制裁与反制裁议题的研究，深入把握主要国家制裁制度政策背后的法律机理与政治内涵，有效

① 霍政欣：《域外管辖、“长臂管辖”与我国法域外适用：概念厘定与体系构建》，载《新疆师范大学学报（哲学社会科学版）》2023 年第 2 期。

② 王达坡：《另类投资基金单一护照制度：欧盟实践与中国因应》，载《武大国际法评论》2021 年第 6 期。

吸纳美欧制裁体系建构与运作过程中的经验，持续完善自身制裁与反制裁立法及配套制度机制。在有条件的情况下，加紧成立制裁与反制裁专门主管部门，善用境内外司法手段、他方制裁体系自有漏洞等进行“非对称”反制，持续运用 WTO 等国际争端解决机制检验他方制裁措施的合法性。

第三章　美国对华出口管制：制度设计、发展趋势与企业应对策略研究

一、研究背景

出口管制一般指国家通过出口禁令或行政许可，对货物、技术和服务等有形与无形的出口或再出口活动实施各类限制，其核心目标是维护国家安全与履行防扩散的国际义务。近年来，以美国为首的部分西方国家相继修改出口管制政策，扩大立法管辖范围和执法权限，掀起对华“贸易战”与“科技战”。截至 2023 年 4 月，尚有近 700 余家中国实体被美国基于各种理由列入出口管制实体清单，其中超 150 个条目为拜登政府时期所增加。鉴于美国两党在抗中路线和维系美国科技领先地位上已达共识，美国政府在出口管制范围、目标和手段等方面的扩张趋势将会延续。出口管制已成为企业开展国际业务无法回避的重要问题，忽视出口管制合规风险可能导致产生高昂经济成本甚至生存危机。现行美国出口管制体系由军品出口管制和两用物项出口管制构成，二者分别具有不同立法依据和执法主体。当前学界和实务界主要以实体清单为切入点对美国两用物项出口管制规则和执法案例作了一定梳理，但对美国出口管制体系的立法、执法和司法模式等整体把握仍然不足，有待进一步阐发。有鉴于此，本章拟对美国军品与两用物项出口管制制度的法律渊

源、体系设计和对华执法发展趋势等作全方位审视，并尝试从企业角度针对潜在风险要点提出多重应对举措。

二、美国出口管制制度的法律渊源

（一）国际法律义务与多边组织软约束

出口管制制度最初是为应对军事风险而建立的。第二次世界大战结束后，联合国安理会为维护和平与安全出台了多项国际条约及决议，如《不扩散核武器条约》《禁止生物武器公约》《禁止化学武器公约》等，要求成员国防止大规模杀伤性武器的非法扩散，是和平时期各国建立出口管制制度的主要依据。2004 年，联合国安理会第 1540 号决议重申上述公约宗旨，督促成员国采取有效出口管制措施，防止核、生物、化学武器及制造材料、技术和运载工具的非法扩散。

冷战伊始，美国还积极联合英国、法国、意大利、荷兰等西方盟友成立“输出管制统筹委员会”（COCOM），又称“巴黎统筹委员会”，共同对苏联等社会主义国家实行战略物资禁运与贸易限制。除冰岛外的北约成员国在此后几年都陆续加入 COCOM。[①]1950 年朝鲜战争爆发后，美国曾推动 COCOM 成立中国委员会，对中国实施全面贸易管制。[②]COCOM 在冷战结束后正式宣告解散并于 1996 年被瓦森纳安排机制（WA）所替代。如今，瓦森纳安排机制与澳大利亚集团、核供应国集团、导弹及其技术控制制度成为延续至今的四大非正式多边出口管制协调组织，共同控制军品

---

① Chad P. Bown, Export Controls: America’s Other National Security Threat, 30(2) Duke Journal of Comparative and International Law 296 (2020).

② Hugo Meijer, Trading With the Enemy: The Making of US Export Control Policy Toward the People’s Republic of China (Oxford University Press 2016), pp.33—54.

和敏感两用物项的流动，提升了出口管制的协同效力。虽然各组织成员方并不承担具有法律约束力的出口管制义务，而是基于合意共同确定指导性的管制物项清单并自愿履行，但实践中成员国在重要技术出口管制的决策上往往面临美国的施压。并且随着科技更新与军民融合进程的加快，各国逐渐摒弃军用与民用的严格二元区分，将出口管制的适用范围由军品扩大至各种两用物项，推动了出口管制的现代化。①

（二）美国国内立法缘起与改革历程

美国出口管制相关立法最早出现于1807年，当时国会试图通过1807年《禁运法案》（the Embargo Act of 1807）限制美国在外海上几乎所有商业活动，以避免卷入英法之间的战争。1949年《出口管制法》（the Export Control Act of 1949）是美国在和平时期建立永久性出口管制制度的初次尝试。该法首次将维护“国家安全”确立为出口管制的目标。②由于出口管制实践变化较快，该法出台后曾以每两到三年一次的频率被修订，并于1969年被奉行宽松化政策的《出口管理法案》（Export Administration Act of 1969）及其实施条例所取代，随后又在1979年被全面修订，成为当时美国两用物项出口管制的法律依据。③

① Heejin Kim, Global Export Controls of Cyber Surveillance Technology and the Disrupted Triangular Dialogue, 70 International and Comparative Law Quarterly 386 (2021).

② Stanley J. Marcuss and Michael B. Zara, A Better Way through the Export Control Thicket, 14(1) Santa Clara Journal of International Law 52 (2016).

③ Congressional Research Service Report, The Export Administration Act: Evolution, Provisions, and Debate (July 2009), https://sgp.fas.org/crs/secrecy/RL31832.pdf, p.2; See also Audrey S. Winter and Richard Carlson, Export Licensing: Uncoordinated Trade Repression, 9(2) Georgia Journal of International and Comparative Law 333 (1979).

作为联邦成文法的1979年《出口管理法案》并非一部永久性立法，其在1981年、1985年和1988年历经多次修订后于1989年首次到期失效，其后该法案的效力经数次国会授权得以延长至1994年。此后的6年间，政府一直在《国际紧急经济权力法案》（IEEPA）①的授权下实施出口管制。2000年，为强化出口管制的有效性和有序性，国会重新授权将1979年《出口管理法案》的法律效力延长至2001年8月。②该时间节点后，1979年《出口管理法案》正式失效，后续政府回归到依据《国际紧急经济权力法案》授权实施出口管制的阶段。③

2018年8月，美国国会在审议近10年后通过《出口管制改革法案》（ECRA）④，将政府在1979年《出口管理法案》失效后近20年间的两用物项出口管制实践编纂成法，终结了美国出口管制立法的“空窗期”。《出口管制改革法案》对两用物项出口管制的原则、范围、违法后果等作了系统规定，并要求美国商务部执行出口许可证制度，建立管控物项清单和对美国国家安全构成威胁的外国人及最终用户清单。美国商务部根据《出口管制改革法案》的授权全面更新了《出口管制条例》（EAR）作为执法细则。⑤《出口管制改革法案》的通过也标志着

---

① International Emergency Economic Powers Act (IEEPA), Pub.L. 95—223, 50 U.S.C. Ch. 35 (1977).

② Congressional Research Service Report, The Export Administration Act: Evolution, Provisions, and Debate, https://sgp.fas.org/crs/secrecy/RL31832.pdf, visited on 15 April 2023.; See also Congressional Research Service Report, The U.S. Export Control System and the Export Control Reform Initiative (January 2020), https://sgp.fas.org/crs/natsec/R41916.pdf, visited on 15 April 2023.

③ Continuation of Export Control Regulations, Exec. Order No. 13222, as amended by Exec. Order No. 136372, 3 C.F.R., 2001 Comp (2001).

④ Export Control Reform Act of 2018 (ECRA), Pub. L. 115—232, 50 U.S.C. Ch. 58 (2018).

⑤ Export Administration Regulations (EAR), 15 C.F.R. §§730—774 (Last Modified 2022).

“新兴和基础技术”成为美国出口管制的焦点，但国会并未阐明“新兴和基础技术”“对国家安全至关重要”等关键定义的外延与内涵，通过“建设性模糊”为行政实践保留了解释空间，以增强政府部门的执法灵活性。①

《武器出口管制法》(AECA)②和《国际武器贸易条例》(ITAR)③是美国军品出口管制的法律基石，主要目的是维护美国国防与外交利益、履行防扩散等国际义务。《国际武器贸易条例》是《武器出口管制法》的实施细则，规定了军需品、服务和技术数据清单、出口商登记注册、执法和合规等具体内容，由美国国务院国防贸易管制总局（Directorate of Defense Trade Controls of the Department of State）进行解释和执行。国防贸易管制总局需定期就军品出口许可情况向国会作报告。此外，《国家紧急状态法》《与敌国贸易法》《国防授权法案》《原子能法》《核不扩散法》等法律亦是美国出口管制国内法渊源构成，对美国出口管制制度的运行具有相当重要的影响。④

三、美国出口管制管辖范围与清单体系解析

美国出口管制体系庞杂，在“全面管控”原则及国内法域外效力覆盖之下，几乎所有涉美敏感产品与技术的出口、再出口与转让都受到不

① Chad P. Bown, Export Controls: America’s Other National Security Threat, 30(2) Duke Journal of Comparative and International Law 285 (2020).

② Arms Export Control Act (AECA), Pub. L. 94—329, 22 U.S.C. Ch.39 (1976).

③ International Traffic in Arms Regulations (ITAR), 22 C.F.R. §§120—130 (2010).

④ U.S. Department of State, A Resource on Strategic Trade Management and Export Controls, Overview of U.S. Export Control System, https://2009-2017.state.gov/strategictrade/overview/index.htm, visited on 15 April 2023.

同程度的限制。军品和两用物项出口管制主管部门不仅制定和维护着一系列受控物项清单与敌友界限分明的国别分组清单，还设立了实体清单、未经核实清单等名目繁多的受控用户清单。通过多部门配合、多政策联动和多清单覆盖的灵活制度设计，美国政府得以根据自身利益需要，对敏感物项和技术向特定目的地和受限最终用户的转移进行严密防控。

（一）管辖范围：基于清单与规则的全面管制

1. 基于物项清单的出口管制

美国出口管制管辖物项主要以两份清单为基础，即军需品清单（the U.S. Munitions List, USML）和商业管制清单（Commerce Control List, CCL）。根据《武器出口管制法》，美国国务院国防贸易管制总局负责维护军需品清单，对具有重要军事或情报用途的国防物项、服务及相关技术数据的出口与转移实施严格管制。“军事用途”包括用于设计、开发、生产、安装、保养、维修或翻新军品等。① 军需品清单将军需物项依风险强弱分为二十个组别，涵盖了从轻武器和弹药到化学制剂和核武器的各类国防物项与技术。② 美国商务部工业与安全局（BIS）负责维护商业管制清单。③ 与军需品清单相比，商业管制清单范围明显更广，既管制军民两用物项、纯粹民用物项、用于恐怖主义或大规模杀伤性武器的物项，还管制纯粹用于军事目的但不受《国际武器贸易条例》管辖的物项，包含了“看似无限类别的商品和服务”。④ 商业管制清单涵盖核材料、

---

① AECA, Sections 38 and 47(7).

② ITAR, §121.1.

③ EAR, Supplement No. 1 to Part 774.

④ Elizabeth Farrington, Federally Mandated Discrimination: The Irreconcilability of Civil Rights and Export Control, 2016(1) University of Illinois Law Review 264 (2016).

计算机、电信与信息安全、导航与航空电子、航空和推进系统等十大类物项，每大类又下设五个子类，即 A. 系统、设备和组件；B. 测试、检验和生产设备；C. 材料；D. 软件；E. 技术，其中每一管制物项均具有相应的出口管制分类编码（ECCN），并列明管制原因。商业管制清单中的物项出口、再出口或境内转让原则上均需事先向美国商务部工业与安全局申请许可证，其中“600 系列”物项和“9x515”物项由于具有重要军事用途而受到更严格的出口限制。

2．清单外物项与“全面管控”原则

“全面管控”政策是美国清单管制制度的补充。[①] 以两用物项出口管制为例，未被列入商业管制清单（无相应的出口管制分类编码）但同样受《出口管制条例》管辖的物项将落入“EAR99”这一专门类别。EAR99 物项通常属于低技术产品，原则上无需申请出口许可，但当出口涉及禁运国家、受关注最终用户或受限最终用途，或是有关物项有利于大规模杀伤性武器扩散可能时，主管部门也可以对清单外物项施加出口许可限制。[②] 美国通过“全面管控”原则将管控重点置于物项的最终用途和最终用户而不仅仅是物项本身，并在个案审查基础上决定是否允许清单外物项的出口，以此来弥补清单制度以外的管制空白。

3．基于规则设计的管制物项域外扩张

通过巧妙的规则设计，美国出口管制制度所辖物项具有越来越强的域外性，除与美国具有直接领土联系的物项，还延伸至境外生产的外国

① U.S. Department of State, A Resource on Strategic Trade Management and Export Controls, Catch-All Controls, https://2009-2017.state.gov/strategictrade/practices/c43179.htm, visited on 15 April 2023.

② EAR, §734.3(c).

物项。目前，可能受《出口管制条例》管辖的物项分为四类：一是所有位于美国境内的物项，包括第三国经美国转运的物项；二是所有美国原产物项，无论其位于境内还是境外；三是“集成”“捆绑”或“参杂”超过规定价值比例美国原产物项的外国物项；四是利用美国原产技术或软件直接生产的外国物项，或由利用美国原产技术或软件制造的设施（如境外工厂或其主要设备）所生产的外国物项。

对第三类物项行使管辖权的依据是美国商务部创设的“微量允许规则”（the De Minimis Rule）。该规则根据所涉美国原产物项和境外物项最终出口目的地的敏感度，由严至宽被划分为 0%、10% 和 25% 三档适用。若外国物项向伊朗、朝鲜、叙利亚和中国等特定目的地出口，禁止含有任何半导体或“600 系列”等具有重要战略价值的美国原产物项。若外国物项的最终出口目的地并非受关注国家，则最高可以包含价值不超 25% 的美国原产物项而免于出口管制管辖。①《国际武器贸易条例》对军品出口管控更为严苛，不存在“微量允许”例外，一旦外国物项含有受控美国国防物品、服务或相关技术数据，即受出口限制。

第四类管辖物项反映的是“外国直接产品规则”（Foreign-produced Direct Product Rule, FDP）。②2022 年 10 月，美国商务部修订了“实体清单 FDP 规则”，在《出口管制条例》第 734.9(e) 条增加脚注 4，列出了 28 个中国实体，严格限制其获取利用美国原产技术或软件生产的外国物项。美国商务部还针对中国新设“先进计算 FDP 规则”和“超级计算机 FDP 规则”，意图全面禁止中国获取在世界任何地方使用美国技术或设

---

① EAR, §734.4, §732.2.

② EAR, §734.9, §730.5(b), §736.2(b)(3).

备制造的先进芯片和超级计算机产品或组件。①

4．基于宽泛概念的行为管辖延伸

通过赋予“出口”广泛含义并引入“支持”行为等概念，美国出口管制制度不仅管辖一般性出口行为、“再出口”行为、被视为出口的“转让”行为，还可能管辖“美国人”实施的“出口以外的活动”。受管辖的“美国人”范围也较为宽泛，既包括境内外美国公民或具有美国永久居留权的人、位于美国境内的外国人和外国实体，也包括依据美国法律成立的各种法人实体及其海外分支机构。②

所谓“出口以外的活动”，即“支持”出口的任何协助行为。境内外“美国人”不得在未取得美国商务部许可的情况下实施任何有利于受控的核、导弹、生化武器类物项在特定国家和最终用户间扩散的活动，或明知存在出口管制违法事项仍协助交易受控物项。③《出口管制条例》第744.6条(b)(6)款和第736.2条(b)(10)款所定义的“支持”行为范围十分广泛，既包括为装运、运输或转移受控物项提供便利，也包括履行任何买卖或服务合同，以及融资、雇佣、隐藏、储存、处置等支持或协助性行为。④非法实施“出口以外的活动”同样会面临罚款或监禁等不利法律后果。2022年10月美国商务部公布的对华出口管制新规，扩张了受限“支持”行为的范围，明确禁止“美国人”为中国芯片制造或超级计算机开发生产等提供任何形式的

---

① Implementation of Additional Export Controls: Certain Advanced Computing and Semiconductor Manufacturing Items; Supercomputer and Semiconductor End Use; Entity List Modification, A Rule by the Industry and Security Bureau on 10/13/2022, 87 FR 62186.

② EAR, §772.1.

③ EAR, §744.6.

④ EAR, §744.6(b)(6).

“支持”。①

（二）用户清单网络：针对特定个人与实体的灵活管制

1.《武器出口管制法》(AECA) 禁止清单

军品出口管制领域，美国国务院国防贸易管制总局设有 AECA 禁止清单（Debarred List）。违反军品出口管制立法的个人或实体将被列入该清单，被禁止直接或间接参与《武器出口管制法》和《国际武器贸易条例》管辖的国防物品、服务和技术数据的进出口与经济活动。② 美国国防贸易管制总局下设的合规执法办公室与美国司法部、国土安全调查局和联邦调查局合作，基于美国法院对相关主体的刑事违法判决确定清单主体。2022 年 8 月，AECA 禁止清单新增 10 位违反军品出口管制立法的人士，其中 4 位具有中国姓氏。③

2. 实体清单

两用物项出口管制方面，美国商务部工业与安全局建立起了相互支持、互为补充的受控用户清单体系，包括实体清单（Entity List）、未经核实清单（Unverified List）、被拒绝人士清单（Denied Person List）和军事最终用户清单（Military End User List）。

实体清单于 1997 年首次发布，当前被附于《出口管制条例》第 744

---

① Implementation of Additional Export Controls: Certain Advanced Computing and Semiconductor Manufacturing Items; Supercomputer and Semiconductor End Use; Entity List Modification, A Rule by the Industry and Security Bureau on 10/13/2022, 87 FR 62186.

② AECA, §38(g)(4); ITAR, §127.7.

③ Federal Register, Bureau of Political-Military Affairs; Statutory Debarment Under the Arms Export Control Act and the International Traffic in Arms Regulations, A Notice by the State Department on 08/10/2022, 87 FR 48748.

节补编四，旨在向公众通报可能造成大规模杀伤性武器扩散或违反美国国家安全及外交政策利益的高风险用户。① 向被列入实体清单的主体出口、再出口或转让受控物项需事先向美国商务部申请许可证，许可政策一般为“推定拒绝”且普遍不适用许可例外。未经许可擅自出口的，可能面临罚款、中止或取消出口特权等处罚，甚至承担刑事责任等严重后果。根据《出口管制条例》第 744 节补编五的规定，将特定个人或实体列入、修改或移出“实体清单”的决定均由“最终用户审查委员会”（End-User Review Committee）作出，该委员会由美国商务部（担任主席）、国务院、国防部、能源部或财政部等部门代表组成。列入“实体清单”的决定由最终用户审查委员会以简单多数作出，而修改、移出“实体清单”的决定则须经该委员会成员全票表决通过。“实体清单”禁令并不延伸至具有独立法人资格的母公司或子公司等关联实体，但美国商务部可通过“全面管控”原则对任何敏感物项的可疑转移实施事实上的出口管制，并通过出台新规或细化现有规则不断填补漏洞，遏制清单实体利用关联公司规避出口管制。②

美国商务部工业与安全局 2020 年年度报告显示，中国、俄罗斯、阿联酋、巴基斯坦和伊朗的个人与实体占实体清单的 70%，其中 500 多个为 2017 年后新增。③ 由于美国掌握着计算机、半导体等行业的诸多核心技术，且其出口管制域外效力不断增强，有学者指出，对于依赖美国

---

① EAR, §744.16.

② Lori E. Scheetz et al., Commerce Department Expands Controls on Military-Intelligence End Uses and End Users, Proliferation of WMDs, Wiley, 16 March 2021, https://www.wiley.law/alert-Commerce-Department-Expands-Controls-on-Military-Intelligence-End-Uses-and-End-Users-Proliferation-of-WMDs, visited on 10 April 2023.

③ U.S. Department of Commerce, 2020 Statistical Analysis of BIS Licensing, https://www.bis.doc.gov/index.php/documents/technology-evaluation/ote-data-portal/licensing-analysis/2841-statistics-of-2020-bis-licensing/file, visited on 10 April 2023.

供应链的企业而言，“一旦被纳入实体清单，就相当于遭到美国的技术封锁和国际供应链隔离”。①

3．未经核实清单

未经核实清单被附于《出口管制条例》第 744 节补编六，用以公示美国商务部在先前交易中无法完成最终用途核查的用户信息，② 从而向出口商等交易相关方释放“危险信号”，要求审慎交易、妥善处置相关风险。向未经核实清单用户出口、再出口或转让受控物项不能享受许可例外，③ 即使无需取得出口许可证的物项，出口商、再出口商或转让商在交易前也必须获取未经核实清单实体的最终用户和最终用途声明并提交出口系统记录。④ 截至 2023 年 4 月，未经核实清单中共有 115 个中国实体。⑤ 未经核实清单实体可依《出口管制条例》第 744.15(d) 节以书面形式向美国商务部工业与安全局提出除名申请，除名申请由出口执法助理部长帮办进行审查，其决定具有终局性。

4．被拒绝人士清单

被拒绝人士清单纳入的是被美国商务部工业与安全局剥夺出口特权的境内外个人和实体。⑥ 个人被列入被拒绝人士清单往往是基于法院对

① 陈波、张晓洁：《美国两用物项出口管制：最新进展与可能影响》，载《国际贸易》2020 年第 10 期。

② 美国商务部工业与安全局无法顺利完成核查的原因有多种，例如无法联系到最终用户，东道国政府不同意进行核查，或有关实体在核查中无法举证证明其对相关物项的使用情况等。核查包括许可前核查（pre-license check）、装运后核查（post-shipment verification），以及最终用途核查（end use check）。

③ EAR, §740.2(a)(17).

④ EAR, §744.15(b).

⑤ EAR, Supplement No. 6 to Part 744.

⑥ “被拒绝人士清单”参见美国商务部工业与安全局官网，The Denied Persons List: https://www.bis.doc.gov/index.php/recent-changes-to-the-denied-persons-list, visited on 30 March 2023。

其出口违法行为的定罪判决。通过颁布“拒绝令”，美国商务部工业与安全局明确禁止“被拒绝人士”在被禁止期限和范围内以任何方式参与受控物项的出口交易。因此在供应链的任何节点有“被拒绝人士”参与都可能导致相关交易被禁止。任何为“被拒绝人士”提供便利以协助规避“拒绝令”的行为也构成对《出口管制条例》的违反。[①] 美国商务部曾对中兴公司颁布“拒绝令”，后因签署和解协议而解除。

5．军事最终用户清单与军事情报最终用户

2020年底，美国商务部工业与安全局在《出口管制条例》第744节补编七增加军事最终用户清单，公示支持“军事最终用途”、可能造成“不可接受的”扩散风险的“军事最终用户”。向军事最终用户清单主体出口、再出口、转让《出口管制条例》第744节补编二所列任何受控物项（例如民用飞机及其部件等）均须事先取得美国商务部许可，且许可政策为“推定拒绝”。[②] 军事最终用户清单主要针对中国、俄罗斯、委内瑞拉和缅甸等国，其前身为专门针对前述国家制定的“军事最终用途/用户”规则，即《出口管制条例》第744.21条。该清单设立前，出口经营者需自行确认交易相对方是否为《出口管制条例》第744.21(g)款定义的“军事最终用户”。清单的颁布缓解了经营者的核查负担，也减轻了主管部门回应大量咨询意见的负担，但经营者仍有责任对出口交易进行审查，因为美国商务部无法穷尽列明所有军事最终用户。[③]2020年

① EAR, Part 764.

② Federal Register, Addition of “Military End User” (MEU) List to the Export Administration Regulations and Addition of Entities to the MEU List, A Rule by the Industry and Security Bureau on 12/23/2020, 85 FR 83793; EAR, Supplement No. 7 to Part 744, §744.21(d)—(e).

③ 军事最终用户清单的增进、修改与移出程序与实体清单相似，具体参见EAR第744.21条。

12月23日，美国商务部工业与安全局发布的第一批军事最终用户清单包含57个中国实体和45个俄罗斯实体，集中于航空航天与电子科技领域。截至2023年4月，70余个中国实体已被列入军事最终用户清单。① 对中国企业而言，被列入该清单意味着失去了向供应商证明自己不属于“军事最终用户”的机会，无论作为买方、中间收货人、最终收货人还是最终用户，都难以采购《出口管制条例》第744节补编二所列物项。②

由于军事最终用户清单仅限制特定部分物项的转移，美国商务部工业与安全局于2021年1月增订《出口管制条例》第744.22款，对向中国、俄罗斯、委内瑞拉、缅甸、古巴、朝鲜和伊朗等国的“军事情报最终用途和最终用户”（Military-Intelligence End Uses or End Users）出口、再出口或转让任何受《出口管制条例》管辖的物项（包括“EAR99”物项）一并施加出口许可限制，许可政策为推定拒绝。③ 该规则还禁止美国人向特定“军事情报最终用途或用户”提供任何便利或“支持”，即使这种支持不涉及受控物项。新规显著扩张了出口许可证的适用范围，对出口商施加了重大尽职调查义务。鉴于美国已对古巴、伊朗和俄罗斯等大多数国家（尤其是其国防与情报部门）实施了全面制裁，此次新增的“军事情报最终用途和最终用户”出口禁令影响主要指向中国。④

---

① EAR, Supplement No. 7 to Part 744.

② Richard Burke et al., US Commerce Department issues “Military End User” List, White&Case, 07 January 2021, https://www.whitecase.com/insight-alert/us-commerce-department-issues-military-end-user-list, visited on 30 March 2023.

③ Federal Register, Expansion of Certain End-Use and End-User Controls and Controls on Specific Activities of U.S. Persons, A Rule by the Industry and Security Bureau on 01/15/2021, 86 FR 4865.

④ Lori E. Scheetz et al., Commerce Department Expands Controls on Military-Intelligence End Uses and End Users, Proliferation of WMDs, Wiley, 16 March 2021, https://www.wiley.law/alert-Commerce-Department-Expands-Controls-on-Military-Intelligence-End-Uses-and-End-Users-Proliferation-of-WMDs, visited on 12 April 2023.

四、美国对华出口管制执法趋势与发展态势

近年来，大量半导体、信息技术、生物技术、航空航天等核心战略领域的中国企业因所谓“侵犯人权”“军民融合”等原因被美国商务部列入各种出口管制用户黑名单，还面临着美国不断出台的新法案、新规则及“价值观联盟”的潜在围堵，我国企业涉外经营具有深刻挑战。①可以预见，美国对华出口管制的强硬基调不会松动，且主要呈现以下三大趋势：

（一）“小院高墙”：持续强化对“关键与新兴技术”的出口管制

根据白宫的说法，美国对出口管制制度进行改革的主要目标之一即围绕“更小范围”的“最敏感”物项建立起“更高的墙”。②2018 年 5 月，白宫发布《关于为保护国内技术和知识产权，防止中国歧视性和严苛的贸易做法采取措施的声明》，特别指出要加强对“具有重要工业意义的技术”的出口管制与投资限制，并直指《中国制造 2025》行动纲领。③据此，“具有重要工业意义的技术”可能包含信息技术、机器人、航空航天、电动汽车、生物制药和医疗设备等《中国制造 2025》所明确

① Kristen E. Eichensehr, Contemporary Practice of the United States, 116 American Journal of International Law 433 (2022).

② Bruce R. Fox, Assessing Risks Associated with US Export Control Laws, 6(23) International In-House Counsel Journal 1 (2013), p.8.

③ The White House, Statement on Steps to Protect Domestic Technology and Intellectual Property from China’s Discriminatory and Burdensome Trade Practices, 29 May 2018, https://trumpwhitehouse.archives.gov/briefings-statements/statement-steps-protect-domestic-technology-intellectual-property-chinas-discriminatory-burdensome-trade-practices/, visited on 15 April 2023.

列举的技术领域，这一对抗意义明显的概念也成为“新兴和基础技术”的前身。

2018年8月通过的《出口管制改革法案》第1758节明确授权美国商务部工业与安全局对美国国家安全至关重要的“新兴和基础技术”建立出口管制制度。① 为定义“新兴和基础技术”，美国商务部工业与安全局专门成立“新兴技术咨询委员会”，是其成立的七个技术咨询委员会之一，由来自产业界、学界和政府部门的代表组成，协助跟踪技术领域最新发展、确定未来五到十年间具有重要军用及民用两用用途的“新兴和基础技术”。② 经过两年多的商议与评估，特朗普政府于2020年10月发布了《关键与新兴技术国家战略》，在附件中列出了20项“关键与新兴技术”。③ 该清单在2022年2月由拜登政府在广泛跨机构审议的基础上予以修订，新增了金融科技、超高音速技术、量子信息技术、可再生能源生产和存储技术等类别，并对每一关键技术领域做了详细描述。④ 拜登当局延续特朗普政府的做法，陆续将众多可能影响美国军事与科技优势的物项作为“新兴技术”纳入商业管制清单，截至2022年10月，

① 为便于识别和建立对敏感技术的出口管制，美国商务部工业与安全局于2022年5月正式宣布将《出口管制改革法案》提及的“新兴和基础技术”统称为“第1758节技术”(Section 1758 technologies)，不再对“新兴技术”和“基础技术”加以区分。See Federal Register, Commerce Control List: Controls on Certain Marine Toxins, A Proposed Rule by the Industry and Security Bureau on 05/23/2022, 87 FR 31195.

② Federal Register, Technical Advisory Committees; Notice of Recruitment of Members, A Notice by the Industry and Security Bureau on 04/01/2019, 84 FR 12195.

③ The White House, National Strategy for Critical and Emerging Technologies, https://trumpwhitehouse.archives.gov/wp-content/uploads/2020/10/National-Strategy-for-CET.pdf, visited on 15 April 2023.

④ Critical and Emerging Technologies List Update, A Report by the Fast Track Action Subcommittee on Critical and Emerging Technologies of the National Science and Technology Council, https://www.whitehouse.gov/wp-content/uploads/2022/02/02-2022-Critical-and-Emerging-Technologies-List-Update.pdf, visited on 15 April 2023.

已有近 50 项新兴技术被纳入受控范围。① 此外，美国政府实施的各种其他政策工具，如投资限制、采购限制、经济制裁等，均意在管控“关键与新兴技术”带来的安全风险和威胁。②

随着 2022 年《芯片与科学法案》的签署通过，半导体技术及相关产业链（人工智能、5G 通信、监控设备等）将成为美国对华出口管制执法的重中之重。③ 事实上，芯片法案出台前美国已作了大量供应链调研工作，2021 年 6 月美国政府发布的《构建弹性供应链，重振美国制造业及促进广泛增长》报告对半导体、关键矿产和关键原材料等供应链风险作了全面评估，特别建议美国政府强化对关键半导体设备和技术实施出口管制，以解决供应链的脆弱性，保护美国技术优势。④2022 年 4 月美国参议院外交事务主席提交的《二十一世纪经济治国法案》草案再次将矛头直指中国半导体行业，要求美国政府联合荷兰、日本等盟友对半导体制造设备实施进一步出口管制，并审查相关政策的实质影响。⑤ 美国商务部 2022 年 10 月发布的半导体出口管制新规，更预示着半导体技术及相关产品对华出口管制的全面升级。

综上所述，为防止美国传统优势被中国在高科技领域取得的突破所

① e.g. Federal Register, Implementation of Certain 2021 Wassenaar Arrangement Decisions on Four Section 1758 Technologies, A Rule by the Industry and Security Bureau on 08/15/2022, 87 FR 49979.

② Scott A. Jones, Trading Emerging Technologies: Export Controls Meet Reality, 31 Security and Human Rights 49 (2020).

③ CHIPS and Science Act of 2022, P.L. 117—167 (2022).

④ The White House, Building Resilient Supply Chains, Revitalizing American Manufacturing, and Fostering Broad-Based Growth, 100-Day Reviews under Executive Order 14017, https://www.whitehouse.gov/wp-content/uploads/2021/06/100-day-supply-chain-review-report.pdf, visited on 15 April 2023.

⑤ Economic Statecraft for the Twenty-First Century Act, S.4112—117th Congress (April 2022).

侵蚀，美国将继续推行“小院高墙”的对华科技政策，围绕关键与新兴技术建立起全方位的管制壁垒，并积极推动半导体等关键技术产业链回流与重组。实体清单将继续作为美国应对国家安全威胁的有力工具，“军事情报最终用户清单”等新的管制清单可能出台，越来越多的关键新兴技术将被纳入商业管制清单，部分对中国有利的许可例外可能被取消。在其他次要领域，美国将与中国采取合作式竞争策略，力求以最小经济损害，精准实现与华高技术脱钩。

（二）“多主体协同”：不断严密执法网络，强调政策联动与全民参与

《出口管制改革法案》支持美国商务部根据需要与其他政府机构密切配合、联合执法，打破政府部门间的信息藩篱。目前，美国商务部工业与安全局下设的出口执法办公室（OEE）在全美 12 个城市设有办事处，同时在美国多地联邦调查机构及海外部署了执法专员，负责预防和监察出口管制违法行为，OEE 执法人员享有逮捕、搜查、拘留和扣押等广泛权力。①

纵观美国出口管制实践，美国财政部、国防部、能源部、国土安全部和司法部等大量其他关涉国家安全与外交政策的政府部门均参与其中，积极配合美国国务院和商务部处理军品及两用物项的非法出口。最典型的如由各部门代表组成的“最终用户审查委员会”，共同负责实体清单和军事最终用户清单的增删与修订。此外，美国国土安全部“海关与边境保护署”和“移民与海关执法办公室”负责与出口管制和经济制裁相关的边境与海关执法。美国司法部反情报及出口管制科会同联邦调

① EAR, §758.7.

查局及全国各地检察官办公室，负责侦查与出口管制相关的刑事案件。美国邮政督察局（United States Postal Inspection Service）、国家情报主任办公室（Office of the Director of National Intelligence）等机构也在各自职责范围内承担与出口管制相关的职能。美国商务部工业与安全局还与美国大使馆、外国政府、工业界和贸易协会等密切合作，确保受控物项的安全出口。政府多主体积极参与执法一方面形成了愈加严密的出口管制执法网络，大大增强监管部门的威慑力，另一方面也在一定程度上构成执法权力重叠，导致企业的同一违法行为可能遭到多重调查和处罚。

部门联动与政策联动属于一体两面，前者强调执法主体的共同参与，后者注重多重规则之间的相互配合。美国商务部的军事最终用户清单、财政部的中国军工复合体企业清单（NS-CMIC）与国防部的中国军事企业清单（CCMC）、联邦通信委员会的"威胁国家安全名单"等一系列制裁"黑名单"的共同作用是显著的政策联动，这些清单间的互通有无可能导致同一实体既无法获取美国出口的受控军品和两用物项，也不能参与美国政府采购或与美国人进行融资等任何交易。①另一与出口管制体系直接的规则联动是同样于2018年8月修正生效的《外国投资风险审查现代化法案》。该法案显著扩大了外国投资委员会②对美国关键技术与设施和敏感信息领域的外国投资的审查权，扩张至对与特定行业关键技术有关的非控股投资行为的管辖。美国商务部工业与安全局认定的需受出

① 以深圳市大疆创新科技有限公司为例，其在2020年底以所谓侵犯新疆少数民族人权为由被美国商务部列入实体清单，2021年底又因同样理由被美国财政部列入中国军工复合体企业清单，从此美国投资者禁止与大疆进行证券类融资交易。此外，上海商汤科技、华为等科技领军企业均遭受了美国多部门的多重清单制裁。

② 外国投资委员会同样是跨部门机构，由国务卿、财政部长（任主席）、国防部长、商务部长、美国贸易代表、经济顾问委员会主席、司法部长、管理和预算办公室主任等部门代表组成。

口管制的“新兴和基础技术”将自动成为《外国投资风险审查现代化法案》所指涉的“关键技术”，被列入实体清单也可能触发投资领域的国家安全审查，由此，美国工业与安全局与外国投资委员会得以协同围堵美国关键技术的流出。①2022年9月15日，美国发布自外国投资委员会成立以来首个指示其考虑新形势下国家安全因素的行政命令，强调关注“竞争对手”在美投资引起的国家安全威胁。②显然，该行政命令意在进一步收紧与中俄相关的涉美投资国家安全审查，也有意为外国投资委员会不同部门代表之间的分歧指明以国家安全为首要政策目标的行动方向。

近期，一批民主党议员呼吁拜登政府实现出口管制制度与《全球马格尼茨基人权问责法案》③的联动，要求将根据马格尼茨法案认定的参与侵犯人权的实体一并纳入实体清单。④2022年6月《防止强迫维吾尔人劳动法》（UFLPA）生效后，不排除美国政府后续会将UFLPA实体清单同步并入出口管制实体清单，实现对涉疆实体及货物的进出口双头管控。

美国政府还一直采取行动鼓励公民与企业积极协助出口管制执法。移民和海关执法办公室为有效防止敏感战略物项及技术的出口，实施了“美国盾牌计划”，呼吁公民“提供与高科技产品或服务出口交易有关的

---

① Scott A. Jones, Trading Emerging Technologies: Export Controls Meet Reality, 31 Security and Human Rights 52 (2020).

② Executive Order 14083 of September 15, 2022, Ensuring Robust Consideration of Evolving National Security Risks by the Committee on Foreign Investment in the United States, Federal Register Vol. 87, No. 181, Presidential Documents 57369.

③ Global Magnitsky Human Rights Accountability Act, Pub. L. No. 114—328 (2016). 该法案授权总统对任何参与侵犯人权及腐败活动的外国人实施经济制裁并拒绝其进入美国领土。

④ United States Makes Efforts to Curb Misuse of Surveillance Technology, 116(2) The American Journal of International Law 426, (2022) pp.431—432.

任何可疑情况和信息”。[①] 美国商务部等主管部门联合技术专家对产业界及科研机构高风险从业人员进行出口管制合规教育与培训，与此同时，出口管制执法官员也定期接受关于如何监测和恢复计算机证据等主题的特别培训，以应对通过互联网平台实施技术转移为出口管制执法带来的新挑战。[②]

多维度的规则互动与多主体参与的执法网络有利于填补美国出口管制法律体系存在的漏洞，多渠道的信息来源及信息共享机制亦促进了主管部门情报收集、调查和迅速处置等执法能力和效率的提升。为遏制中国发展，美国将持续优化“多主体协同作战”的执法模式，继续频繁对我国企业实施多部门和多层面的打压，使我国企业在经贸活动中面临更严密的监管压力和更高的行政成本。

（三）“集团化围堵”：加强出口管制国际合作，推动单边措施多边化

《出口管制改革法案》明确指出单边出口管制措施成效有限。根据该法案第 1758 节，若美国商务部在 3 年内未能就某一物项实现多边出口管制，则需要重新评估国家安全威胁，以确定是否有必要对此物项继续实施单边管制。[③] 因此美国在强化其出口管制域外效力的同时，越来越重视与国际盟友合作，积极推动单边出口管制措施多边化。这种做法

① Shield America, https://www.ice.gov/doclib/project-shield/pdf/shield-america-brochure.pdf, visited on 15 April 2023.

② U.S. Department of State, A Resource on Strategic Trade Management and Export Controls, https://2009-2017.state.gov/strategictrade/practices/c43180.htm, visited on 2 October 2022.

③ ECRA, Section 1758(C), Requirements to Identify and Control the Export of Emerging and Foundational Technologies.

也符合美国一贯的国际法实践，即以强大的军事、经济及科技实力为支撑，制定以政策为导向的国际合作和共同体建设计划。①

一方面，美国积极主导瓦森纳安排机制等多边出口管制协调组织对新兴技术实行联合管控，塑造符合美国国家利益的技术管制国际标准。2019年底，在美国推动下，瓦森纳安排机制42个成员国达成共识，决议对半导体基板材料制造技术、计算机数控技术等六类新兴技术实施多边出口管制。②2021年5月美国参议院提出的意图全面遏制中国发展的2021年《战略竞争法案》特别要求将更多两用物项纳入瓦森纳安排机制管制范围，限制对华出口。③作为瓦森纳安排机制2021年工作组主席，美国在2021年底召开的成员全体会议上成功推动将氧化镓、金刚石和特定ECAD软件等影响半导体生产制造的新兴和基础技术纳入多边出口管制范围。④2022年初，美国商务部第二次延长对“自动分析地理空间图像人工智能软件”的单边出口管制，试图在2022年底举行的瓦森纳安排机制全体会议上继续说服成员国就该项技术共同采取出口管制措施。⑤

另一方面，美国以促进民主和保护人权等价值观为抓手，积极纠

① Daniel Bodansky, Legal Realism and its Discontents, 28 Leiden Journal of International Law 271 (2015).

② Gibson Dunn, 2020 Year-End Sanctions and Export Controls Update, https://www.gibsondunn.com/wp-content/uploads/2021/02/2020-year-end-sanctions-and-export-controls-update.pdf, visited on 15 April 2023.

③ Strategic Competition Act of 2021, S.1169—117th Congress (2021).

④ Federal Register, Implementation of Certain 2021 Wassenaar Arrangement Decisions on Four Section 1758 Technologies, A Rule by the Industry and Security Bureau on 08/15/2022, 87 FR 49979.

⑤ Gibson Dunn, 2021 Year-End Sanctions and Export Controls Update, https://www.gibsondunn.com/2021-year-end-sanctions-and-export-controls-update/, visited on 15 April 2023.

集盟友筹建小圈子，以实现更灵活、更快速和更具针对性的多边出口管制。拜登政府上台后，美国建立价值观联盟的意愿更为明显。白宫2021年3月发布的《国家安全战略过渡性指导方针》将中国视为头号竞争对手，提出要“与志同道合的盟友和伙伴一道振兴民主、遏制共同威胁”。① 此后，美国陆续成立了“美日澳印（四方会谈）关键和新兴技术工作组”、“美欧贸易与技术委员会”（TTC）、美日韩及中国台湾“芯片四方联盟”等合作圈子，并发布“出口管制与人权”倡议，与日本、韩国、英国、丹麦、荷兰等众多盟友召开关键技术供应链及出口管制对话。② 美国还有意向国际盟友推广美式多法案联动的执法模式。③

2022年10月，美国白宫发布的《国家安全战略》报告中将中国视为美国地缘政治上最重要的挑战和“首要竞争对手”。可以预见，美国政府会继续以维护人权和民主等共同价值和巩固共同技术优势为由，努力联合一切“民主力量”监测新兴技术发展，实现出口管制制度的协同与融合，从而共同制衡中国。但是，中国与世界上大多数经济体都存在着紧密的经贸联系，韩国、澳大利亚、欧盟等美国众多盟友在产业链布局和技术脱钩问题上与美国的经济利益及外交利益能否完全一致，美国主导下的对华技术封锁能否长久存续都值得持续关注。

---

① The White House, Interim National Security Strategic Guidance (March 2021), https://www.whitehouse.gov/wp-content/uploads/2021/03/NSC-1v2.pdf, pp.19—20.

② The White House, Fact Sheet: Export Controls and Human Rights Initiative Launched at the Summit for Democracy, https://www.whitehouse.gov/briefing-room/statements-releases/2021/12/10/fact-sheet-export-controls-and-human-rights-initiative-launched-at-the-summit-for-democracy/, visited on 15 April 2023.

③ 刘瑛、孙冰：《与外资安审联动的美国技术出口管制制度及中国应对》，载《国际贸易》2020年第6期。

五、美国对华出口管制的企业应对策略

（一）内部合规体系建设与合规平衡

面对美国日益严苛的出口管制，我国企业，尤其是依赖美国供应链的重点行业企业，首要举措是根据美国商务部工业与安全局发布的《出口合规指引》(Export Compliance Guidelines)，在研发设计、采购和生产销售等全流程建立起完善的出口管制内部合规与风险防范体系，提前做好风险预案。鉴于美国出口管制体系规则十分复杂、细枝末节较多，建议企业寻求律所等专业服务机构的协助，密切关注美国出口管制制度发展和执法动向，包括物项清单、国别分组和用户清单等管制清单的更新，及时将外部出口管制合规义务转化为企业内部合规要求。同时，企业也要密切跟踪外国投资委员会等机构所透露的国家安全信息，注意不同机构和不同法案之间的互动。

具体而言，企业应结合美国出口管制清单体系进行物项筛查，对特定物项的出口目的地及最终用户做尽职调查，确保受管制物项的合法转移。首先，应全面梳理生产经营中所使用的商品、技术、软件或数据等是否受《国际武器贸易条例》或《出口管制条例》管辖，对于非美国原产物项尤其要关注其是否因“外国直接产品规则”而落入管辖范围。即使企业已对美国技术作了相当程度的升级或改进，仍有可能触发美国的出口管制风险。“微量允许规则”为外国产品制造商保留了一定程度的管辖例外，但与外国直接产品规则下产品是否源自美国技术或软件的判断难题类似，产品所含美国成分的价值占比，尤其是所含美国技术的价值占比，在实践中很难确定。同时，企业要注意因实施“支

持”行为而承担协助责任的风险，尽可能与出口管制违法行为做切割。在最终用户筛查方面，美国商务部国际贸易署已上线“综合筛选清单”（the Consolidated Screening List），将商务部、国务院和财政部辖下的 11 个涉出口管制的受控用户清单整合到了一站式查询工具中，供公众在线查询。但查询结果仅供参考，出口商仍要结合《联邦公报》（Federal Register）以及各主管部门公开发布的信息作额外尽职调查。① 当物项和用户合规风险筛查仍难以完全识别出口管制风险时，建议企业在进出口贸易或投资并购等相关交易中纳入出口管制合规条款，对最终用途陈述与保证和争议解决等作出约定，并妥善保存企业尽调及合规约定等有关资料，最大程度减轻出口管制违法行为导致的法律责任和利益损失。

企业也要及时向我国政府反馈遇到的出口管制合规风险与应对困难，推动我国政府积极利用国际争端解决机制向美国不公平、不合理的贸易政策与措施发起挑战。同时也要促进政府大力布局自主研发，摆脱对美供应链依赖。为反制美国单边施压，我国自 2020 年 9 月以来已陆续出台《不可靠实体清单规定》《出口管制法》《阻断外国法律与措施不当域外适用办法》《反外国制裁法》和《数据安全法》等法律法规，从制度层面对美国挑起的“贸易战”与“科技战”作出了回应，搭建起支持我国企业与他国企业开展正常经贸活动的法律基石。未来，政府有关部门可能会进一步出台实施细则和管制清单，最高院也可能对前述立法中争论较大的条款制定司法解释。对此，相关企业在防控美国出口管制与制裁风险的同时，还应持续跟进我国反制立法和执法动态，注意双边的合规平衡问题，避免因履行美国的合规要求而违反我国“不得执行或协

① International Trade Administration, Consolidated Screening List, https://www.trade.gov/consolidated-screening-list, visited on 15 April 2023.

助执行外国歧视性限制措施”等规定。

（二）行政配合与申诉路径

美国出口管制执法部门众多，各执法机构权力宽泛、存在重叠，可能对同一违法行为同时进行调查和处罚。在任何政府部门调查之前决定主动披露违规行为以换取“不起诉协议”或减轻处罚的企业，应评估自身潜在违规行为可能违反哪些法律，并向所有具有管辖权的执法机构自首，配合所有机构的后续调查行动。①

若个人或企业被主管部门列入出口管制黑名单，可以选择联合美国供应商，与相关部门积极沟通，申请除名、寻求修改许可审查政策，如将“推定拒绝”改为“逐案审查”，或适用“临时性通用许可”等出口许可例外。对相关决定不服的，当事方还可按规定申请行政复议。以实体清单为例，最终用户审查委员会成员单位可以主动提议将某条目移出实体清单，清单内实体也可以书面形式亲自向该委员会主席提交除名申请。委员会主席在收到申请材料后会进行初步审查，确认申请材料完备后将分发给所有成员单位，除非最终用户审查委员会一致同意推迟投票，否则由成员单位在 30 天内对除名申请进行审议和投票。最终用户审查委员会的任一成员单位对投票结果不满的，可以将投票事项移交给出口政策顾问委员会（Advisory Committee on Export Policy）审议；对出口政策顾问委员会的决定也不满的，可提交给出口管理审查委员会（Export Administration Review Board）裁定；对出口管理审查委员会的决定仍不满的，除名申请将提交总统做最终决定。② 最终决定做出后，

① EAR, §764.5.

② EAR, Supplement No. 5 to Part 744.

最终用户审查委员会主席将通知申请人并明确告知该决定为终局决定。[①]除名决定将在《联邦公报》上刊登并自刊登之日起生效。

建议企业在提交除名申请材料前，聘请第三方独立审计机构进行全面审计，并通过专业代理律师与美国商务部、国防部、财政部等最终用户审查委员会成员单位进行沟通，明确自身被列入黑名单的具体原因，了解各成员单位的政策关注点及其对除名的特定要价，在此基础上有针对性的准备申请材料。提交除名申请后，企业应按要求提供补充材料和回答问询。

（三）司法诉讼路径

在美国的司法审查制度下，联邦法院有权作为最后裁决者审查行政决定是否符合美国宪法和法律。[②]因此在行政路径维权受阻后，个人与实体可利用美国司法体系提起诉讼来获取期望的救济，目前不乏成功的先例。

2017 年 5 月，哥伦比亚特区巡回法院部分推翻了美国财政部外国资产控制办公室（OFAC）对艾司隆（Epsilon）公司的行政处罚，理由是 OFAC“捏造了关键问题的答案”，未能作出《行政程序法》所要求的“理性决策”。[③]受该案激励，埃克森美孚（Exxon Mobil）两个月后也基于《行政程序法》和宪法的正当程序条款将 OFAC 诉诸法庭，指控其滥用行政裁量权。法院最终以 OFAC 未能对埃克森美孚作出“公平告知”

---

① 根据 EAR 第 756.2(a) 款，未经核实清单和军事最终用户清单的修改及移出决定同样无法依据 EAR 第 756.2 条向美国商务部副部长（the Under Secretary）申请行政复议。

② 王名扬：《美国行政法（下）》，北京大学出版社 2016 年版，第 420—424 页；EAR, Part 766.

③ Epsilon Elecs., Inc. v. U.S. Dep't of the Treasury, 857 F.3d 913, pp.932—933 (D.C. Cir. 2017).

为由，认定 OFAC 的行政处罚违反宪法第五修正案正当程序条款，因而无效。[①]2021 年，我国小米和箩筐技术公司也依据《行政程序法》相继向法院起诉美国国防部的中国军事企业清单列名缺乏证据支持，并成功获得法院签发的临时禁令，以避免"无法挽回的声誉和经济损失"。[②]案件发生后，美国国防部未对联邦法院命令提出上诉，同意将小米和箩筐技术公司从中国军事企业清单中移出。

上述胜诉判决无疑鼓舞着个人和实体以宪法权利受侵害为由起诉美国政府，但实践中，与出口管制及制裁措施相关的诉讼成功率极低。[③]一般而言，若相关行政决定涉及国家安全和国家利益，美国国内法院通常会尊重行政机构在此问题上的经验和裁量权，不会轻易干预。[④]美国商务部所作的分类决定及出口许可拒绝决定通常不受制于司法审查。[⑤]新疆昌吉溢达纺织公司就实体清单争议起诉美国商务部一案即以失败告终。联邦地区法院于 2022 年 7 月驳回了昌吉溢达的临时禁令申请，认定其未能证明商务部越权和具有足够的胜诉可能性。[⑥]事实上，早在 1984 年，美国最高院就在"里根诉瓦尔德案"中指出，这些（与制裁相

---

① Memorandum Opinion and Order, Exxon Mobil Corp. v. Mnuchin, 430 F. Supp. 3d 220 (N.D. Tex., 31 December 2019).

② Xiaomi Corporation, et al. v. Department of Defense, et al., No.1:21-cv-00280-RC (D.D.C., March 12, 2021); Luokung Technology Corp. et al. v. U.S. Department of Defense et al., No. 1:21-cv-00583-RC (D.D.C., 5 May 2021).

③ Congressional Research Service Report, The International Emergency Economic Powers Act: Origins, Evolution, and Use, https://fas.org/sgp/crs/natsec/R45618.pdf, visited on 15 April 2023.

④ 彭德雷、周围欢、杨国华：《国际贸易中的"国家安全"审视——基于美国"232 调查"的考察》，载《国际经贸探索》2018 年第 5 期。

⑤ Dean A. Pinkert and Thomas D. Blanford, Judicial Review of Export Control Determinations, 26(3) Brooklyn Journal of International Law 843 (2001), p.849.

⑥ Changji Esquel Textile Co. Ltd. et al. v. Raimondo et al., No. 21-5219 (D.C. Cir., 19 July 2022). 该裁定作出后，昌吉溢达向华盛顿特区巡回法院提出了上诉。

关的事项）“几乎完全是国家政治分支的管辖范围，基本不受司法调查或干涉”。① 美国法院近年来更是倾向于在国家安全和外交政策领域对行政决定采取较为宽松的审查态度，表现出对行政部门较高的尊重，以共同维护美国广泛的国家战略利益。② 此种特征和趋势为我国受美国出口管制影响的个人和企业运用司法途径维权提出了不小挑战。

（四）政策游说路径

国家安全与贸易利益总是存在紧张关系，美国针对新兴技术实施出口管制所面临的主要挑战即国家安全与商业利益的平衡。③ 自由贸易曾在过去几十年推动美国经济高速发展，但近年来美国为遏制中国发展单方面施加的对华出口管制和经济制裁已成为导致中美贸易失衡的重要因素。④ 随着对华半导体出口管制的升级，美国半导体行业协会也担忧，若其他主要供应国不跟随美国采取同样的出口管制政策，美国半导体产业将遭受毁灭性打击。⑤2022 年《芯片与科学法案》一定程度上也试图以巨额补贴弥补美国半导体产业在出口管制政策等行政干预下的利润损

① Regan v. Wald, 468 U.S. 222, 242 (1984).

② 廖诗评：《国内法域外适用及其应对——以美国法域外适用措施为例》，载《环球法律评论》2019 年第 3 期；Wayne McCormack, U.S. Judicial Independence: Victim in the “War on Terror”, 71(1) The Washington and Lee Law Review 331 (2014)。

③ Cindy Whang, Trade and Emerging Technologies: A Comparative Analysis of the United States and the European Union Dual-Use Export Control Regulations, 31 Security and Human Rights 24 (2021).

④ 沈国兵：《美国出口管制与中美贸易平衡问题》，载《世界经济与政治》2006 年第 3 期。

⑤ Antonio Varas and Raj Varadarajan, How Restrictions to Trade with China Could End US Leadership in Semiconductors, Boston Consulting Group Report (9 March 2020), https://image-src.bcg.com/Images/BCG-How-Restricting-Trade-with-China-Could-End-US-Semiconductor-Mar-2020_tcm9-240526.pdf, visited on 15 April 2023.

失，但是该行为本质上是逆市场规律的，明显违背 WTO 宗旨。

因此我国行业企业可以考虑联合美国及其盟友国内对中国技术与相关产品出口方面具有强大商业利益的集团，游说外国政府和国会充分考虑出口管制对国民经济发展的负面影响，只在有明确国际法依据的必要程度内使用出口管制。2015 年，美国曾根据瓦森纳安排机制成员国的谈判结果，试图对“侵入软件相关物项”和“IP 网络通信监控系统”进行出口管制，但此举在其国内引发了强烈的行业反对浪潮。① 相关组织和利益集团通过发表评论、寄送信件和游说政府，迫使美国撤回了对前述新兴技术进行出口管制的计划。随后，美国在 2016 年和 2017 年与瓦森纳安排机制成员国重新谈判，收窄了对上述物项进行管制的范围并附加了更宽松的豁免情形。②2019 年，华为被列入实体清单后，美光、英特尔等损失较大的供应商联合向美国政府施压，迫使商务部多次修订和延期对华为的出口管制规定。③ 这些不失为政策游说取得的成果。

六、本章小结

为维系基于科技优势的全球经济和军事领先地位，美国自 1949 年颁布和平时期第一部《出口管制法》以来，将日益扩展的国家安全利益和战略目标以法律形式“正当化、合法化”，并赋予出口管制执法部

① Federal Register, Wassenaar Arrangement 2013 Plenary Agreements Implementation: Intrusion and Surveillance Items, A Proposed Rule by the Industry and Security Bureau on 05/20/2015, 80 FR 28853.

② Scott A. Jones, Trading Emerging Technologies: Export Controls Meet Reality, 31 Security and Human Rights 53 (2020).

③ 陈思翀、王子瑜、梁倚天：《美国对华科技制裁的反向市场冲击——以华为事件为例》，载《国际经济评论》2022 年第 2 期。

门超越传统国家安全概念的法律授权。通过美国国务院、商务部和财政部等多部门密切配合，实现物项清单、国别分组、用户清单等多元管制清单全面覆盖以及贸易、投资和人权等多领域政策联动的全方位制度设计，美国现行出口管制制度已成为其维护国家政治经济利益、遏制新兴大国发展的有力工具。与此同时，美国对已获国际社会广泛承认的管辖权原则作技术性扩张，基于“产品国籍”不断延伸其出口管制的域外效力，彰显其霸权本质，也暴露出国际法在域外管辖边界问题上的规范弱点。

鉴于中国被美国视为主要竞争对手，美国势必会以“国家安全”为由延续对华出口管制的严执法态势，不断提升对华出口管制执法能力和效力。集团化辅之长臂管辖将成为美国对华技术封锁的主要思路，关键与新兴技术领域将成为中美科技对抗的主战场。我国企业获取美国具有领先优势的物项和技术将面临更高合规风险和更大不确定性。对此，企业有必要充分了解美国的经贸政策和出口管制制度，同时注意跟进我国相应的反制立法与执法趋势，在此基础上建立起完善的出口管制合规风险防范与应对体系，以求在国际贸易竞争中保持主动。

第二篇　境外投资与跨境经营合规

第四章　企业境外投资合规中的国家安全审查

一、引言

近年来，中国企业不断扩大对外投资规模。根据《2021年度中国对外直接投资统计公报》，2021年中国对外直接投资流量为1788.2亿美元，比上年增长16.3%，连续十年位列全球前三，且八成投资流向租赁和商务服务、批发零售、制造、金融、交通运输领域。其中，地方企业是对外投资主力，对外非金融类投资877.3亿美元，占57.7%。①

企业在东道国进行投资经营前，往往会遇及东道国投资准入要求，一般以国家安全及公共秩序的外资审查制度为核心。其中，国家安全审查制度是指东道国为保障本国的国家安全利益，授权特定机关对可能威胁国家安全利益的外国投资行为进行审查，并采取限制性措施来消除国家安全威胁的法律制度。②因此，当前的对外投资实践往往既要求企业了解东道国劳工保障、环境保护、知识产权、税务等一般法律法规，还需要以通过东道国的国家安全审查为前提。

不同于对发展中国家的投资，中国对欧洲和美国的投资更多集中于

① 《2021年度中国对外直接投资统计公报》，http://images.mofcom.gov.cn/fec/202211/20221118091910924.pdf，2023年2月28日访问。

② 高华：《新时代中国外商投资安全审查制度的完善——基于对欧盟安全审查制度变革的考察与借鉴》，载《法学论坛》2022年第5期。

制造业，近年来更是逐渐增加了对高科技企业和互联网企业的投资并购，对美欧企业的投资并购有助于中国国内产业的升级和供应链的保障。但是近年来，国际供应链安全问题频发，为推动产业链重构、强化对本国市场及关键技术领域的有效控制，美国、欧盟等经济体纷纷改变吸引外资的开放态度，出台了收紧外资审查的新规，近年来有多家中资企业的投资收购交易被叫停或禁止，使中国企业跨境投资进程受到冲击。本章以2022年中国企业赴海外投资典型案例为依据，分析英国、美国、欧盟等发达国家和地区最新境外投资法律规定中的国家安全审查制度，为赴境外投资的中国企业提出国家安全审查合规建议。

二、中国企业赴英投资的国家安全审查制度及法律风险

2022年1月4日，英国《国家安全与投资法》(National Security and Investment Act)(以下简称《英国投资法》) 正式生效，标志着英国完成了对其外国投资机制的全面改革。① 该法赋予英国商业、能源和工业战略部（BEIS）广泛的投资审查权力，并下设新的监管机构“投资安全部”(ISU) 专门负责审查交易是否存在国家安全风险。随着我国不断重视高科技产业发展，收购英国高科技企业成为部分中国企业的首要跨境投资选项，但《英国投资法》的生效增加了企业赴英投资的不确定性，尤其是其中所涉及的国家安全审查条款，极大加重了企业的投资负担，增加企业投资难度。因此，有必要从具体法律规定和近期案例出发，分析中国企业赴英投资存在的潜在风险。

---

① National Security and Investment Act, https://www.legislation.gov.uk/ukpga/2021/25/contents/enacted, visited on 10 April 2023.

（一）《英国投资法》下的国家安全审查制度

第一，扩大监管机构的审查范围。《英国投资法》的管辖范围相当广泛，不仅适用于投资收购英国实体或资产的行为，还适用于投资收购非英国实体或资产的行为，只要被收购的非英国实体和资产在英国境内开展活动或向英国境内提供商品或服务。根据该法相关规定，英国政府一旦对交易会构成“国家安全风险”产生合理怀疑，就可以主动介入（Call-in）审查，并且有权在交易交割后5年内或在政府部门知悉交易后6个月内进行审查干预。审查的“触发事件”也非常宽泛，当收购方取得对“合格实体”（Qualifying Entity）①或“合格资产”（Qualifying Asset）②的控制权时，就可能触发政府的交易审查。获得控制权表现为：（1）通过交易获得目标实体（包括公司、合伙企业、非法人实体或信托）25%、50%或75%以上的股份或投票权；（2）通过交易获得能够通过或否决目标实体任何类别决议的投票权；（3）通过交易获得能够对目标实体的政策施加重大影响的表决权（包括通过董事会席位、否决权/消极控制或优惠合同施加影响）；（4）就目标资产而言，投资者收购的资产上的权利或权益使其能够使用或较收购前能在更大程度上使用该资产；或能够指示/控制或较收购前能在更大程度上指示/控制该资产的使用（包括利用、改变、操纵、处置或破坏）。

第二，明确规定强制申报。《英国投资法》第14条明确规定了强制

---

① “合格实体”指根据英国及境外国家或地区的法律成立或承认的实体，如果它在英国开展活动，或向英国境内的人提供商品或服务。

② “合格资产”指位于英国及其境外的国家或地区的任何不动产或动产、有形资产或无形资产（如算法、商业秘密），如果它在英国开展活动，或向英国境内的人提供商品或服务。

申报要求，即对于必须申报的收购，当事方必须在取得“合格实体”的控制权之前通知外资审查主管部门。如果对“合格实体”的投资涉及执行细则英国《国家安全与投资法（应通知的收购）(合格实体的说明）条例》所规定的17个敏感行业①之一，并计划收购必要比例的股份或投票权，各方在完成收购前必须进行申报并获得英国政府的批准。未获政府批准将导致收购无效。②申报后30个工作日内（特殊情况下可以延长），英国商业、能源和工业战略部国务大臣将作出是否介入审查的决定。针对应当申报但未经申报和批准就擅自交割的交易，英国监管部门对投资者设置了很高的民事及刑事责任。民事罚款最高可达全球营业额的5%，或1000万英镑，取两者中较高者适用。③刑事责任则可能导致相关责任人员面临5年的监禁。对于不受强制申报义务约束的投资，英国政府鼓励相关方进行自愿申报。

（二）实证考察：中国企业赴英投资国家安全审查典型案例

《英国投资法》于2022年初生效后，英国政府在2022年共发布了14项最终命令，有5项阻止或要求撤销相关投资交易，其中4项交易与中国企业有关。

---

① 这17个重点/敏感行业为：先进材料、高端机器人、人工智能、民用核能、通信、计算机硬件、政府部门关键供应商、紧急服务部门关键供应商、加密认证、数据基础设施、国防、能源、军用或军民两用技术、量子技术、卫星和空间科技、合成生物学及交通。

② 对上述17个重点行业“合格资产”的投资无需履行强制申报义务，但可能会面临英国政府的介入审查。

③ National Security and Investment Act 2021: guidance on compliance and enforcement, https://www.gov.uk/government/publications/national-security-and-investment-act-2021-guidance-on-compliance-and-enforcement/national-security-and-investment-act-2021-guidance-on-compliance-and-enforcement, visited on 12 April 2023.

第一，曼彻斯特大学与北京无限视觉科技有限公司的许可协议案。根据国家安全审查新规，被英国政府阻止的首项交易是曼彻斯特大学与北京无限视觉科技有限公司（收购方）的许可协议交易。曼彻斯特大学和收购方签订了一项许可协议，使收购方能够使用 SCAMP-5 和 SCAMP-7 视觉传感技术，并开发、测试、制造、使用和销售相关产品。该协议构成了《英国投资法》第 9（1）条规定的“触发事件”，即收购方取得了对“合格资产”的控制权。2022 年 7 月 20 日，英国商业、能源和工业战略部国务大臣发布命令，认为该技术领域属于法案规定的 17 个重点行业之一，具有军用和民用的双重属性，可能威胁到英国的国防技术，进而威胁英国国家安全。因此，禁止曼彻斯特大学将相关知识产权许可给收购方。①2023 年 1 月 9 日，英国商业、能源和工业战略部国务大臣发布了变更通知，重申禁止该知识产权转让，同时明确了曼彻斯特大学工作人员的责任，规定未来转让相关知识产权时都要经过国务大臣的同意。②

第二，香港超橙控股有限公司（Super Orange HK）收购普尔思科公司（Pulsic Limited）案。第二项被阻止的交易是香港超橙控股对英国软件公司 Pulsic 的全资收购。2022 年 8 月 17 日，英国政府发布命令阻止该交易，理由同样是交易“威胁国家安全”。Pulsic 是一家电子设计自动

---

① Acquisition of Know-how related to SCAMP-5 and SCAMP-7 Vision Sensing Technology: Notices of Final Order and Variation of Final Order，https://assets.publishing.service.gov.uk/government/uploads/system/uploads/attachment_data/file/1092802/aquisition-scamp5-scamp7-know-how-final-order-notice-20220720.pdf, visited on 10 April 2023.

② Notice of Variation of Final Order: Acquisition of Know-how related to SCAMP-5 and SCAMP-7 Vision Sensing Technology by Beijing Infinite Vision Technology Company Limited，https://assets.publishing.service.gov.uk/government/uploads/system/uploads/attachment_data/file/1130244/aquisition-scamp5-scamp7-know-how-notice-of-variation-of-final-order-notice-09-01-23__1_.pdf , visited on 10 April 2023.

化（EDA）软件公司，专注于精密设计自动化，其客户包括全球顶尖的半导体公司，从台积电到英特尔等领先芯片制造商均与 Pulsic 有商业合作。① 香港超橙控股提议收购 Pulsic 全部股份，构成了《英国投资法》第 8（2）(c）条的“触发事件”。英国政府认为，Pulsic 开发和拥有的 EDA 软件、知识产权、知识、流程和技术，可用于制造军用或民用的尖端集成电路，涉及军用供应链安全，因此收购行为会威胁到国家安全。②

第三，荷兰安世半导体公司（Nexperia BV）收购英国纽波特晶圆厂（Newport Wafer Fab）案。英国纽波特晶圆厂生产供半导体制作的硅晶圆，主要销往亚洲，其在 2021 年 7 月被荷兰安世半导体公司收购，而安世半导体实际控制者是中国上海闻泰科技公司（Wingtech Technology)。③ 英国政府认为该收购交易构成了《英国投资法》第 8（2）（c）条的“触发事件”，经审查后判定此项投资会影响到英国的工业规划，同时基于企业所处的重要地位，在被收购后可能会形成新的产业集群，进而影响到其他企业未来参与英国国家安全项目。2022 年 11 月 16 日，英国政府发布最终命令，要求荷兰安世半导体公司按流程出售购买的 86% 股权。④

---

① 参见企业官网，https://pulsic.com/，2023 年 2 月 10 日访问。

② Acquisition of Pulsic Ltd by Super Orange HK Holding Ltd: Notice of Final Order，17 August 2022, https://www.gov.uk/government/publications/acquisition-of-pulsic-ltd-by-super-orange-hk-holding-ltd-notice-of-final-order/acquisition-of-pulsic-ltd-by-super-orange-hk-holding-ltd-notice-of-final-order, visited on 10 April 2023.

③ Nexperia is Shocked by the Secretary of State’s Order to Divest Newport Wafer Fab, 16 November 2022, https://www.nexperia.com/about/news-events/press-releases/Nexperia-is-shocked-by-the-Secretary-of-State-s-order-to-divest-Newport-Wafer-Fab.html, visited on 10 April 2023.

④ Notice of Final Order Relating to the Acquisition of Newport Wafer Fab by Nexperia BV, 16 November 2022, https://www.gov.uk/government/publications/acquisition-of-newport-wafer-fab-by-nexperia-bv-notice-of-final-order, visited on 10 April 2023.

第四，工研高光（上海）半导体有限公司收购英国芯片公司海莱特（HiLight）案。该案中，上海工研高光计划收购 HiLight 公司 100% 的股权。根据《英国投资法》第 8（2）(c）条的规定，此次收购构成“触发事件”。2022 年 12 月 19 日，英国政府发布命令，以收购对英国国家安全造成风险为由，阻止了本次收购。①

（三）中国企业赴英投资国家安全审查涉及的法律风险

上述 2022 年中资企业赴英投资受阻案例反映了中资企业赴英投资所面临的复杂监管环境，亦揭示了英国国家安全审查方面的法律风险和注意要点。

第一，《英国投资法》下的“国家安全”概念定义模糊，涵盖面极广。“国家安全”这一概念本身即带有浓厚的政治色彩。《英国投资法》并没有对“国家安全”进行明确定义，为主管部门对投资交易进行审查保留了极大灵活性。英国纽波特晶圆厂案即是典型案例，该公司生产的 200 mm 晶圆虽然市场需求仍然很大，但是在国际半导体工业中已属“老科技”，世界领先厂家正在从 300 mm 向 450 mm 技术过渡。因此，该成熟技术的交易事实上并不会威胁到英国的尖端科技和国家安全，英国政府阻止该项投资的决定更多是基于国内工业布局和美英在芯片领域对中国的联合限制战略。由此可见，“国家安全”的模糊化内涵使中国企业赴英投资的不确定性增加，尤其是对芯片等高科技领域的投资将显著收窄。

---

① Acquisition of HiLight Research Limited by SiLight (Shanghai) Semiconductors Limited: Notice of Final Order, https://www.gov.uk/government/publications/acquisition-of-hilight-research-limited-by-silight-shanghai-semiconductors-limited-notice-of-final-order/acquisition-of-hilight-research-limited-by-silight-shanghai-semiconductors-limited-notice-of-final-order, visited on 10 April 2023.

第二,《英国投资法》具有追溯力。在英国纽波特晶圆厂案中，荷兰安世半导体公司虽然在《英国投资法》全面生效前完成了收购，但仍落入该法案的审查范围。因为根据该法第2(4)条的规定，英国商业、能源和工业战略部国务大臣介入审查的日期最早可追溯至2020年11月12日，这些追溯规定可以适用于该法案全面生效后长达五年(即2027年1月4日)，因此2022年1月法案生效以前的在英投资也可能会受到国家安全审查。

第三，重点行业投资受阻风险显著增加。从2022年英国涉华审查案例可以看出，一些关键行业和产品类型似乎更容易受到国家安全审查。例如，能源分配网络、通信网络、半导体芯片和军民两用技术等。在全球芯片短缺、主要经济体间展开激烈技术竞争的大背景下，芯片等尖端科技的战略意义日渐凸显。[①] 同时，2022年英国政府介入审查的投资交易均未涉及17个关键部门以外的领域，这与政府的声明一致，即此类交易不太可能被要求审查，因为这些领域对国家安全产生影响的可能性较小，但囿于适用范围的模糊性，仍不可掉以轻心。

第四，对允许进行的收购施加严苛限制。2022年，除了5项被英国政府阻止的收购外，还有9项交易被有条件地允许进行。这些条件包括:(1)保护信息免遭未经授权的访问，被收购企业要继续向英国政府提供战略能力;(2)在英国保留部分研发和制造能力;(3)能源采购协议需经英国政府批准或参与;(4)任命一名经英国国务卿批准的首席信

① 余昕刚、侯彰慧、吴亦维:《国家安全审查制度与案例前沿观察》, https://www.pkulaw.com/lawfirmarticles/f9a2ec4441ba7600eac676cb83a0644bbdfb.html?keyword=%E5%9B%BD%E5%AE%B6%E5%AE%89%E5%85%A8%E5%AE%A1%E6%9F%A5&way=listView, 2023年2月10日访问。

息安全官或一名政府观察员加入董事会。① 尽管这些收购被允许继续进行，但条件相当苛刻。对于公司来说，政府参与公司内部治理，例如高级人事任命等是不可接受的。事实上，其中一家中资企业虽然获得了继续进行收购的许可，但其似乎因限制过于繁重而放弃继续进行收购。②

第五，中资企业受到相对严格的审查。英国政府在 2022 年阻止了 5 项投资交易，其中 4 项交易涉及中国企业，另外 1 项交易涉及被制裁的俄罗斯寡头。同时，不仅中国大陆的本土企业会受到严格审查，有中资背景或者受到中国企业控制的企业也会受到严格审查，例如香港超橙控股的母公司为南京谱芯软件，而南京谱芯实际上是合见工软的全资附属公司。合见工软的第二大股东是“国家集成电路产业投资基金二期股份有限公司”，持股比例约为 11.80%；第五大股东为“中国互联网投资基金”，持股比例约为 7.16%。总之，有国家基金持股的企业，赴英投资可能会受到更加严格的审查。

三、中国企业赴美国、欧盟投资的国家安全审查制度新动态及法律风险

截至 2021 年年末，中国在发达经济体的投资存量为 2867.7 亿美元，

---

① Anthony Woolich, National Security and Investment Act 2021 One Year On, https://www.hfw.com/National-Security-and-Investment-Act-2021-One-Year-On, visited on 10 February 2023.

② Acquisition of Electricity North West Limited by Redrock Investment Limited: Notice of Revocation of Final Order, 20 December 2022, https://www.gov.uk/government/publications/acquisition-of-electricity-north-west-limited-by-redrock-investment-limited-notice-of-final-order/20-december-2022-acquisition-of-electricity-north-west-limited-by-redrock-investment-limited-notice-of-revocation-of-final-order, visited on 10 April 2023.

其中在欧盟的投资存量为959亿美元，占发达经济体投资存量的33.5%，在美国的投资存量为771.7亿美元，占26.9%。[①] 欧盟和美国在中国的对外投资中占有重要地位。这不仅是因为目前中国在美国和欧盟的投资存量和投资比例较大，更重要的是，中国企业在美国和欧盟更加重视对高科技企业的投资并购，与对其他发展中国家的投资不同，欧美国家也更容易从中国投资中受益，将其科技实力转化为经济优势。然而，受贸易保护主义、“逆全球化”思想和竞争限制主义等的影响，出于维护国家安全的战略要求，近年来美国和欧盟对于外国投资，尤其是中国的投资采取了更加谨慎的态度，审查政策日趋严格，并且明显具有约束中国经济发展、遏制中国技术进步的意图。

（一）中国企业赴美投资的国家安全审查制度新动态及其法律风险

美国是最早建立外国投资安全审查制度的国家。1988年，美国通过了《埃克森—弗罗里奥修正案》，开始对境外投资进行审查。2018年，美国通过了《外国投资风险审查现代化法案》（FIRMMA），[②] 并在2020年发布了全面细化的配套新规，[③] 在原有的《外国投资与国家安全法》（FINSA）基础上，扩大了对外资审查管辖的范围，加强了对外资的

① 《2021年度中国对外直接投资统计公报》，http://images.mofcom.gov.cn/fec/202211/20221118091910924.pdf，2023年2月28日访问。

② Foreign Investment Risk Review Modernization Act, https://home.treasury.gov/sites/default/files/2018-08/The-Foreign-Investment-Risk-Review-Modernization-Act-of-2018-FIRRMA_0.pdf, visited on 10 April 2023.

③ Certain Investments in the United States by Foreign Persons and Certain Transactions by Foreign Persons Involving Real Estate in the United States, https://www.federalregister.gov/documents/2022/01/06/2021-28599/certain-investments-in-the-united-states-by-foreignpersons-and-certain-transactions-by-foreign, visited on 10 April 2023.

管控。

第一，国家安全审查领域和审查权力扩大。《外国投资风险审查现代化法案》扩大了美国外国投资委员会（CFIUS）审查管辖权，并规定在审查期或者调查期内，外国投资委员会无需总统同意就可以自行暂停交易，且其决定和裁决享有司法审查豁免。这意味着投资者行使申诉权的空间变小。同时，《外国投资风险审查现代化法案》将国家安全设定为审查重点，尤其是国家关键技术、关键基础设施和敏感个人信息领域的审查。根据既往审查案例可知，关键基础设施主要涵盖电信、医疗、市政工程、交通、金融工程等 28 个领域。关键技术也不限于《美国防务目录》和《商品管制清单》所覆盖的内容，还包括大量的基础和新兴技术。个人敏感信息则包括医疗行业、保险行业等涉及的大规模个人可识别信息。① 在对上述关键领域的企业进行投资时，外国投资人在董事会占有席位或者有董事会观察员权利、参与美国企业重大决策、有机会接触到机密技术信息，或与美国业务建立战略合作伙伴或其他重大财务关系的投资行为，都会被认定为非被动投资。② 这些非被动、未取得控制权的投资项目也会受到外国投资委员会的审查。2022 年外国投资委员会年度报告显示，从 2012 年到 2021 年，外国投资委员会共收到 1829 份交易通知。在这些交易中，约有 1.4%（26 份通知）在审查阶段被撤回，约 52%（953 份通知）导致启动调查，其中约 18%（329 份通知）在调查阶段被撤回。近十年的交易撤回率约为 19.4%，2021 年的交易撤

① 李巍、赵莉：《美国外资审查制度的变迁及其对中国的影响》，载《国际展望》2019 年第 1 期。

② 沈伟：《美国外资安全审查制度的变迁、修改及影响——以近期中美贸易摩擦为背景》，载《武汉科技大学学报（社会科学版）》2019 年第 6 期。

回率约为27.2%。①

表4-1　2012—2021年美国外国投资委员会审查的交易

年份	交易数量	在审查阶段撤回的交易	调查次数	在审查后撤回的交易	总统决定的交易
2012	114	2	45	20	1
2013	97	3	49	5	0
2014	147	3	52	9	0
2015	143	3	67	10	0
2016	172	6	79	21	1
2017	237	4	172	70	1
2018	229	2	158	64	1
2019	231	0	113	30	1
2020	187	1	88	28	1
2021	272	2	130	72	0
合计	1829	26	953	329	6

第二，缓解协议条件可能更加苛刻。《外国投资风险审查现代化法案》对缓解协议作了更细致的规定。缓解协议是指外国投资委员会与交易参与方达成协议或条件以消除或缓解该交易对美国国家安全造成的风险，通常适用于国家安全风险较小、尚可被外国投资委员会接受的交易。2021年，外国投资委员会对272份交易进行了审查，并就其中26份交易达成了缓解协议。②但由于很多缓解条件过于苛刻，迫使部分投资者放弃投资。例如，在2022年，中资企业凯莱英医药公司（Asymchem）因无法满足缓解条件，被迫放弃了对Snapdragon

①② 《美国外国投资委员会2021年年度报告》，https://home.treasury.gov/system/files/206/CFIUS-Public-AnnualReporttoCongressCY2021.pdf，2023年2月3日访问。

Chemistry 公司的收购。[①] 根据美国 2022 年外国投资委员会年度报告，谈判达成的缓解条件主要包括：（1）禁止或者限制某些知识产权、商业秘密、技术信息的转让或者共享；（2）为保障美国政府、美国公民等其他敏感信息设立指导方针；（3）确保只有被授权的人员才能获得某些技术、系统、设施或敏感信息；（4）确保某些设施、设备、数据和操作只位于美国；（5）建立一个公司安全委员会或者其他机制，以限制外国的影响和确保遵守协议等条件。

第三，国有企业需要强制申报。考虑到国家安全，外国投资委员会着重审查投资主体是否受到政府控制，如果投资主体受到外国政府实质控制，则要求交易相关方强制申报审查。《外国投资风险审查现代化法案》将“实质控制”定义为：投资主体的股东是政府性质的主体，且拥有超过 10% 的股权。若满足上述条件就会被视为受外国政府控制，需要强制申报。2022 年 10 月，美国财政部发布了第一份关于强制申报要求的执行指南。指南中明确了三种违规行为，包括未能及时提交强制性声明或通知、不遵守缓解措施以及存在重大错报、遗漏或虚假证明。[②] 违规主体将受到处罚或采取补救措施。

第四，中资企业可能会面临更加严格的审查。《外国投资风险审查现代化法案》新增“特别关注国家”，法案第 3（1）条第 4 款提出了“特别关注国家”的概念，外国投资委员会有理由对“特别关注国家”

---

① Snapdragon Chemistry and Asymchem Abandon Planned Acquisition, 09 September 2022, https://www.prnewswire.com/news-releases/snapdragon-chemistry-and-asymchem-abandon-planned-acquisition-301621418.html, visited on 10 April 2023.

② 《外国投资委员会执法和处罚指南》，https://home.treasury.gov/policy-issues/international/the-committee-on-foreign-investment-in-the-united-states-cfius/cfius-enforcement-and-penalty-guidelines，2023 年 2 月 10 日访问。

的投资进行更加严格的审查。尽管法案并未明确列举具体国家，但根据相关案例，中国、俄罗斯等国大概率会被列为“特别关注国家”。① 而在经济、国防等与美国密切合作的国家或组织如日本、欧盟等，则可能以法律的形式被排除在“特别关注国家”之外。

第五，大数据互联网企业可能成为重点审查领域。2022 年 9 月 15 日，美国总统拜登签署了一项总统行政令，就美国外国投资委员会在审查受辖交易时应考虑的国家安全风险作出正式指示。这一行政令将进一步加强外国投资委员会对涉美投资的国家安全审查。② 行政令中提及，如果交易能让外国投资者获得大量敏感数据，也要加强审查。《外国投资风险审查现代化法案》第 3（1）条 14 款也新增了“恶意网络活动”概念，主要审查境外投资是否会对美国网络信息安全产生影响，包括但不限于是否会形成网络漏洞、是否会泄露美国公民个人隐私以及是否会方便外国政府发动网络攻击等。例如，美国政府以国家安全为由，通过行政令等方式意图封禁 TikTok，强制字节跳动出售对 TikTok 的所有权。③2023 年 3 月 23 日，TikTok 参加了在美国国会的听证会，听证会的重点在于 TikTok 对用户隐私和消费者信息安全的保护措施。同时，美国的科学和技术政策办公室将与外国投资委员会磋商，定期公布相关

---

① 冀承、郭金兴：《美国外国投资国家安全审查制度的历史变迁、制度设计及中国的应对》，载《国际贸易》2019 年第 6 期。

② FACT SHEET: President Biden Signs Executive Order to Ensure Robust Reviews of Evolving National Security Risks by the Committee on Foreign Investment in the United States, https://www.whitehouse.gov/briefing-room/statements-releases/2022/09/15/fact-sheet-president-biden-signs-executive-order-to-ensure-robust-reviews-of-evolving-national-security-risks-by-the-committee-on-foreign-investment-in-the-united-states/, visited on 10 April 2023.

③ 沈伟、靳思远：《网络空间博弈时代跨国科技企业面临的公私矛盾及应对——以抖音（TikTok）为例》，载《国外社会科学》2022 年第 5 期。

技术领域的清单，明确对美国在有关国家安全的技术领域的领先地位至关重要的技术范围。

第六，企业投资制造业和金融信息业的审查风险更高。外国投资委员会在考虑是否进行国家安全审查时，会考量外国人士在某一行业过去所做投资的累计效果，特别是一系列并购交易所导致的关键领域的技术转移。① 简言之，外国投资者在某一领域仅收购一家公司时，往往对美国国家安全产生的风险较低，但如果其在某一领域收购多家公司，对美国国家安全产生的风险就会升高。外国投资委员会发布的 2022 年度报告显示，2019 年至 2021 年年间，来自中国的交易共有 86 份，其中 47 份投资涉及金融信息行业（占比 54.7%）、32 份投资涉及制造业（占比 37.2%），可能产生集聚效应与累计效果。② 因此，未来中国企业在投资上述行业时，受到美国国家安全审查的风险相对较高。

（二）中国企业赴欧盟投资的国家安全审查制度新动态及其法律风险

欧盟多年来对内对外一直奉行资本自由流动的原则。但随着近年来全球产业竞争的加剧、国际资本流动格局的改变以及新兴经济体对欧投资的不断增长，在内外双重压力之下，欧盟对外商直接投资政策开始收紧。2020 年 10 月 11 日，欧盟正式实施《关于欧盟建立外国直接投资审

---

① 余昕刚等：《拜登签署行政令，阐明美国 CFIUS 审查将更关注特定国家安全风险》，https://www.pkulaw.com/lawfirmarticles/411524112d70efde416a2dea94f5ad00bdfb.html?way=listView，2023 年 2 月 23 日访问。

② 《美国外国投资委员会 2021 年年度报告》，https://home.treasury.gov/system/files/206/CFIUS-Public-AnnualReporttoCongressCY2021.pdf，2023 年 2 月 3 日访问。

查机制的条例》。[1]《关于欧盟建立外国直接投资审查机制的条例》的出台没有改变成员国现有的外国投资审查机制，而是为欧盟成员国设立了外资审查正当性、规范性和协调性的框架，规定了成员国必须遵守的一些共同性原则。[2]该条例弥补了部分成员国在外资国家安全审查上的法律缺陷，并促使欧盟成员国建立更加严格的国家安全审查制度。具体而言，企业投资可能会有以下风险。

第一，国企投资重点领域受到国家安全审查风险更高。《关于欧盟建立外国直接投资审查机制的条例》规定在对外资进行安全审查时需要考虑两大类因素：第一类是投资所属领域，可以考虑投资是否涉及关键基础设施、关键技术、关键物品供应、敏感信息和媒体的自由多元化，例如能源、电力、交通、通信、人工智能、半导体、网络安全、航天、量子和核技术、纳米技术和生物技术等基础设施和高科技技术都被明确列举。第二类是投资主体属性，条例规定要考虑投资主体是否直接或间接受政府控制、是否已经参与影响成员国安全或公共秩序的活动、是否存在违法犯罪的风险，这表明我国企业尤其是国有企业未来赴欧盟投资可能会受到更多审查和限制。

第二，审查决定可能受到欧盟委员会和其他欧盟成员国的影响。《关于欧盟建立外国直接投资审查机制的条例》建立了欧盟委员会与成员国之间共享信息的合作程序。某一成员国审查外资时，应当尽快通知欧盟委员会和其他可能受该投资影响的成员国。如果某一成员国认为他国境

① Regulation of Establish A Framework for the Screening of Foreign Direct Investments into the Union, https://eur-lex.europa.eu/legal-content/EN/TXT/?uri=CELEX:32019R0452, visited on 10 April 2023.

② 廖凡：《欧盟外资安全审查制度的新发展及我国的应对》，载《法商研究》2019 年第 4 期。

内正在审查的外国投资可能影响其本国的国家安全或公共秩序，该成员国可就此事项与他国进行评论，并同时发送信息予欧盟委员会，欧盟委员会可根据实际情况提出合理意见，以供成员国间选择执行。① 虽然最终决定权仍然在成员国手中，但这也意味着在欧盟的外国投资会受到项目所在国、欧盟成员国、欧盟委员会的多方监督和评议，提高了受到国家安全审查的概率，欧盟其他成员国和欧盟委员会的意见也会影响到东道国的决策。此外，基于条例建立的合作机制，成员国之间可以共享外国投资者信息，这使得外国投资者的商业信息尤其是商业秘密更易被泄漏，外国投资者在某一欧盟成员国进行国家安全审查的结果也可能影响其在其他欧盟成员国的投资。因此，企业赴欧投资不仅要与目标成员国达成协议，也要与欧盟委员会和其他成员国保持沟通。

第三，欧盟成员国自有的国家安全审查立法同步收紧。当前，欧盟拥有外国投资审查机构的成员国数量从2018年不到一半增加到2022年的三分之二，目前除保加利亚和塞浦路斯外，所有成员国基本建立了国家安全审查机制，且相关规则在《关于欧盟建立外国直接投资审查机制的条例》的框架基础上做了进一步延伸，各国在管辖范围、强制申报要求以及审查时间等方面存在诸多差异。以下就德国、意大利与法国立法情况做简单介绍以供比较。

1．德国

此前德国对外国投资干预较少，但从2017年起，德国开始加强对关

① 董静然、顾泽平：《美欧外资安全审查法律制度新发展与中国之应对》，载《国际商务研究》2020年第5期。

键领域的外资审查，尤其是半导体和芯片领域。① 根据德国《对外贸易与支付条例》（Foreign Trade and Payments Act）第 60 条至 62 条，国家安全审查被区分为敏感行业和非敏感行业，国防科技和军民两用技术都被归于敏感行业。②2022 年，德国政府阻止了将艾默斯半导体公司（Elmos Semiconductor SE）的晶圆厂出售给中国赛微电子有限公司的瑞典子公司希来科网络技术公司（Silex），并取消了 ERS Electronic GmbH 的拟议收购，理由是“威胁到德国的国家安全”。法律依据是德国《对外经济条例》中的“非欧盟的投资主体投资，如果投资份额超过 25%，联邦经济部有权进行审核”。2021 年，德国联邦内阁通过《对外经济条例》第 17 次修正案，加强对外国企业收购德国安全相关企业的审查，且考虑到工业企业主要关切，将外国直接投资审查门槛由当前的 25%降至 20%。③

2．意大利

意大利于 2012 年在部分地区引入外国投资审查制度，并通过了新的永久性修正案以代替临时修正案，新修正案于 2023 年 1 月 1 日生效，新的外资审查体系也被称作“黄金权力制度”（The Golden Power Regime）。④ 这一制度授权总理办公室（The Prime Minister’s Office）审查、

① 胡晓红：《德国与欧盟外国直接投资国家安全审查制度及中国制度应对》，载《中德法学论坛》2020 年第 2 期。

② Foreign Trade and Payments Act(Außtenwirtschaftsgesetz-AWG), service provided by the Federal Ministry of Justice, https://www.gesetze-im-internet.de/englisch_awg/englisch_awg.html, visited on 15 May 2023.

③《德联邦内阁通过〈对外经济条例〉第 17 次修正案，FDI 审查门槛下降》，https://baijiahao.baidu.com/s?id=1699432480712996298&wfr=spider&for=pc，2023 年 2 月 10 日访问。

④ Gian L. Zampa and Ermelinda Spinelli, The Foreign Investment Regulation Review: Italy, https://thelawreviews.co.uk/title/the-foreign-investment-regulation-review/italy, visited on 15 May 2023.

否决商业活动、资产交易等经济活动，或在必要时施加特定条件、提出建议。总理办公室对外国投资的审查类似于强制性的备案机制。如果相关投资属于“黄金权力”制度的适用范围，则无论交易各方的规模或价值如何，都必须提交备案。如果没有进行强制性备案，则总理办公室可以依职权审查交易。近年来，意大利对于5G、医疗保健、半导体和高科技等行业的投资，实质性审查更加严格，尤其是当涉及某些类别的非欧盟投资者时。2022年3月，意大利取消了2018年香港火星咨询科技公司（Mars Information Technology Co. Ltd.）收购阿尔皮航空（Alpi Aviation）75%股权的交易，理由是阿尔皮航空（Alpi Aviation）是生产军用直升机的企业，而收购方的母公司中企联合投资控股和中车资本控股分别由无锡蠡园经济开发区管委会和国资委控制，会威胁到意大利的国家安全。①

3．法国

法国自2019年以来，不断加强对外国投资审查的执法权力，并于2022年9月发布了新的投资审查指南。② 当外国投资者在敏感行业直接或间接收购法国实体时，会触发外资审查机制，在最新的法令中，这一触发门槛从获得25%的投票权降至10%，③ 在审查后，违反外商直接投资审查规定的，监管机关有权采取临时措施，暂停投资者在被投资对象的投票权，禁止或限制向外国投资者分配股息，暂停、限制或禁止自由

① Givseppe Fonte et al., Italy Annuls Sale of Military Drones Firm to Chinese Investors, Sources Say, https://www.usnews.com/news/world/articles/2022-03-10/exclusive-italy-annuls-sale-of-military-drones-firm-to-chinese-groups-sources-say, visited on 10 February 2023.

② 《2022法国投资审查指南》，https://www.tresor.economie.gouv.fr/Articles/314615b9-70b9-417f-bb94-5dd1437e7418/files/a81a841b-dc55-4685-af34-213bb0bd88cc，2023年2月10日访问。

③ 根据《法国货币金融法》（French Monetary and Financial Code），外商投资敏感行业包括：国防和安全、公共卫生、大型公用事业和关键基础设施（能源、电信、运输、供水）、关键技术的研发和与粮食安全有关的活动。

处置与被投资对象开展的敏感活动有关的全部或部分资产，并在公司内部任命临时代表，以确保维护国家利益。但《法国投资审查指南》允许投资者与监管机关进行沟通，无论是目标公司还是投资者，都可以在审查之前澄清投资目的，因此收购前与监管机关的沟通至关重要。①

四、中国企业对外投资的国内安全审查制度与实践

境外投资是一项极其复杂的工程，不仅会影响到东道国的国家安全利益，也会影响到投资母国的国内经济、国际信誉和国家安全。因此，投资母国也会通过各种手段规范本国企业海外投资的行为。企业在对外投资前，往往需在投资母国多个政府机关核准或备案。本节对企业境外投资过程中涉及的我国国家安全审查相关规定做简要介绍。

（一）中国国家安全审查制度主要内容

随着我国在各个领域的高速发展，国家安全形势也变得更为复杂。中共中央政治局于 2015 年 1 月 23 日审议通过了以“总体国家安全观”为指导的《国家安全战略纲要》，强调既要重视传统安全，又要强化非传统领域的安全利益维护，是我国新时代国家安全体系的重要理论。②

2015 年，在“总体国家安全观”的理论指导下，我国《中华人民共和国国家安全法》(以下简称《国家安全法》) 正式实施，明确提出建立国家安全审查和监管的制度和机制。《国家安全法》第 59 条规定，中央

---

① Orion Berg, Foreign Direct Investment Reviews 2023: France, https://www.whitecase.com/insight-our-thinking/foreign-direct-investment-reviews-2023-france, visited on 15 May 2023.

②《中共中央政治局召开会议审议通过〈国家安全战略纲要〉等》, http://www.gov.cn/xinwen/2015-01/23/content_2809373.htm，2023 年 2 月 10 日访问。

国家机关可以依照法律、行政法规，对影响或者可能影响国家安全的外商投资、特定物项和关键技术、网络信息技术产品和服务、涉及国家安全事项的建设项目，以及其他重大事项和活动，进行国家安全审查，有效预防和化解国家安全风险。为落实国家安全审查制度，我国相继出台了多部立法，在网络安全、数据安全、生物安全等不同领域对国家安全审查的具体事项予以明确。如《中华人民共和国外商投资法》《中华人民共和国反垄断法》《中华人民共和国海南自由贸易港法》均明确要对外商投资进行安全审查，《中华人民共和国乡村振兴促进法》和《中华人民共和国种子法》也要求实施种业国家安全审查机制，《中华人民共和国生物安全法》明确建立生物安全审查制度，《网络安全法》和《中华人民共和国数据安全法》(以下简称《数据安全法》)则分别明确了建立网络安全审查和数据安全审查制度。[①]2021年实施的《数据安全法》第2条规定，在中华人民共和国境外开展数据处理活动，损害中华人民共和国国家安全、公共利益或者公民、组织合法权益的，依法追究法律责任。同时，《数据安全法》还规定国家根据国际条约处理外国司法机构提供数据的请求，境内组织不得向外国司法机构提供境内存储数据。

此外，我国政府部门也发布了众多规范性文件，指导、监督我国企业在境外投资过程中维护我国国家安全利益。在我国现行的法律法规体系下，境内企业开展境外投资需要通过三条监管线，分别为发改部门监管、商务部门或主管金融监管部门监管、外汇管理部门外汇管理。例如，在发改部门监管中，2017年国家发展改革委员会发布了《企业境外投资管理办法》，其中第5条指出投资主体开展境外投资，不得违反我

① 刘耀华：《我国国家安全审查制度体系梳理和分析》，https://www.secrss.com/articles/39208，2023年3月20日访问。

国法律法规，不得威胁或损害我国国家利益和国家安全；2018 年，国家发展改革委员会联合外交部、商务部、中国人民银行等七部委联合发布《企业境外经营合规管理指引》，其中第 7 条对企业境外投资合规提出应当全面掌握国家安全审查等方面的要求。在商务部门或者主管金融监管部门的监管中，非金融企业由商务部门依据《境外投资管理办法》实施核准、备案管理；金融企业则由其主管金融监管部门（证监会、银保监会），分别依据其相关规定开展境外投资的核准、备案手续，例如《保险资金境外投资管理暂行办法》《保险资金境外投资管理暂行办法实施细则》《中国保监会关于调整保险资金境外投资有关政策的通知》等；对于中央企业从事境外投资，由国资委根据《中央企业境外投资监督管理办法》进行监督管理。在外汇管理中，需要遵守《境内机构境外直接投资外汇管理规定》《国家外汇管理局关于进一步简化和改进直接投资外汇管理政策的通知》等相关规定。

2023 年 2 月 17 日，中国证监会发布了《境内企业境外发行证券和上市管理试行办法》，本次境外上市新规的出台标志着境内企业境外上市走入备案制时代。对于直接在境外发行上市的境内企业，《境内企业境外发行证券和上市管理试行办法》将事前许可改为事后备案管理；对于间接在境外发行上市的境内企业，《境内企业境外发行证券和上市管理试行办法》将其统一纳入备案制进行监管。[①] 国内企业在境外提交发

① 张健等：《境内企业境外上市新规全面解读》，https://hk.lexiscn.com/law/articles-435217.html?newstype=3&expert_analysis_flag=1&act=detail&access=content_detail&keyword=5aKD5YaF5LyB5Lia5aKD5aSW5LiK5biC5paw6KeE5YWo6Z2i6Kej6K%2B7&t_kw=5aKD5YaF5LyB5Lia5aKD5aSW5LiK5biC5paw6KeE5YWo6Z2i6Kej6K%2B7&eng=0&lang=cn&prid=e34d5dcf-16fb-1726-f8dd-12681b8fd925&crid=5f43cb67-a6bc-4d4d-93d5-08100f999082，2023 年 4 月 12 日访问。

行上市申请文件前，需要通过行业主管部门审批和安全评估审查；在境外提交申请文件后的 3 个工作日内，要向中国证监会提交备案，在材料完备、符合规定后的 20 个工作日内，中国证监会办结备案，并公示备案信息。

（二）典型案例——滴滴上市案

2021 年 6 月 30 日，滴滴公司在美国纽交所挂牌。2021 年 7 月 2 日，国家互联网信息办公室（以下简称“网信办”）依法对滴滴公司启动网络安全审查，审查期间停止新用户注册，随后滴滴 APP 被下架。2022 年 6 月 2 日，滴滴公司申请纽交所退市。2022 年 7 月 21 日，网信办发布公告，认定滴滴公司违反《网络安全法》《数据安全法》和《个人信息保护法》等相关规定，危害国家安全，对滴滴公司处以人民币 80.26 亿元罚款，对滴滴公司董事长和总裁各处人民币 100 万元罚款。[①] 滴滴上市案的焦点是数据安全问题。部分互联网企业在海外投资上市的过程中会产生数据跨境流动，其中涉及国家隐私的核心数据会引发国家安全问题。美国于 2020 年 12 月 18 日颁布的《外国公司问责法案》中要求在美上市公司使用经美国公众公司会计监督委员会（PCAOB）审查的审计机构，否则将可能强制其摘牌，而在审计过程中，滴滴公司违规提供了大量未经备案的数据，涉嫌数据非法出境等问题。具体而言，由于滴滴拥有城市交通地图、用户交易数据等核心信息，网信办对滴滴公司实施网络安全审查，发现其存在前述违规行为，并最终导致了滴滴在美退

① 《国家互联网信息办公室对滴滴全球股份有限公司依法作出网络安全审查相关行政处罚的决定》，http://www.cac.gov.cn/2022-07/21/c_1660021534306352.htm，2023 年 3 月 20 日访问。

市。滴滴上市案对于其他中国企业赴海外上市有重要参考价值，这表明我国国内监管机构近些年更加重视企业境外投资产生的国家安全风险。因此，企业境外投资不仅要符合东道国的国家安全审查，也要符合投资母国国内的国家安全审查。

五、我国企业应对国家安全审查风险的合规建议

鉴于全球主要经济体越来越重视国家安全审查制度建设且对中资企业的国家安全审查呈逐渐严格的趋势，我国企业在进行跨境投资活动时，应当关注国家安全审查所带来的法律风险，做到主动合规、事前合规，以保障自身经济利益与经贸投资安全。

（一）排查自身投资领域风险，调整投资方向

由于世界各国立法普遍对“国家安全”缺乏明确定义，导致各国国家安全审查实践的灵活性和审查范围相对较大。但各国一般会在立法中明确划定强制审查或重点审查的敏感行业和领域，这为中国企业在选定投资方向时提供了参考。赴境外投资时，中国企业应重视投资策略的制定，充分掌握投资东道国的安全审查政策，排查自身经营范围和投资目标是否属于被监管的关键领域，尽量避开微电子、人工智能、生物技术和生物制造、量子计算、先进清洁能源和气候适应技术等被欧美国家认为关系到技术优势和国家安全的领域。同时，由于西方国家持续打压中国半导体行业，未来一段时间内，中资企业收购半导体芯片公司的交易可能会受阻，例如英国纽波特晶圆厂生产的晶圆虽然并非尖端科技，但因属于半导体供应链的一环，而被英国当局以国家安全为由阻止了中资

企业的收购。企业可以转向投资其他领域，比如美国外国投资委员会不限制绿地投资、航空承运投资、一般居民住房投资。另外，中国企业也可以用纯粹的财务投资人的身份收购美欧企业，既不参与公司的管理决策，也不接触该公司的敏感信息，这一类投资往往也不会被阻止。① 此外，以融资为境外上市目的的企业，可以选择在国内 A 股上市。2023 年 2 月 1 日，中国证监会发布了《关于全面实行股票发行注册制前后相关行政许可事项过渡期安排的通知》，该通知指出，我国全面实行股票发行注册制改革正式启动。过去国内 A 股由于上市较难、审核周期较长、成本较高，投资者往往青睐于境外上市。但随着 A 股逐渐向注册制改革，国内企业的上市难度相对降低，尤其是对于掌握大量数据的互联网企业，在国内上市可以在获得融资的同时降低国家安全审查的风险。

（二）设立专门机构，全程跟进审查流程

大多数中国企业侧重于对投资前的时机选择、投资方式等准备工作制定投资策略，但对于与监管机构的沟通、审查后的能动性回应关注不足。② 如果涉及某些行业的投资并购，企业应设立专门机构与东道国保持密切联系。例如，在英国的投资中，英国投资安全部可能随时向收购人发出临时命令和会议通知，需要收购方代表和相关业务人员参与。如果收购方不遵守命令或通知，投资安全部可能采取执法行动，对责任方进行罚款和起诉。因此，建议企业内部设立专门机构，全程跟进外国投

---

① 朱可亮、王杰：《浅谈拜登最新行政令扩大 CFIUS 国家安全风险审查对中资赴美的影响》，https://www.pkulaw.com/lawfirmarticles/e30e10c2342912f4c38978270828b3d5bdfb.html?way=listView，2023 年 2 月 23 日访问。

② 马骕：《美国外资安全审查下的投资壁垒与中国企业的应对策略》，载《太平洋学报》2022 年第 11 期。

资安全审查流程。该专门机构在进行跨境投资前要做充分的调查与准备工作，寻找合作的银行、律师事务所和会计师事务所，掌握东道国相关法律法规，与监管机构密切沟通，在必要的情况下，提前准备缓解协议并评估协议可行性与执行成本等。在申报过程中，该专门机构要按照东道国规定主动进行申报，即便是非强制申报的交易领域，如果认为潜在交易可能存在被监管部门主动监管和审查的风险，也应当自愿申报，否则可能因未获得必要的批准而受到民事和刑事处罚，并最终不得不取消交易。在申报后，该专门机构要负责定期向监管机构提供合规证明，组织监管机构和收购企业之间的面对面或远程会议，任命第三方技术评估员向监管机构报告合规措施等。对于监管机构的临时或最终决定，该机构可以提出更改或撤销的请求。如果条件允许的话，可以通过缓解协议的方式完成交易，避免投资交易因国家安全审查而失败。最后，如果企业无法与监管机构达成缓解协议，该专门机构可以负责通过起诉、仲裁等方式维护权利。

（三）合理分配相关风险，积极采取救济措施

中国企业如果认为交易存在被审查风险的，建议交易双方在起草时基于相关时限规定，合理分配各方责任。例如，英国投资安全部通常需要 30 个工作日才能作出决定。荷兰安世半导体公司收购英国纽波特晶圆厂案的收购周期长达 18 个月，这其中涉及与投资审查部门沟通的数个阶段。因此，应在投资前明确在不同时间段内分别由哪些主体负责及时答复投资审查部门的询问或调查，或者约定如投资未获批准由谁承担费用等相应责任。除此之外，中国企业可以在签署交易协议前添加风险负担或者不可抗力条款。除了自然灾害等常规的不可抗力原因以外，许

多商业合同还会将政府行为纳入不可抗力的范围。我国企业在制定不可抗力条款时，应当在不可抗力事由中加入遭受出口管制等情形，或者通过签署其他协议的方式，要求交易双方共同承担由上述情形引发的损失。①这一条款设置有利于中国投资者在投资中最大程度地保护自身利益，避免在交易受阻的同时承受大额损失，从而降低一部分风险。②

如果东道国监管机构作出延迟或否决交易的审查决定，我国企业也可以对东道国监管机构提起诉讼，追索该决定给企业造成的损失。例如，在 TikTok 收购案中，即使 TikTok 建立透明度中心并公开算法也未能与美国监管机构达成协议。面对这样的情况，TikTok 通过起诉美国政府的方式获得暂缓禁令是恰当的策略选择，有利于等待东道国可能的政策转向。③荷兰安世半导体公司也明确表示将在 2023 年对英国纽波特晶圆厂收购的撤销决定提出上诉，该上诉将采取司法审查程序的形式，上诉结果也会影响到中国企业未来的赴英投资行为。

（四）遵守投资母国法规，进行备案登记

企业赴境外投资，不仅要符合东道国的法律规定，也要遵守国内的《网络安全法》《数据安全法》《个人信息保护法》《境内企业境外发行证券和上市管理试行办法》等法律法规。尤其是互联网企业，其掌握的大量数据信息不仅威胁到个人隐私，还会威胁国家安全，因此企业要谨慎赴境外上市，降低在国内受到安全审查的风险。中国企业在境外上市前，

---

① 苏丽娜、张乐：《美国外资国家安全审查机制的政治异化及其法律因应》，载《国际贸易》2022 年第 3 期。

② 沈伟、田弋滢：《欧盟外商直接投资审查条例出台的背景、规则和应对》，载《海关与经贸研究》2019 年第 6 期。

③ 冯硕：《TikTok 被禁中的数据博弈与法律回应》，载《东方法学》2021 年第 1 期。

应当进行重组股改，排除法规中禁止境外上市的情形。①

新发布的《境内企业境外发行证券和上市管理试行办法》明确了关于境外发行上市过程中发行人与监管机构的备案沟通机制，备案沟通分为事前备案沟通和事中备案沟通。在提交备案材料前，企业可以就行业监管政策、备案范围等事项与备案管理部门进行沟通；在备案过程中，企业可以就补充材料要求和可能影响境外上市的新情况与备案管理部门进行沟通。在中国证监会办结备案后，才能在境外进行路演、招股和发行上市。同时，企业要聘请专业律师团队对股份代持、新增股东、员工持股计划和股权激励施行等新增重点内容进行核查。

六、本章小结

当前全球境外投资国家安全审查呈现两个重要趋势：第一，逐渐扩大审查范围、降低审查机构介入门槛。各国均未对“国家安全”作出明确定义，这也意味着各国政府对国家安全审查享有更大的自由裁量权。安全审查的目标领域已经不仅仅是传统国家安全行业，高科技、基础设施、网络安全、个人信息安全等都被纳入考量范围并受到重点关注，而这些也是我国企业近些年重点投资的领域，这将使中国企业境外投资的不确定性大大增加。第二，对外国政府控制的投资和来自中国的投资，审查愈加严格。欧美国家普遍对于中国企业逐渐增加的高科技行业投资

① 主要包括：（1）国家发展改革委、商务部印发的《市场准入负面清单》禁止上市融资的；（2）境内企业属于《国务院关于建立完善守信联合激励和失信联合惩戒制度加快推进社会诚信建设的指导意见》（国发〔2016〕33号）规定的严重失信主体的；（3）在产业政策、安全生产、行业监管等领域存在法律、行政法规和国家有关规定限制或禁止上市融资的。

并购行为十分警惕。为保护本国的尖端科技和知识产权，欧美国家直接或间接地对由外国政府控制的投资实施更严格的申报或审查机制，这会对我国国有企业境外投资产生重大影响。

国家安全审查实质上是一个政治问题。[①] 西方国家对中国高科技领域制约遏制并不断收紧国家安全审查制度，在这一背景下，中国企业对外投资的合规负担将愈发沉重。中国企业在海外投资的过程中，应当强化法律意识，充分掌握东道国和投资母国的法律规定，在企业内部建立专门机构，持续跟踪研究相关外资审查政策，评估境外投资风险，全程跟进境外投资流程。在行业选择上，美欧等发达经济体虽对关键技术等领域加大了审查力度，但对房地产、零售、医疗和教育等行业没有过多限制，中国企业可以考虑转投以上行业，合理规避敏感行业。同时，还可以适时转向大力吸引外资的发展中国家，多元化投资布局。在遭遇投资阻碍时，可以寻求与东道国监管机构沟通并达成协议的方式和解，减少经济损失。如果无法达成和解，可以通过向东道国司法机构起诉等方式维护企业的正当权益。

① 王东光：《国家安全审查：政治法律化与法律政治化》，载《中外法学》2016 年第 5 期。

第五章　国有企业对外投资合规问题研究

一、引言

对外投资是融入世界经济一体化进程的重要手段。国有企业[①]在我国对外投资的企业中占据重要地位，客观上承担了中国经济“走出去”的重要任务。当前的国际竞争主要体现为法律之争、规则之争，[②]国有企业面临的国内外合规风险日渐复杂。如在数据跨境流动领域，各国相继出台了对数据流动予以规制的法律法规；在国际税收领域，经济合作与发展组织（OECD）发布了《关于应对经济数字化税收挑战“双支柱”方案的声明》，推动国际税收新规则发展；在反补贴领域，欧美不断推动竞争中立和反补贴规则的更新。其中，2023年1月12日，欧盟《关于扭曲欧盟内部市场的外国政府补贴条例》（以下简称《外国补贴条例》）生效，对我国国有企业在欧投资提出了新的投资标准和要求，投资门槛进一步提升。因此，为实现加快建设世界一流企业的目标，提升国有企业依法合规经营管理水平势在必行。

---

① 为行文便利，如无特别说明，本文“国有企业”均指我国国有企业。

② 《国务院国资委政策法规局负责人就〈中央企业合规管理办法〉答记者问》，http://www.gov.cn/zhengce/2022-09/19/content_5710634.htm，2023年2月5日访问。

二、中国国有企业对外投资现状

根据《2021年度中国对外直接投资统计公报》，2021年我国对外直接投资流量同比增长16.3%，达到1788.2亿美元，居世界第二。①其中，非金融类直接投资同比增长13.4%，达到1520.2亿美元。截至2021年年末，中国对外非金融类直接投资存量为24848亿美元，其中国有企业占51.6%。由下图5-1可以看出，早期中国对外直接投资的模式是以国企为主，后来慢慢转变为国企和民企齐头并进，2016年国有企业重新成为对外投资的主要力量。此后民营企业对外投资比例有所增长，但是2021年国有企业对外投资的比例开始回升。以中央企业为例，截至2022年6月，中央企业海外资产近8万亿元，分布在180多个国家和地区，项目超过8000个。"十三五"期间，中央企业实现的海外营业收入超过24万亿元，利润总额接近6千亿元，对外投资收益率达到6.7%，②中央企业参与建设了众多"一带一路"沿线项目，如蒙内铁路、孔拉水电站等，取得了丰硕的成果，切实造福沿线国家经济发展。

国有企业对外投资的单笔成交价金额一般较高。例如，中国三峡集团以2.29亿欧元收购葡萄牙电力公司EDP部分股份，中国铁建以2.42亿欧元收购西班牙知名建筑公司Aldesa，中国中车株洲电力机车有限公司以4400万欧元收购德国沃斯洛摩托车，长江电力公司以35.9亿美元

① 《2021年度中国对外直接投资统计公报》，http://images.mofcom.gov.cn/fec/202211/20221118091910924.pdf，2023年2月5日访问。

② 胡吉亚：《"双循环"背景下我国国有资本布局的特征、问题及优化路径》，载《深圳大学学报（人文社会科学版）》2023年第1期。

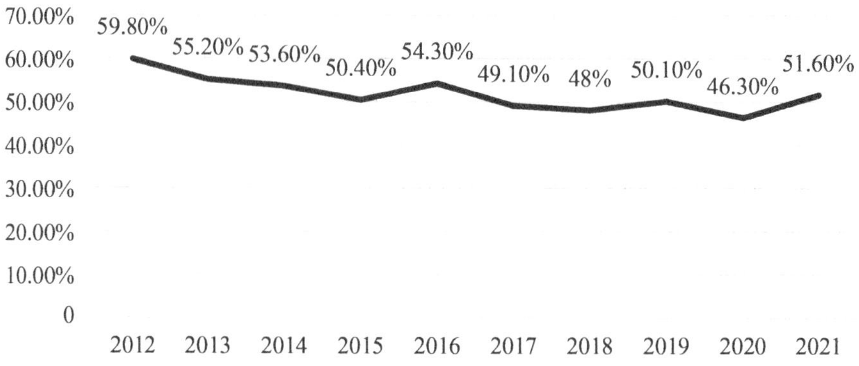

图 5-1　2012—2021 年国有企业非金融类直接投资存量占比情况①

收购秘鲁 Luz del Sur S.A.A. 配电公司 83.6% 的股权。②在投资模式上，国有企业对外投资的主要模式是跨国并购和绿地投资等，受各国外资安全审查政策等因素影响，目前国有企业在海外并购方面的投资热度有所下降。在投资领域上，国有企业对外投资主要集中在能源、基础设施和基础材料等方面。结合“一带一路”倡议、金砖国家开发银行与亚洲基础设施投资银行等新兴金融机构的成立，未来国有企业在能源、交通、电力、建筑、金融等领域的对外投资可能会进一步增多。③

综上所述，我国国有企业对外投资存在整体规模大、单笔成交价格高、投资产业敏感等特点，投资行为常引发国际社会广泛关注。国有企业作为国民经济发展的命脉，强化合规管理是实现国有企业国际化发展的必要保障，也是国有企业实现高质量发展的必然要求。④

① 图表系自制，数据来源于《2021 年度中国对外直接投资统计公报》，http://images.mofcom.gov.cn/fec/202211/20221118091910924.pdf，2023 年 2 月 5 日访问。

② 王宝成、俞峰、王晔：《我国国有企业海外投资面临的政策壁垒及应对措施研究》，载《国际贸易》2022 年第 3 期。

③ 盛思鑫、曹文炼：《中国对外直接投资情况的再评估》，载《宏观经济研究》2015 年第 4 期。

④ 李娜：《国有企业合规管理体系建设研究》，载《中国商论》2022 年第 12 期。

三、中国国有企业对外投资的相关立法与合规风险

（一）对外投资的相关立法

国有企业对外投资过程中，需要遵守投资行为所涉及的国内外各种法律、法规、行业准则以及企业内部的规章制度。

1．中国对外投资相关立法

我国国有企业对外投资相关的法律规制既有普遍性规范也有特殊性规范。普遍性规范要求国有企业在对外投资过程中应遵守一般的法律规范，与其他所有制企业同等适用一般公司立法。特殊性规范在于国有企业自身具有国有属性以及受国务院国有资产监督管理委员会（国资委）监管的特点，因此在一般公司法律规范规制基础上，还受到专门法律规范的规制。当前，我国国内针对国有企业对外投资的法律规范已成体系（参见下表 5-1）。从近年来密集出台对外投资法规政策的情况看，中国国内法对于国有企业对外投资的监管日趋严格，尤其是对中央企业的监管不断收紧。国资委关于中央企业对外投资的规定对其他国有企业参与对外投资活动具有一定的参考价值。

表 5-1　中国规范国有企业对外投资的相关立法

序号	颁布时间	颁布文件	颁布单位
1	2011 年 6 月 14 日	《中央企业境外国有产权管理暂行办法》	国务院国资委
2	2011 年 6 月 14 日	《中央企业境外国有资产监督管理暂行办法》	国务院国资委
3	2011 年 9 月 29 日	《关于加强中央企业境外国有产权管理有关工作的通知》	国务院国资委

（续表）

序号	颁布时间	颁布文件	颁布单位
4	2012年3月18日	《中央企业境外投资监督管理暂行办法》	国务院国资委
5	2014年9月6日	《境外投资管理办法》	商务部
6	2016年8月2日	《关于建立国有企业违规经营投资责任追究制度的意见》	国务院办公厅
7	2017年1月7日	《中央企业投资监督管理办法》	国务院国资委
8	2017年1月7日	《中央企业境外投资监督管理办法》	国务院国资委
9	2017年8月20日	《关于进一步引导和规范境外投资方向的指导意见》	国家发改委、商务部、人民银行、外交部
10	2017年12月26日	《企业境外投资管理办法》	国家发改委
11	2018年1月18日	《对外投资备案（核准）报告暂行办法》	商务部、人民银行、国资委、银监会、证监会、保监会、外汇局
12	2018年7月13日	《中央企业违规经营投资责任追究实施办法（试行）》	国务院国资委
13	2018年11月2日	《中央企业合规管理指引（试行）》	国务院国资委
14	2018年12月26日	《企业境外经营合规管理指引》	国家发改委、外交部、商务部、人民银行、国资委、外汇局、全国工商联
15	2019年7月26日	《对外投资备案（核准）报告实施规程》	商务部
16	2019年12月12日	《关于中央企业加强参股管理有关事项的通知》	国务院国资委
17	2020年11月20日	《关于进一步加强中央企业境外国有产权管理有关事项的通知》	国务院国资委
18	2022年8月23日	《中央企业合规管理办法》	国务院国资委

2．关于对外投资的国际条约

在国际法层面，WTO相关协定以及各种国际投资条约，如双边、区域性和多边投资条约中关于国有企业的规定，都对国有企业对外投资过程构成了约束。如《全面与进步跨太平洋伙伴关系协定》（CPTPP）中以专章形式对国有企业进行了规定。在国有企业的认定上，CPTPP从所有权、投票权、人事任免权三个方面对国有企业进行了明确定义，[①]将国有企业的认定标准明确化，从而在补贴问题上降低认定标准，增加了国有企业在反补贴等方面的合规风险。《中欧全面投资协议》增加、细化了约束国企行为的相关义务条款，强调对国企的监管不仅关注效果，还应关注国企行为。

3．东道国对外投资相关立法

在东道国境内，中国企业会面临来自环境保护、税务管理、知识产权、劳动用工等方面的合规风险。相较于民营企业，国有企业在国家安全审查法、反腐败法、竞争法、反垄断法、反倾销和反补贴法等领域会遭受更为严厉的合规审查。如欧盟于2019年3月通过了《欧盟外商投资审查条例》，又于2022年11月通过了《关于扭曲欧盟内部市场的外国政府补贴条例》，美国于2018年7月通过了《外国投资风险评估现代化法案》。

（二）具体合规风险

从国有企业对外投资具体实践来看，国有企业面临的合规风险主要

① CPTPP中第17.1条给国有企业进行了定义，如果①缔约方直接拥有超过50%的股份；②缔约方通过所有权益，可以控制超过50%的投票权；③有董事会或其他管理机构成员的任命权，主要从事商业活动的企业就可以认定为国有企业。

来源于国内法和东道国法两个方面。

1．国内法上的合规风险

在国内法上，国有企业的合规风险具体表现在以下四个方面：

第一，在投资准备阶段，法律法规明确指出国企对外投资前需要开展尽职调查，对投资项目进行可行性研究，对资产进行评估等。例如，《中央企业投资监督管理办法》第 15 条及《国务院办公厅关于建立国有企业违规经营投资责任追究制度的意见》规定，国有企业在投资之前需进行详尽全面的项目尽职调查工作，对项目可行性进行论证，对项目合规性进行调查，并制定相应的风险预测与应对策略。投资并购行为未按规定开展尽职调查，或尽职调查未进行风险分析的，存在重大疏漏的，将按法律规定予以追责。《企业国有资产法》第 36 条规定，“国家出资企业投资应当符合国家产业政策，并按照国家规定进行可行性研究；与他人交易应当公平、有偿，取得合理对价”；第 47 条规定，“国有独资企业、国有独资公司和国有资本控股公司合并、分立、改制，转让重大财产，以非货币财产对外投资，清算或者有法律、行政法规以及企业章程规定应当进行资产评估的其他情形的，应当按照规定对有关资产进行评估”，亦对国有企业投资前合规提出了明确要求。

第二，在决策阶段，必须履行内部决策程序并提交有关部门审批备案。国有企业对外投资必须明确投资决策机制，按照规定进行批准、备案等相关程序。例如，《中央企业投资监督管理办法》第 16 条规定，“中央企业应当明确投资决策机制，对投资决策实行统一管理，向下授权投资决策的企业管理层级原则上不超过两级。各级投资决策机构对投资项目做出决策，应当形成决策文件，所有参与决策的人员均应在决策文件上签字背书，所发表意见应记录存档”。《企业国有资产法》第 35

条规定，“国家出资企业发行债券、投资等事项，有关法律、行政法规规定应当报经人民政府或者人民政府有关部门、机构批准、核准或者备案的，依照其规定”。《中央企业投资监督管理办法》同时强调，审批需报送有关投资的决议、有关事项的说明、可行性研究报告、法律意见书等其他证明投资项目合理性和合规性有关文件。

表 5-2　国有企业对外投资审批、备案流程

序号	投资类型	审批、备案流程
1	国有及国有控股企业对外重大投资项目	经本级国资委审批或备案
2	重要的国有独资企业、国有独资公司、国有资本控股公司的对外重大投资事项	经本级国资委审批或备案，并依照法律和本级人民政府规定报请本级人民政府批准

第三，在实施阶段，国有企业负有明确的报告义务。《中央企业投资监督管理办法》第 19 条规定，“中央企业应当按照国资委要求，分别于每年一、二、三季度终了次月 10 日前将季度投资完成情况通过中央企业投资管理信息系统报送国资委。季度投资完成情况主要包括固定资产投资、股权投资、重大投资项目完成情况，以及需要报告的其他事项等内容”。

第四，在投资范围上，我国对国有企业境外投资实施负面清单制度，设置了禁止类和特别监管类境外投资项目。尤其是对于中央企业，设置了比一般国有企业更为严格、具体的境外投资项目负面清单。2017 年版的《中央企业境外投资项目负面清单》① 中明确规定了九类禁止类

①《中央企业投资项目负面清单（2017 年版）》，国资发规划（2017）13 号，databar.com/My_Web/Home/@PDF/ 关于印发《中央企业投资项目负面清单（2017 年版）》的通知，2023 年 2 月 5 日访问。

投资项目，如不符合经国资委审核的企业发展战略和规划的境外投资项目、单项投资额大于中央企业合并报表净资产 50% 的境外投资项目等；还规定了一类特别监管类投资项目，为投资额在 20 亿美元（含）以上的境外特别重大投资项目。

2．东道国法上的合规风险

在东道国层面，国有企业的合规风险具体表现在以下三个方面：

第一，各国国家安全审查立法。世界各国普遍对外国企业在本国的直接投资建立了国家安全审查制度。以欧盟和美国为例，欧盟于 2019 年 3 月 21 日公布了《欧洲议会及欧盟理事会建立对欧盟内外国直接投资审查框架条例》(以下简称《欧盟外资审查条例》)，在欧盟层面正式确立了外资安全审查制度。由于欧盟担忧我国国企对欧盟的大规模收购会威胁到欧盟整体的安全与公共秩序，《欧盟外资审查条例》中明确提出对受政府控制的投资者需要重点审查。美国则颁布了《外商投资风险评估现代化法案》，要求政府持有投票权达一定比例的外国投资者必须进行强制申报，并规定美国外国投资委员会每两年需要向美国国会提交一次在美外资的专题报告。该法案授权美国外国投资委员会对外资进行国家安全审查，审查期间，相关投资需要暂停或终止运行，审查范围涉及军工、能源、科技等行业。

第二，各国的反腐败反洗钱立法。在国有企业对外投资过程中，大量的投资活动需要东道国政府的审批。由于各国对腐败、商业贿赂、洗钱等法律概念的定义不同，因此在投资过程中，若没有提前进行相应的合规调查，仍可能触及这些违法领域。例如，因使用被列入东道国金融制裁名单的银行的业务可能遭遇反洗钱调查等。此外，相比于其他合规审查，反腐败反洗钱的处罚金额往往更大，调查周期更长，会对被调查公司造成严重影响。

第三，各国的经济立法。国有企业对外投资过程中，即使通过了东道国的准入许可，在项目建设和经营环节上还可能遇到东道国竞争法、反倾销法、反补贴法、反垄断法等方面的执法审查。例如，在投资准入阶段，如果国有企业无法证明自己是独立的经济实体，就无法通过投资东道国的公平竞争或是反垄断审查。在反倾销与反补贴领域，欧美等国认为国有企业享有国家所有权的特质，在投资过程中直接或间接地获得政府补贴因而在竞争中具有强大的竞争优势。因此，实践中国有企业遭受严格的反补贴与反倾销调查的概率较大。①

值得注意的是，近年来美欧不断鼓吹我国国有企业在国际市场上具有“不公平竞争”优势，并拿补贴问题做文章，成为打压中国对外经贸投资的新武器。②在过去中美经贸谈判中，国有企业补贴问题是重要的议题之一。以2006年美国商务部对原产中国的铜版纸发起反倾销和反补贴调查为起点，截至2022年，美国针对中国发起的反补贴调查一共有105起。2018年和2020年美国分别向WTO理事会提交了《中国破坏贸易的经济模式》和《市场化条件对世界贸易体系的重要性》的通信，旨在名正言顺地对中国国有企业实施贸易保护措施。③2018年3月22日，美国发布了《301调查报告》，其中100次提及中国的国有企业，④认为中国政府在税收、补贴等方面为国有企业提供了大量的优惠措

① 闫飞：《中央企业境外投资法律问题研究》，华东政法大学2020年博士学位论文。

② 徐昕：《国有企业海外投资跨境补贴的规制》，载《法学研究》2022年第5期。

③ 周牧：《欧盟对国有企业补贴的定性和量化分析——论国家援助“市场经济经营者测试”等规则的适用》，载《欧洲研究》2022年第2期。

④ Finding of the Investigation into China’s Acts, Policies, and Practices Related to Technology Transfer, Intellectual Property, and Innovation under Section 301 of the Trade Act of 1974, https://ustr.gov/sites/default/files/Section%20301%20FINAL.PDF, visited on 25 January 2023.

施，致使美国在贸易市场中受到损害，也对美国的国家安全构成严重威胁。美国众议院在《2022 年美国竞争法案》中提出，中国政府应当列明向国有企业提供补贴的清单，如果受补贴的国有企业在美国开展并购活动，中国政府必须向美国有关部门详细说明补贴情况。2022 年 10 月 19 日，美国商务部宣布对进口自中国的铁路货运车辆耦合器及其组件发起反倾销和反补贴税调查的决定，① 美国国际贸易委员会初步裁定涉案产品对美国国内产业构成了实质性损害。

欧盟对于国有企业最多的争议也是国家补贴问题。欧盟认为中国国有企业享有大量的国家补贴，在竞争中占据优势地位，扰乱了欧盟内部的公平竞争环境。2010 年至 2022 年，欧盟针对中国发起了 17 起反补贴调查。② 尤其是 2020 年，欧盟对原产于中国和埃及的玻璃纤维编织物作出的反补贴裁定，由于绕过国际通行的《补贴与反补贴措施协定》(以下简称《SCM 协定》) 认定的补贴标准，③ 对跨境财政资助采取反补贴措施而引起了广泛的关注。欧盟认为，向欧盟出口的玻璃纤维产品来源于苏伊士运河贸易区的埃及“巨石”和埃及“恒石”公司，而这两家公司的母公司为中国“巨石”和中国“恒石”，中国“巨石”和中国“恒石”的母公司为中国建材集团，中国建材集团是国有企业。经中国政府批准后，埃及“巨石”和埃及“恒石”公司才得以设立，并且埃及“巨石”

① Decision to Initiate Antidumping and Countervailing Duty Investigations of Certain Freight Rail Couplers and Parts There of from China and Mexico, https://www.trade.gov/faq/initiation-antidumping-duty-and-countervailing-duty-investigations-certain-freight-rail, visited on 25 January 2023.

② 数据来源于中国贸易救济信息网，http://cacs.mofcom.gov.cn/cacscms/view/statistics/ckajtjj，2023 年 1 月 25 日访问。

③《补贴与反补贴措施协定》规定，接受补贴者与提供补贴者应当处于同一 WTO 成员方境内。

和埃及“恒石”公司的原材料、设备、技术、管理人员等均来自中国。因此，欧盟委员会认为中国建材集团接受了中国政府的财政资助后，通过中国“巨石”向埃及“巨石”注资并维持运营，对埃及“巨石”构成间接的财政资助。① 由于中国政府和埃及政府间具有经济合作关系，因此该间接的财政资助可以视为埃及政府作出，故而判定构成补贴。以法国和德国为首的欧盟成员国一直呼吁通过立法限制享有政府补贴的企业进入欧盟市场，尤其是中国的国有企业。对此，2022 年 11 月 18 日，欧盟理事会通过了《关于扭曲欧盟内部市场的外国政府补贴条例》，该条例已于 2023 年 1 月 12 日正式生效。总之，现行针对补贴的国际法规制框架主要是《SCM 协定》，但是近年来美欧试图在 WTO 框架外制定新的国际补贴规则，以削弱国际法对其反补贴约束。如在玻璃纤维编织物案中，欧盟认为中国政府通过国有企业对国有企业的子公司进行财政资助，并将该财政资助行为视为埃及政府实施。这种将跨境财政资助认定为补贴的新举措，将大大增加未来我国国有企业的合规风险。具言之，我国国有企业不仅对自身企业投资负有高度的合规义务，国有企业的子公司的投资行为也可能归咎于母公司。

（三）国企海外投资的违规处罚风险

1．投资者母国的违规处罚风险

《中央企业合规管理办法》规定，中央企业因合规管理不到位引发违规行为的，国资委可以约谈相关企业并责成整改。造成损失或者不良影响的，国资委根据相关规定开展责任追究。中央企业应对履职过程中

① 刘琳：《欧盟委员会在“中埃—玻璃纤维编织物案”中补贴认定路径述评》，载《国际法与比较法论丛》2021 年第 1 辑。

因故意或者重大过失应当发现而未发现违规问题，或者发现违规问题存在失职渎职行为，给企业造成损失或者不良影响的单位和人员开展责任追究。①

《关于建立国有企业违规经营投资责任追究制度的意见》②规定，国有企业经营管理有关人员违反国家法律法规和企业内部管理规定，未履行或未正确履行职责致使国有资产损失以及其他严重不良后果的，应当追究责任。《中央企业违规经营投资责任追究实施办法（试行）》③规定，按照国有资产监管规章制度和企业内部管理规定等，对违反规定、未履行或未正确履行职责造成国有资产损失或其他严重不良后果的企业经营管理有关人员，严肃追究责任，实行重大决策终身问责。可以看出，前述规范都规定了根据资产损失程度、问题性质等状况，对相关责任人采取组织处理④、扣减薪酬⑤、禁入限制⑥、纪律处分⑦、移送司法机关等处理方式。

2．投资东道国的违规处罚风险

第一，违反各国国家安全审查立法。经过调查如果发现一项交易会导致国家安全的风险增加，各国往往会通过添加附加条件或要求投资者

---

①《中央企业合规管理办法》，http://www.sasac.gov.cn/n2588030/n16436141/c26018430/content.html，2023年2月2日访问。

②《国务院办公厅关于建立国有企业违规经营投资责任追究制度的意见》，http://www.gov.cn/zhengce/content/2016-08/23/content_5101590.htm，2023年2月2日访问。

③《中央企业违规经营投资责任追究实施办法（试行）》，http://www.gov.cn/xinwen/2018-07/30/content_5310550.htm，2023年2月2日访问。

④ 组织处理包括：批评教育、责令书面检查、通报批评、诫勉、停职、调离工作岗位、降职、改任非领导职务、责令辞职、免职等。

⑤ 扣减薪酬包括：扣减和追索绩效年薪或任期激励收入，终止或收回中长期激励收益，取消参加中长期激励资格等。

⑥ 禁入限制指的是五年内直至终身不得担任国有企业董事、监事、高级管理人员。

⑦ 纪律处分指的是由相应的纪检监察机关依法依规查处。

给予承诺的方式来避免对国家安全产生威胁。如果明确违反各国的国家安全审查法，各国会暂停或终止相关投资。例如，在我国国有企业对欧盟的直接投资中，多项投资由于未通过安全审查而被叫停，如 2021 年中化集团先正达公司收购维瑞森（Verisem）公司就被意大利政府否决。①

第二，违反各国反腐败反洗钱立法。对于违反反腐败反洗钱立法的行为，各国法律中均规定了相应的刑事责任与民事责任。如美国对于违反反贿赂条款的涉案公司最高可处 200 万美元的罚金，自然人可处以 10 万美元以下的罚款或最高 5 年的监禁。违反美国《反海外腐败法》的企业和个人还将被禁止与联邦政府发生业务关系。除此之外，企业还可能面临其他惩罚后果，如受到多边银行的联合禁止制裁等。部分国有企业还会因为投资过程中涉嫌腐败问题而被世界银行列入制裁“黑名单”。②

第三，违反各国经济立法。当东道国认为我国国有企业有违反竞争法、反垄断法、反倾销和反补贴等行为时，会开展反垄断、反倾销与反补贴等调查。如果调查结果显示我国国有企业违反反补贴和反倾销法，会采取反补贴与反倾销措施，如加征高额的反补贴税。例如，2020 年 12 月 21 日，欧盟委员会对原产于中国的光缆开展反补贴调查。2021 年欧盟委员会发布公告，对原产于中国的光缆作出了反补贴肯定性终裁，国有企业烽火通信集团被征收 33.7% 的反倾销税和 10.3% 的反补贴税。③

① 《遏制中国企业发展？意大利阻止先正达收购蔬菜种子生产商，先正达提起上诉》，https://cn.agropages.com/News/NewsDetail---24592.htm，2023 年 2 月 12 日访问。

② 田海：《中国国有企业海外投资中腐败防控问题研究》，载《特区经济》2022 年第 9 期。

③ Commission Implementing Regulation (EU) 2022/7, https://eur-lex.europa.eu/legal-content/EN/TXT/PDF/?uri=CELEX:32022R0072&from=EN, visited on 25 January 2023.

四、国有企业对外投资的合规建议

（一）完善国有企业治理体系

从美欧各国对中国国有企业对外投资规制实践可以看出，我国国有企业往往被界定为仍具有国家所有、受政府控制的特性。首先，必须减少国有企业对政府的依赖，使国有企业真正成为依法自主管理经营、自负盈亏的独立市场经济主体，避免东道国对国有企业补贴等关键问题上的审查认定。其次，加快推进国有企业混合所有制改革，引入民营和外资等非国有资本参与国企改革。进一步推动公司治理规则国际化，建立股权制衡的治理体系、利益与责任匹配的高管问责机制。① 最后，深化国有资本投资体制改革，完善国有企业产业政策及投资融资做法。② 加快推动国有资本投资平台组建，在运营层次通过股权多元化的股份公司实施对外投资行为。③

（二）完善合规体系建设

国有企业应当根据《企业境外经营合规管理指引》并参照《中央企业合规管理指引（试行）》和《中央企业合规管理办法》等文件依法建立和完善自身合规管理体系。首先，《中央企业合规管理指引（试行）》第 5 条规定，董事会的合规职责包括推动完善合规管理体系。④《中央企

---

① 王秋雯：《"一带一路"背景下国有企业海外投资的法律挑战与中国因应》，载《东南学术》2019 年第 4 期。

② 韩立余：《投资补贴：虚幻还是现实》，载《政法论丛》2022 年第 2 期。

③ 刘建丽：《当前国有企业对外直接投资的现状、障碍与促进措施》，载《中国经贸导刊》2017 年第 25 期。

④《中央企业合规管理指引（试行）》，http://www.sasac.gov.cn/n2588035/c9804413/content.html，2023 年 2 月 24 日访问。

业合规管理办法》第 9 条也规定了中央企业经理层拟订合规管理体系建设方案，经董事会批准后组织实施。[①] 因此，要从公司治理结构着手，明确董事会依法治企和合规管理体系建设的职责，确保企业高层统筹推进公司合规管理体系建设。[②] 其次，国有企业必须建立专业的合规组织体系，拥有完备的合规管理运行机制、合规管理保障机制和合规事件应急处理机制，保证国有企业合规管理工作的顺利进行。[③] 再次，国有企业应设立合规委员会，明确企业的合规管理战略与合规管理目标。根据《企业境外经营合规管理指引》第 11 条的规定，企业可结合实际设立合规委员会作为企业合规管理体系的最高负责机构。[④] 合规委员会与相关合规管理部门要充分发挥合规管理监督职能，对企业的合规管理水平进行评估，不断完善公司合规管理水平。最后，要建立违规问责机制。当发现企业出现违规情况，应对相关人员做好责任落实和违规处罚工作。

（三）加强企业合规意识

在企业管理层面，加强企业合规意识是国有企业规范经营最重要的一步。企业内部必须加强合规意识，建立合规文化。[⑤]

在投资前，国有企业需要充分了解国内外的各种法律法规。第一，

---

① 《中央企业管理办法》，http://www.gov.cn/zhengce/zhengceku/2022-09/19/content_5710633.htm，2023 年 2 月 24 日访问。

② 杨斌：《新形势下国有企业合规管理体系建设研究》，载《江西师范大学学报（哲学社会科学版）》2020 年第 4 期。

③ 潘颖：《国有企业投资管理中存在的问题与合规体系建设》，载《现代企业》2022 年第 9 期。

④ 《企业境外经营合规管理指引》，http://www.gov.cn/xinwen/2018-12/31/5353734/files/c75caa6935204a6b9db03e250231081e.pdf，2023 年 2 月 24 日访问。

⑤ 刘建丽：《国有企业国际化 40 年：发展历程及其制度逻辑》，载《经济与管理研究》2018 年第 10 期。

充分了解中国对外投资的相关法律法规。如在投资准备阶段，充分展开尽职调查，对投资项目进行可行性研究、对资产进行评估。在投资决策阶段，严格履行内部决策程序，按照相关规定提交有关部门审批备案。第二，重点研究投资目标国法律法规和国际规则，充分了解相关的双边条约或多边条约，准确解读目标国的法律法规和法务实践。对投资进行全面的风险评价，对可能引发的国家安全审查作出合理的分析与判断。

在投资过程中，国有企业必须全面推进合规管理。第一，加强对境外机构的监控和规范，定期排查对外经营的风险状况，重点关注重大决策、重大合同、大额资金和境外子公司治理等方面的合规风险；[①]第二，定时开展合规检查，审核在经营活动中管理者与员工的合规性，及时制止并纠正不合规的经营行为；第三，关注国内外相关法律法规的发展，重点关注东道国法律的新发展及相关实践，从中汲取经验教训，做好企业合规应对；第四，重视对员工的合规管理知识培训，在企业内部培育合规管理、合规经营的氛围。

五、本章小结

当前世界正经历百年未有之大变局，国际经济格局正在发生深刻调整，我国也处于经济发展的重要时期。国有企业作为国民经济发展的重要力量，是社会主义经济的重要支柱，在“走出去”战略和“一带一路”倡议中发挥着重要作用。目前我国政府正不断加强对国有企业对外投资活动的监管，各东道国也在对我国国有企业的国家安全、反腐败、

① 陈瑞华：《国有企业的合规管理问题》，载《中国律师》2019年第7期。

反倾销与反补贴等方面加强审查的同时，不断推进相关立法活动。各大国际组织推出了相关的合规指南，旨在对贸易领域的不合规行为予以惩戒。由此观之，加强企业合规管理已经成为国内国际共识。然而，实践中我国国有企业仍然存在合规管理制度不健全、合规意识缺乏等问题，并且也因这些问题受到了各东道国的合规审查，遭受了一定损失。我国国有企业在对外投资过程中必须重视企业合规经营，依照我国和东道国的相关法律法规做好合规工作。在推进国有企业改革的进程中，完善合规体系建设，加强企业合规意识，不断适应国内外最新合规要求，实现企业的高质量发展。

第六章　美国《反海外腐败法》及中国跨国公司反腐败刑事合规建设

一、引言

跨国公司是指分布于两个或两个以上的国家，通过一个或数个决策中心，在一个决策系统的统辖之下执行一致战略和政策，开展经营活动的企业。[①] 在全球化的现代社会，跨国公司对母国与海外员工均具有一定的影响力和控制力，在世界经济运转中发挥着重要作用，因而其实施的腐败犯罪对东道国政府的市场监管乃至全球市场秩序会造成严重破坏。随着全球化的发展，跨国企业的商业贿赂等腐败犯罪逐步渗透到了国际经贸投资的诸多领域，呈现出手段更加隐蔽、惩处更加困难、影响更加深刻等特点。如何有效治理企业腐败问题，日益成为一个国际性难题。许多国家都采取了对按要求构建起刑事合规体系的企业予以某种方式激励的治理手段。原因在于从鼓励企业预防、发现犯罪的角度出发，刑罚的威慑作用在预防企业犯罪时较弱，国家就可以通过刑事合规制度加以补充。该制度具体而言就是让企业承担其雇员所实施犯罪行为的责任，但如果该企业建立起了有效的合规计划就可以减轻责任。这种“软

① 关明凯、田慧敏：《跨国公司的债务责任承担探析》，载《当代法学》2008年第5期。

硬兼施”的组合责任制度，有利于引导企业和国家共同预防企业犯罪的发生。①

中美互为对方最重要的贸易伙伴之一，有效的反腐败治理是维护双边贸易安全、促进市场公平竞争的关键。随着中美贸易战的推进，美国经济问题政治化、泛安全化的倾向愈发明显。该过程中的一个重要议题就是美国将反腐败问题上升至国家安全层面，并逐步扩张美国打击腐败犯罪的刑事执法范围。这使得中国跨国公司面临的反腐败合规执法风险与日俱增。②不可否认的是，刑事合规作为企业建立一套预防、监测内部可能发生的犯罪为目的的内部机制的系统性行为，对跨国公司而言存在着公司其他治理手段不可替代的价值。因此，从保障中国跨国公司长期稳定开拓国际市场的目的出发，有必要对美国反腐败合规实践情况进行深入研究，帮助我国企业应对日益严峻的合规形势。

二、美国反海外腐败的规范体系及其影响

（一）美国《反海外腐败法》及其发展趋势

《反海外腐败法》（Foreign Corrupt Practice Act，FCPA）是美国打击企业海外贿赂行为最重要的法律。1972 年，美国爆发“水门事件”，由此引起了美国证券交易委员会（SEC）的大规模调查。调查报告显示，超过四百家美国企业曾在国内通过非法竞选献金、在海外通过贿赂外国官员等行为获取业务，并通过伪造财务记录掩盖其行为，贿赂款总金额

① 王良顺：《刑事合规需要澄清的基础问题》，载《政法论丛》2022 年第 6 期。

② 赵倩南、张璐：《中国企业面临的海外反腐败执法风险及反腐败合规思考》，http://www.pkulaw.cn/fulltext_form.aspx?Db=lawfirmarticles&Gid=f83ddb21345c55d1d9bab1cb666a768fbdfb&articleFbm=CLI.A.255670，2023 年 2 月 20 日访问。

达到3亿美元。1977年，为维护美国企业形象，规制美国企业海外贿赂行为，美国国会通过了FCPA。①FCPA包含了“反贿赂条款”与“会计条款”。反贿赂条款要求美国企业不得贿赂外国官员、政党、政治家或提供政治献金。会计条款则要求企业对自身财务情况进行存档记录，建立内部控制系统。②被视为违法贿赂的行为需满足五个条件：主体、腐败意图、支付（包括承诺）、接受者、商业目的。③

FCPA规定，企业如果实施了海外行贿行为，可以追究其刑事责任和民事责任。其中刑事执法工作由美国司法部负责。就刑事责任而言，公司可能被处以最高200万美元罚金。董事会成员、雇员或代理人在内的企业高管或职员则可能被判处最高10万美元罚金和5年以下监禁。④《选择性罚金法案》规定，FCPA被告如通过犯罪获得经济利益，或者给他人造成经济损失，则可以施加“不超过该总收益的两倍或总损失的两倍”的罚款。⑤因此，在美国的司法实践中，违反FCPA的企业被判处的罚金常常会高达数千万甚至数亿美元。

美国国会于1988年和1998年对FCPA进行了两次修正，其管辖范围呈现逐步扩张的趋势。FCPA的执法重心也逐步转向了重点关注非美

① U.S. Department of Justice, Information Guide of the United States Foreign Corrupt Practices Act, p.3, https://www.justice.gov/criminal /fraud/fcpa & https://www.sec.gov/spotlight /fcpa.shtml, visited on 18 January 2023.

② U.S. Department of Justice, Foreign Corrupt Practices Act (15U.S.C.§§78dd-1), https://www.justice.gov/criminal-fraud/foreign-corrupt-practices-act, visited on 18 January 2023.

③ 卢建平：《美国〈反海外腐败法〉及其启示》，载《人民检察》2006年第13期。

④ 陈瑞华：《美国〈反海外腐败法〉与刑事合规问题》，载《中国律师》2019年第2期。

⑤ The Alternative Fines Act (18 U.S.C.§3571(d)), https://www.govregs.com/uscode/expand/title18_partII_chapter227_subchapterC_section3571, visited on 18 January 2023.

国企业和个人的违法行为。早期 FCPA 针对的主要是美国企业，但这种执法方式引发了美国国内反对。批评者认为 FCPA 将美国企业置于全球竞争中的不利地位，阻碍了美国的国际贸易发展。①1988 年 FCPA 修正案新增了属地管辖原则，美国可以管辖非美国企业及个人在美国境内实施的行贿行为。之后，FCPA 的 1998 年修正案又对“美国境内”这一要素进行了扩张解释，禁止任何人在美国使用邮件或州际贸易推动对外国官员的贿赂行为。②自此 FCPA 的管辖范围不仅包括在物理层面的美国境内实施的贿赂行为，还包括直接或间接通过移动通信、电子邮件、金融服务等虚拟信息层面的工具实施的贿赂行为，非美国企业和个人实施商业贿赂的行为受到 FCPA 的规制的可能性也极大地增加了。③

2021 年 6 月，美国白宫发布了《关于将反腐败确立为美国国家安全核心利益的备忘录》，明确把反腐败确立为美国国家安全的核心利益，必要时还会向国会提出要求开展相关立法活动，并表示将与国际伙伴合作在美国境内及海外开展反腐败行动。④2021 年 12 月，美国白宫又发布了《美国反腐败战略》，宣布美国政府会将反腐败作为与国内和外交政策同等级的核心优先事项同步进行，并表明将“继续通过刑事和民事执法行动，大力执行 FCPA 和其他法规制度”，为美国司法部、证券交易委员会及联邦调查局（FBI）中

① John L. Graham, The Foreign Corrupt Practices Act: A New Perspective, 15(3) Journal of International Business Studies 107 (1984), pp.107—108.

② 杨宇冠：《美国长臂管辖的起源、扩张和应对》，载《法学杂志》2022 年第 4 期。

③ 赵骏、吕成龙：《〈反海外腐败法〉管辖权扩张的启示——兼论渐进主义视域下的中国路径》，载《浙江大学学报（人文社会科学版）》2013 年第 2 期。

④ The White House, Memorandum on Establishing the Fight Against Corruption as a Core United States National Security Interest, https://www.whitehouse.gov/briefing-room/presidential-actions/2021/06/03/memorandum-on-establishing-the-fight-against-corruption-as-a-core-united-states-national-security-interest/, visited on 21 January 2023.

的 FCPA 专职部门提供充足的业务预算和资金支持。① 尽管上述文件没有直接的法律效力，但作为政府官方声明，标志着美国对反腐败的重视上升到了一个新高度，也预示着 FCPA 的执法力度将进一步加强。

（二）美国《联邦量刑指南》对合规与量刑的规定

1987 年，美国联邦量刑委员会制定实施了《联邦量刑指南》（United States Sentencing Guidelines），当时仅适用于对自然人的量刑。1991 年，美国联邦量刑委员会发布了《联邦量刑指南》第 8 章《组织量刑》（Sentencing of Organizations）用于指导对企业等组织的量刑工作。其中第 C2.5 条将企业合规纳入了量刑考量范畴中，规定对为预防和监测企业违法行为采取了“有效的合规管理计划”的企业，可以酌情大幅度减少罚金金额。②

最新的 2004 年修改通过的《组织量刑》对企业“有效的合规管理计划”提出了七条一般性要求，包括：制定预防和侦查犯罪行为的标准和程序；管理层应了解合规计划的内容和运作方式，指派特定高层人员负责合规计划的运营；避免向不符合合规计划的个人授予实权；通过培训等方式将合规计划普及给企业员工；采取合理措施，通过例如监控和审计的方式发现犯罪行为，定期评估合规计划有效性，建立匿名举报系统；采取适当激励措施贯彻执行合规计划；发现犯罪行为后采取合理措

---

① The White House, United States Strategy on Countering Corruption, https://www.whitehouse.gov/wp-content/uploads/2021/12/United-States-Strategy-on-Countering-Corruption.pdf, visited on 21 January 2023.

② 赵卿、叶萍：《公司治理视野下治理跨国商业贿赂犯罪的合规反腐路径探析》，载《刑法论丛》2021 年第 2 期。

施并防止类似犯罪行为发生。[①]

尽管2005年在布克案中，美国联邦最高法院裁定《联邦量刑指南》不再属于强制性规范而是作为一种建议性的量刑规范，但法官在量刑时仍可以参考该项指南。[②] 对于不以犯罪为目的成立的组织，《联邦量刑指南》规定的罚金核算顺序为：首先按照罪行等级确定基准罚金，然后按照犯罪所得、犯罪造成的损失以及罪过程度确定一个罚金额，最后综合考察该组织的合规计划有效性指标等对其实际罚金进行调整。因此，当企业受到反腐败刑事诉讼时，一个有效的企业合规计划可以显著减少涉案企业在实际量刑时的罚金数额。[③]

（三）美国域外刑事司法程序

在FCPA等法案中，美国对自身管辖原则的扩张性解释和适用常被诟病为“长臂管辖”。有如前述，在FCPA的实际适用过程中，通过扩张性的普遍管辖等方式的确立，使美国在海外反腐败领域获得了范围极广的司法管辖权，不仅局限于传统的属人管辖与属地管辖。在这其中，美国的域外刑事司法程序对管辖权的扩张发挥了重要作用。以通用电气收购阿尔斯通案为例，美国域外刑事司法适用程序的逻辑一般分为以下步骤：（1）指控外国企业或个人违反美国法律；（2）向该主体所在地国提出刑事司法协助；（3）该国羁押或逮捕相关主体；（4）向该国提出引

① United States Sentencing Commission, The Federal Sentencing Guidelines, https://www.ussc.gov/guidelines/2021-guidelines-manual/annotated-2021-chapter-8#NaN, visited on 18 January 2023.

② 彭文华：《布克案后美国量刑改革的新变化及其启示》，载《法律科学》2015年第4期。

③ 李本灿：《刑事合规的制度史考察：以美国法为切入点》，载《上海政法学院学报》2021年第6期。

渡请求;(5)在美国国内提起刑事诉讼。[①] 其中的关键环节为引渡程序和美国国内的刑事诉讼程序。

引渡是指某国将在其境内发现的被请求国追捕、通缉或判刑的犯罪人，根据引渡条约或者以互相引渡为条件的约定，经过外交程序移送给请求国以便于请求国对该犯罪人进行司法审判。美国国内法采用的是“一般法形式”，通过宪法和刑事法对引渡制度进行规定。同时作为判例法国家，美国也同样通过以判例为基础的普通法对引渡制度予以规定。具体而言，美国采取的是“条约前置主义”，即必须是引渡条约上所列举犯罪的犯罪人才可以引渡，除此之外，美国缔结或加入的含有引渡条款或规定的国际条约和国际公约也可以作为引渡依据，如《联合国反腐败公约》《联合国打击跨国有组织犯罪公约》《美洲国家间引渡公约》等。[②]1945 年，美国联邦最高法院在“国际鞋业公司诉华盛顿州”案中确立了“最低限度联系”理论，“被告须与一州有某种‘最低联系’，使该州法院能够行使管辖权并不违背传统的公平与实质正义观念”。据此，FCPA 对“美国境内”采取了扩张性解释，认为只要违反 FCPA 的个人身处与美国有引渡条约的国家，美国均可以寻求引渡并提起相关刑事诉讼。

美国刑事诉讼程序分为以下几个阶段:(1)搜查逮捕阶段。对于违反反腐败等法律的跨国公司在他国的高管需要引渡;(2)审前阶段。独任法官、嫌疑人、律师进行会面，告知嫌疑人罪名、保释相关事项，还可能包含辩诉交易;(3)庭审阶段。一般先进行双方开场

---

① [法]弗雷德里克·皮耶鲁齐:《美国陷阱》，法意译，中信出版社 2019 年版，第 77—138 页。

② 黄芳:《美国引渡制度研究》，载《法律适用》2019 年第 15 期。

陈述，再由控方和辩方分别举证，最后由法庭总结陈词；（4）量刑阶段。①

（四）美国反腐败法律制度的域外影响

FCPA是世界上第一部反海外腐败法律，很多国家的立法都是在美国制度基础上进行的。例如，新加坡1993年修订的《预防腐败法》在第5、6条中将跨国行贿和受贿定义为刑事犯罪，其中包含了“任何以个人身份，或通过他人，或与他人一同”参与间接的腐败行为。1997年德国《反腐败法》中规定，不论企业及其员工的行贿行为是主动的还是被动的，不论该行为是否破坏了正常的市场竞争秩序，均可被认为是犯罪。日本1998年修订的《防止不正当竞争法》中也增设了独立的贿赂外国公职人员罪，禁止公民和企业为不当获利向外国公职人员行贿。还有英国2010年制定的《反贿赂法》第6条规定，“行贿外国公职人员罪”的犯罪主体不仅包括对外国公职人员的行贿人本身，还包括要求、同意或默许行贿的其他人。②美国反腐败法律刑事和民事双轨制的责任承担方式后续也被其他国家和地区所借鉴。例如欧洲理事会于1999年1月制定《欧盟反腐败刑法公约》将腐败犯罪定为刑事犯罪后，③又于1999年11月通过了《欧盟反腐败民法公约》，为治理腐败犯罪的问题提供了民事救济的解决思

① 王兆鹏：《美国刑事诉讼制度简介》，载《美国刑事诉讼法》（第2版），北京大学出版社2014年版，第1—15页。

② 宋伟、周磊：《反海外腐败的法律与制度：国际比较与中国方案》，载《行政管理改革》2020年第1期。

③ Council of Europe, Criminal Law Convention on Corruption, https://www.coe.int/en/web/conventions/-/council-of-europe-criminal-law-convention-on-corruption-ets-no-173-translations, visited on 8 April 2023.

路。[①] 类似的还有法国为加强打击海外贿赂，在 2012 年 10 月进行了一次执法机制改革，其中就包括允许反腐败组织提起民事诉讼请求。[②]

三、美国反海外腐败执法实践

美国的反腐败立法情况充分体现了美国对企业刑事合规机制建设的重视程度。在美国既往反腐败执法实践中，就有一些企业因为自身具备合理有效的合规运作机制成功降低乃至化解了相关的法律风险。

摩根士丹利（Morgan Stanley）因合规免于 FCPA 处罚就是一个很好的例子。2012 年，摩根士丹利驻上海代表处的总经理皮特森被指控违反 FCPA，原因是皮特森与中国国有企业永业集团之间存在不正当交易。2004 年至 2008 年，摩根士丹利与永业集团合作进行房地产投资，皮特森与时任永业集团的董事长通谋将摩根士丹利的房地产权益用作其他投资。因此皮特森被指控违反了 FCPA 规定的企业内部会计控制要求条款，最终皮特森被美国法院判处 9 个月监禁以及 3 年假释的刑事处罚、25 万美元罚款的民事处罚，并被永久禁止从事证券行业。[③] 在该案中，

---

① Council of Europe, Civil Law Convention on Corruption, https://www.coe.int/en/web/conventions/-/council-of-europe-civil-law-convention-on-corruption-ets-no-174-translations, visited on 8 April 2023.

② Statement of the OECD Working Group on Bribery on France's implementation of the Anti-Bribery Convention, http://www.oecd.org/newsroom/statement-of-the-oecd-working-group-on-bribery-on-france-s-implementation-of-the-anti-bribery-convention.htm, visited on 13 February 2023.

③ U.S. Department of Justice, Former Morgan Stanley Managing Director Pleads Guilty for Role in Evading Internal Controls Required by FCPA, https://www.justice.gov/opa/pr/former-morgan-stanley-managing-director-pleads-guilty-role-evading-internal-controls-required, visited on 8 April 2023.

摩根士丹利自身并未被提起诉讼。美国司法部的处理结果主要基于以下事实：首先，摩根士丹利的公司内控体系运作良好，可以保证其财务状况的可稽查性，能够防止公司出现对外国政府官员提供或承诺提供财产性利益的行为；其次，摩根士丹利以监管动态为指引，制定了监控公司腐败犯罪风险的公司政策，包括禁止行贿、严格审查商业娱乐、差旅餐饮、慈善捐赠等方面开支在内的多项措施；最后，摩根士丹利面向内部员工开展了充分的反腐政策宣导、反腐败法律培训。① 因此，摩根士丹利不需要为皮特森个人的违法犯罪行为承担后果。

第二个例子是瑞士著名的大型跨国企业阿西布朗勃法瑞公司（ABB）。该公司通过与美国执法机构及时沟通，多次与美国检方达成和解，并签署了暂缓起诉协议，避免了刑事处罚。② 第一次是在 2004 年，ABB 的美国和英国子公司因在尼日利亚、安哥拉和哈萨克斯坦实施了贿赂行为而受到美国调查，最终以 ABB 同意支付 1640 万美元罚款达成认罪协议；第二次则是 ABB 为获得一个电网升级合同，在 1997 年至 2005 年期间对墨西哥国家电力公司行贿，③ 以及其下属的约旦分公司为获得一份 590 万美元的订购单而在 2000 年向伊拉克政府支付回扣。④ 最终这两起案件在 2010 年以 ABB 支付 5800 万美元的条件达成和解。最近的一

① Thomas O. Gorman, Panel on China and the FCPA: Emerging Trends in FCPA Enforcement, 37 Fordham International Law Journal 1193 (2014), pp.1202—1203.

② 约瑟夫·约克奇、万方、黄石：《美国〈反海外腐败法〉的和解方案、内部结构及合规文化》，载《河南警察学院学报》2019 年第 1 期。

③ United States v. ABB INC., 10-CR-664 (S. D. Tex. Sept. 29, 2010), https://www.justice.gov/criminal-fraud/case/united-states-v-abb-inc-court-docket-number-10-cr-664, visited on 8 April 2023.

④ United States v. ABB LTD., 10-CR-665 (S. D. Tex. Sept. 29, 2010), https://www.justice.gov/criminal-fraud/case/united-states-v-abb-ltd-jordan-court-docket-number-10-cr-665, visited on 8 April 2023.

次则是在2015年，ABB为赢得南非库西勒(Kusile)发电厂控制和仪表系统的订单合同向分包商提供回扣，第三次涉嫌违反FCPA受到了美国调查，之后ABB迅速向检察机关披露了其不当行为，并采取了包括对不当行为的原因分析、对合规人员和合规监控方面投入大量资源等补救措施。2022年3月，ABB与美国司法部、南非和瑞士的检察机关以及美国证券交易委员会就该案达成了和解，以支付低于美国量刑指南罚款范围25%幅度罚款的条件避免了母公司级别的调查和诉讼。①

企业主动披露相关风险点，尽早配合调查也是一种减轻法律责任的有效做法。2016年，美国做空机构吉欧投资(Geoinvesting)在一份研究报告中称，中国首家在美国纳斯达克上市的疫苗企业科兴生物科技有限公司（以下简称科兴生物）存在贿赂问题。科兴生物随即对Geoinvesting提出的指控进行了回应，并称已经及时开展了内部调查。②Geoinvesting指出科兴生物贿赂问题来源于中国法院处理的一起贿赂案件。该案判决书中提到，科兴生物高管可能向中国国家食品药品监督管理总局一位负责药品评估的工作人员及其近亲属实施了行贿行为，总金额达50多万元人民币。③根据科兴生物的公告，科兴生物于2017年2月收到了美国证券交易委员会的执法问询和传票，要求其提供

① U.S. Department of Justice, ABB Agrees to Pay Over $315 Million to Resolve Coordinated Global Foreign Bribery Case, https://www.justice.gov/opa/pr/abb-agrees-pay-over-315-million-resolve-coordinated-global-foreign-bribery-case, visited on 8 April 2023.

② Sinovac Responds to Recent Report, https://www.sec.gov/Archives/edgar/data/1084201/000114420416141104/v455706_ex99-1.htm, visited on 15 February 2023.

③ The Geo Team, Court Documents Show CEO Bribed Chinese FDA, Buyout Offers Could Be in Jeopardy (NASDAQ:SVA), https://seekingalpha.com/article/4031922-sinovac-biotech-court-documents-show-ceo-bribed-chinese-fda-buyout-offers-be-in-jeopardy, visited on 15 February 2023.

上述问题的相关文件。2017 年 9 月，科兴生物又收到了美国司法部的问询函。①2017 年 11 月，科兴生物主动披露其有八名前任和现任销售人员涉及了某起中国疾病预防控制中心工作人员受贿案，并已扩大了内部调查的范围。② 2018 年，科兴生物宣布美国证券交易委员会 ③ 和美国司法部 ④ 均已结束了对其可能违反《联邦证券法》或 FCPA 的调查，科兴生物没有受到任何指控。因此，一套有效的应对机制有助于企业处理类似事件。企业不仅通过积极配合反腐败调查，有机会争取到暂缓起诉或不起诉处理。还可将这类风险点前置处理，在执法机构介入之前主动识别违规行为，为自身在后续执法机构或检方的反腐败调查中赢得主动地位。

四、我国跨国公司反腐败刑事合规应对建议

从近年来 FCPA 的整体执法情况来看，我国跨国公司面临 FCPA 的执法风险正日益凸显。2016 年后，FCPA 的执法案件中每年都会有涉及中国企业及个人的案例。2016 年，美国司法部和证券交易委员会共处理了 46 件 FCPA 案件，其中 24 件涉及中国企业或个人。2018 年，美国司

---

① Sinovac Biotech Announces Receipt of NASDAQ Letter and Delayed Filing of Annual Report on Form 20-F, https://www.sec.gov/Archives/edgar/data/1084201/000114420417027949/v467162_ex99-1.htm, visited on 15 February 2023.

② Sinovac Files 2016 Annual Report on Form 20-F and Reports Unaudited Fourth Quarter 2016 Financial Results, https://www.sec.gov/Archives/edgar/data/1084201/000114420417060691/tv480143_ex99-1.htm, visited on 15 February 2023.

③ SEC Concludes Investigation of Sinovac, https://www.sec.gov/Archives/edgar/data/1084201/000114420418045446/tv501368_ex99-1.htm, visited on 15 February 2023.

④ DOJ Closes Investigation of Sinovac, https://www.sec.gov/Archives/edgar/data/1084201/000114420418049587/tv502950_ex99-1.htm, visited on 15 February 2023.

法部和证券交易委员会共查处了16件违反FCPA案件，其中涉及中国企业或个人的有6件。2019年共查处FCPA案件14件，涉及中国企业或个人的有6件。2020年共查处FCPA案件12件，涉及中国的案件为2件。① 此外，美国司法部和证券交易委员会针对违反FCPA企业的罚款金额也在不断加大。例如，2017年针对11家涉案企业的罚款总额为19.2亿美元，2018年针对16家涉案企业的罚款总额就达到了28.9亿美元，2019年14家涉案企业共被罚款29亿美元，2020年则达到了最高峰，12家涉案企业罚款总金额高达64亿美元。②

美国加强FCPA执法的原因可分为外部与内部两个方面。就外部而言，美国政府正不断试图借助以FCPA为典型代表的法律，打击在特定领域比美国企业竞争力更强的中国企业，维护美国企业在全球市场的竞争力。2018年11月1日，美国司法部发布了《中国行动倡议》。该倡议明确指出执法部门在处理涉及FCPA的案件时，首先要区分涉案企业是否是中国企业，再判断中国企业是否与美国企业存在竞争关系。如果均符合要求，则提高对该企业和相关个人的执法力度。③ 此前，在美国司法部的FCPA执法政策中，从未出现过要求其执法机构针对特定国家企业开展执法活动的规定。因此在《中国行动倡议》出台后，美国执法机构针对中国企业和个人开展FCPA执法活动的数量和比例将可能进一步提升。就内部而言，我国企业过去较为熟悉的国内反商业贿赂的法律规

① 万方：《反腐败合规法律实践的规范演进与实践展开——以美国〈反海外腐败法〉为切入》，载《法治研究》2021年第4期。

② Jones Day, FCPA 2020 Year In Review, https://www.jonesday.com/zh-hans/insights/2021/01/fcpa-2020-year-in-review, visited on 25 January 2023.

③ U.S. Department of Justice, China Initiative Fact Sheet, https://www.justice.gov/opa/speech/file/1107256/download, visited on 18 January 2023.

定较 FCPA 相对模糊。跨国公司在开拓全球市场过程中，诸多经营活动会涉及美方相关经济实体或美国市场，国内外法律规定的差异很容易出现企业违反 FCPA 而不自知的情形。此外，我国跨国公司内部普遍缺乏完善的反腐败规章制度，特别是缺少制度化的财务记录、控制系统，极易违反 FCPA 的会计条款而遭受处罚。并且我国企业目前的反腐败合规意识严重不足，往往在面临制裁时才考虑构建反腐败合规计划，但采取这些事后的补救措施可能为时已晚。FCPA 调查不仅影响中国跨国公司的企业形象和声誉，还可能带来巨大的经济损失，例如处罚金、调查费用、股市成本、商业成本等，可能带来企业市值暴跌、评级下降、融资困难等一系列连带损失。[①] 为应对海外反腐败监管浪潮，跨境企业应作出以下准备。

（一）充分运用暂缓起诉与不起诉制度

对于刑事案件，美国联邦检察官掌握相当大的自由裁量权。检察官可以选择对违反包括 FCPA 在内法案的被告起诉、不起诉或与辩方达成诉辩交易。因此，当遇到调查与处罚时，我国企业应当充分解读并适当运用合规暂缓起诉与不起诉制度。

根据 1999 年美国司法部发布的《企业诉讼指南》，检察官在决定对企业起诉前应当从以下几个方面进行考量：一是犯罪行为的性质和严重程度；二是公司内部违法违规行为的普遍性；三是该公司的类似行为历史；四是公司发现犯罪行为的及时性、自觉性，以及被调查人员的配合程度；五是公司是否建立了合规计划，该合规计划是否完备；六是

① 刘岳川、胡伟：《中国企业面临的海外反腐败执法风险及其应对——以美国〈反海外腐败法〉为例》，载《探索与争鸣》2017 年第 8 期。

公司是否采取了补救措施；七是是否伴随产生了不良后果，包括给无罪股东、员工带来了损失；八是采取的补救措施是否适当。其中，上述第二、五和六项均涉及企业合规，尤其是公司是否具备合规计划、针对已有合规风险所采取的补救措施问题。[①] 同时，美国司法部作为 FCPA 的执行机构，在对企业及其人员涉嫌的腐败案件进行调查时，还有权根据《美国联邦刑事诉讼规则》《联邦起诉原则》《联邦商业组织起诉原则》对这些案件的被告人作出刑事起诉或者不起诉的决定。[②] 例如在 FCPA 执行程序中，检察官与被告及其律师可以签署中止起诉（Deferred Prosecution）协议，被告完成各项协议要求后，检察官便会根据《美国联邦刑事诉讼规则》第 48(a) 款规定向法院提议撤销案件。[③] 企业一旦受到刑事惩罚，可能会出现负责人被羁押、企业被责令停业的情况，致使企业无法继续经营甚至无法生存。因此，我国跨国公司在涉及美国的业务经营过程中如果确实涉及了腐败犯罪行为，可以摸查自身实际情况，主动与相关部门沟通，尝试争取不起诉或暂缓起诉，将企业的损失降到最低。

（二）完善反腐败合规制度和程序

企业合规体系建设不能仅停留在制度层面，还需要由不同层级的人

---

① 陈瑞华：《企业合规制度的三个维度——比较法视野下的分析》，载《比较法研究》2019 年第 3 期。

② 杨宇冠：《企业合规案件不起诉比较研究——以腐败案件为视角》，载《法学杂志》2021 年第 1 期。

③ Federal Rules of Criminal Procedure, Rule 48. Dismissal (a) By the Government. The government may, with leave of court, dismiss an indictment, information, or complaint. The government may not dismiss the prosecution during trial without the defendant's consent, https://uscode.house.gov/view.xhtml?path=/prelim@title18/title18a/node35&edition=prelim, visited on 8 April 2023.

员和程序共同构成一套可运行的实施体系。先期制定的反腐败合规制度应当有明确的自然人作为责任人来保障制度落实，经由培训和沟通过程传导到公司各个层级，并通过激励措施鼓励普通员工参与到反腐败合规中。

首先，我国的跨国公司需要确立一套完整的反腐败合规制度，包括专职组织、内部控制、执行流程、监管程序以及内部惩罚规则等内容。具体可以参照国家发展改革委员会2018年印发的《企业境外经营合规管理指引》，综合考量企业经营的业务性质、海外市场规模以及在经营全球市场中可能面临的政治风险等因素，制定相关的制度规范。例如金融业及有关行业需要考虑反洗钱及反恐怖融资政策，银行、通信、医疗等行业需要考虑数据和隐私保护政策等。跨国公司还应对目标市场腐败类犯罪特有的法律风险做完整梳理，例如东道国是否容易产生寻租空间，是否因此需要与当地政府官员进行往来，有需要地方政府官员提供政治捐款，签约过程中的物料、娱乐等支出是否合理等。

其次，我国跨国公司的反腐败合规义务主体须进一步落实到个人层面。犯罪行为的具体实施人一定是自然人，企业合规制度规定更明确的自然人责任制有助于规范贿赂行为实施主体的职责。[①] 跨国公司的商业机密、战略规划等重要信息一般由董事、高管来掌握，一些重要的商业活动也由这些公司高层代表公司与合作对象、政府部门的工作人员洽谈，所以落实公司高层责任十分必要。根据我国刑法，企业和员工都可以作为实施腐败犯罪行为的主体，但是我国跨国公司可能会将管理中行政首长负责制的责任模式或决策习惯带到海外市场开拓过程中，导致反

① 奚玮：《论企业合规刑事化试点中的检察监督》，载《政法论丛》2022年第1期。

腐败合规工作在公司基层业务中被忽视或被形式化。而业务过程中的具体工作一般都是经由经理层或基层管理者指挥完成，公司日常的经营活动组织也是由这些人负责。因此，我国跨国公司的企业合规制度应当具体到一线部门责任人，要求其在职责范围内承担反腐败合规的义务。

再次，合规制度只有经过持续培训和沟通方可发挥作用。对我国跨国公司而言，组织培训的方式可以多样化。为确保培训的有效性，不应只重视汉语的合规培训，还应使用当地语言为参加培训的海外员工提供课程内容。参加培训的员工应当覆盖企业的各个层级，包括董事、高管、基层员工，对渠道类业务还应当对代理商这一层级进行传导。

最后，企业应搭建起良好的反腐败合规激励机制，包括岗位晋升、待遇提升等方式。对企业内部专职负责合规板块的组织还可以根据其合规措施改进工作情况、合规培训覆盖情况设置相应的奖励。只有全公司各层级充分参与，提高违法犯罪的风险成本，才能充分发挥合规机制对违规者以及潜在违规者的威慑作用。

（三）关注事前合规和事后合规

合理的刑事合规体系既要关注事前合规，也要关注事后合规。事前合规和事后合规的作用机制以及合规有效性并不相同。企业在刑事司法程序中做出合规整改承诺时，司法机关不但需要企业立刻终止当前犯罪行为，还需要企业做出有针对性的制度改进和漏洞堵塞，预防再次发生新的类似犯罪。[①] 事前合规是指涉案企业在犯罪行为发生前已经建立合

① 陈瑞华：《对“有效合规计划”的反思》，载《民主与法制》2021 年第 4 期。

规管理体系，它往往能够为企业带来责任切割或罪责减免的激励效果。事后合规则侧重于未来对既有合规计划的不断更新，改正企业制度中存在或新出现的问题，在剖析犯罪成因的基础上做出针对性的制度修复。一个有效的合规计划必须包含合规管理体系的基本构成要素，充当这方面管理体系有效性评估的主要依据，制度修复则是对有效性的长期保证。二者相辅相成，缺一不可。

合规计划的有效性可以参考美国司法部《司法手册》中针对有效合规计划提出的三个问题。在设计阶段，企业合规计划的设计是否良好；在执行阶段，企业合规计划能否得到贯彻执行；在效果检验阶段，企业合规计划在现实中是否发挥作用。①2019 年 4 月，美国司法部刑事部发布的《企业合规计划评价》又在上述合规计划设计、执行、效果三阶段论的基础上，进一步阐述了三阶段有效性的考察方式。一是公司是否有一个设计良好的书面合规计划作为合规计划有效性的基础条件；二是合规计划是否在公司内部得到严格执行和有效落实；三是是否存在着违规行为的有效识别、纠正和报告机制。②在合规计划设计阶段，检察官重点审核的是合规计划的全面性，包括风险评估、政策和程序、培训和沟通、合规举报和调查程序、第三方管理、并购管理六大要素；在合规计划执行阶段，检察官重点审核合规计划的去纸面化，包括中高管理层承诺、充分的职能和资源保障、合规奖励和惩戒机制三大要素；在合规计划效果阶段，检察官重点审核合规计划

① U.S. Department of Justice, The Unites States Justice Manual, https://www.justice.gov/jm/title-9-criminal, visited on 1 February 2023.

② U.S. Department of Justice Criminal Division, Evaluation of Corporate Compliance Programs, https://www.justice.gov/criminal-fraud/page/file/937501/download, visited on 1 February 2023.

发挥持续预防和应对违法行为发生的实际效果，包括持续改进、定期测试和审查，违法行为调查，分析和纠正潜在违法行为三大要素。美国司法部的有效合规计划三阶段论为合规整改全流程提供了较为全面的有效性评估要素，对我国跨国公司的合规计划构建也具有借鉴作用。

制度修复工作可以从两个角度出发实施。为预防涉案风险点之外的腐败犯罪，对于各项可能存在致罪倾向的瑕疵业务模式和管理模式应当开展彻底自查和调整；为制裁涉案风险点的内部成因，就需要对因客观原因致使企业产生违法商业贿赂行为的业务结构或病态组织架构采取果断地切割手段，包括终止、重组相关业务和解散、辞退相关组织。例如，将目标市场地方政府腐败问题的严重程度作为业务开展计划的评估指标之一；规范市场营销管理，取缔回扣和返点等商业贿赂性质的市场推广方式，处理商业贿赂违规责任人，根据情节程度采取调岗、调级、降薪、开除、移交司法机关等措施；充分发挥董事会作用，确保董事会完整行使公司经营决策权，以监督经理层的日常工作；立即停止原先高度依赖商业贿赂才能维持的业务模式，及时开拓替代业务止损。① 这些工作的执行对企业的财务管控制度、公司治理结构、企业决策能力都存在着一定要求。但一旦完成改造后，企业就可以确保其商业模式和公司架构的合法性和可行性，实现长期平稳运营、持续盈利，极大地降低企业再次出现腐败犯罪行为的可能性。

① 刘艳红：《涉案企业合规建设的有效性标准研究——以刑事涉案企业合规的犯罪预防为视角》，载《东方法学》2022年第4期。

五、本章小结

在日益走向规范化的反商业贿赂全球治理下，跨国公司出现任何形式的腐败犯罪都将使自身利益遭受损失，随时可能被不同主体追究法律责任。在过去四十多年间，美国对反腐败法律制度经过数次重大修订和大量执法实践，逐步形成了一套相对稳定的法律体系。在美国逐渐加大针对中国企业执法力度的趋势下，我国跨国公司若遇及调查，需要第一时间在综合认定案件事实的基础上，判断美国执法机关是否可能针对自身“过度”执法，导致企业承受不合理、不公平的合规压力。如果不存在违法行为，或者企业员工未涉及违法犯罪行为却受到调查，应用尽司法程序维护自身权益。随着我国“走出去”和“一带一路”倡议的进一步实施，中国跨国企业将不可避免地与在美国上市的能源、通信或其他领域的他国跨国公司产生商业往来，一旦实施海外贿赂，无疑会面临美国执法机关的调查。因此一旦企业出现了违法犯罪事实，则应主动配合调查，合理运用暂缓起诉或不起诉的法定事由，控制损失程度。企业应当构建一套全面覆盖业务流程的反腐败合规体系，尤其要关注合规体系运行的有效性，尽早发现腐败犯罪风险并提前整改，避免因受到监管处罚给企业造成严重的法律后果和经济损失。这套体系也更有利于企业实现自身规范经营，预防企业进一步承担声誉损失等隐性成本，最终帮助企业构建一套更加合理的公司治理机制。

第七章　美国《反海外腐败法》与中国企业反腐合规体系建设

一、西门子跨国商业贿赂案件

西门子公司创立于1847年，是享誉全球的跨国商业巨头之一。2006年11月，德国警方对西门子公司的一次突袭检查拉开了西门子贿赂案的序幕。检察机关调查发现西门子公司的某一可疑账户经常将数百万欧元资金通过慕尼黑银行转往非洲、迪拜、维尔京群岛等多地账户，最终收款人往往是政府官员或是有政府背景的高级官员。由于西门子公司同时在美国华尔街上市，贿赂案件披露后，美国司法部（DOJ）与证券交易委员会（SEC）也介入了调查。

美国证交会调查指出，西门子公司从20世纪90年代起，通过向政府官员进行商业贿赂在全球范围内开展业务，涉及委内瑞拉、以色列、尼日利亚、阿根廷、越南、俄罗斯、墨西哥等国。西门子为签订商业合同，至少向第三方支付了4283笔贿赂金，合计约14亿美元，获取非法利润超过11亿美元，涉及国家城市铁路、国家移动电话系统、医院医疗系统等多个领域。① 这些贿赂资金在西门子的正式文件中通常被称作

① SECC Harges Siemens AG for Engaging in Worldwide Bribery, https://www.sec.gov/news/press/2008/2008-294.htm, visited on 11 January 2023.

“宣传费用”或是“甜蜜的许诺”。随后，美国证交会依据《萨班斯—奥克斯利法案》(Sarbanes-Oxley Act) 对西门子公司提起民事诉讼。美国司法部则提起刑事起诉，指控西门子及其三家子公司的贿赂行为违反美国1998年通过的《反海外腐败法》(Foreign Corrupt Practices Act，FCPA)。西门子商业贿赂事件在华涉及三家子公司，分别涉及电力、交通和医疗行业。①

（一）西门子与美国和德国的执法部门达成和解协议

西门子公司为了避免更大的损失，于2008年12月与美国和德国的执法部门达成了和解协议。最终分别向美国司法部、美国证交会和德国检察机关支付了4.5亿美元、3.5亿美元及3.95亿欧元的罚金，以约16亿美元的代价换取了刑事和民事指控的撤销。② 至此，西门子公司在短短18个月内了结贿赂案件。西门子公司与美国司法部达成的和解协议中，包含一项为期四年的合规整改条款，要求西门子同意设立合规检察官监督合规计划的实施并向美国司法部报告工作。③

（二）西门子与世界银行达成和解协议

世界银行的制裁范围包括欺诈行为、腐败行为、共谋行为、胁迫行为和妨碍行为五种。任何与世界银行资助资金有关的项目，无论是直接或间接资助都适用于该制裁体系，必须接受世界银行的监管。因此，西门子的“腐败行为”无疑受世界银行的制裁体系约束。2007年，西门

① 《西门子证实在中国行贿》，载《软件工程师》2009年第1期。

②③ SECC Harges Siemens AG for Engaging in Worldwide Bribery, https://www.sec.gov/news/press/2008/2008-294.htm, visited on 11 January 2023.

子主动将其俄罗斯分公司在世界银行项目中行贿的具体情况向世界银行汇报。最终西门子与世界银行达成和解协议，承诺向世界银行支付1亿美元用于开展反腐败活动，同时两年内不得参与世界银行任何项目的投标。①

二、西门子合规体系建设

西门子商业贿赂事件发生后，公司迅速做出回应，包括监事会主席和首席执行官在内的20余位高级管理人员相继辞职，约200名经理被开除。在撤换高层领导的同时，西门子公司花费20亿欧元重新组建了合规团队，在全球范围内拥有超过600名专职合规人员。如今，西门子凭借庞大的合规重建工作浴火重生，建立了相当成熟的合规管理体系，树立了透明和廉洁业务的标杆。《西门子商业行为准则》、合规人才团队建设，以及以管理层职责为核心的防范、监察与应对三大制度板块内容构建了西门子合规体系建设与合规执行的中枢，为西门子的合规商业实践提供了全方位规范指引与组织保障。

（一）建立《西门子商业行为准则》等规章制度②

《西门子商业行为准则》全面规定了公司为顺利开展商业活动所需

① Siemens to Pay $100 Million to Fight Fraud and Corruption as Part of World Bank Group Settlement, https://www.worldbank.org/en/news/press-release/2009/07/02/siemens-pay-million-fight-fraud-corruption-part-world-bank-group-settlement, visited on 20 January 2023.

② 《西门子商业行为准则》, https://assets.new.siemens.com/siemens/assets/api/uuid:228cac66-0736-4d90-96e7-17c089b062e6/siemens-mercial-behavier-rules-v12-190314.pdf, 2023年1月11日访问。

要遵守的道德与法律法规，包含企业价值观、企业基本原则、企业责任与合规举报流程四个主要部分，涵盖了反贿赂、反垄断、数据保护等多个领域，适用于全球范围内的西门子公司及其附属公司的所有员工，构建了西门子所有内部规章制度和西门子合规体系的基础。

企业价值观方面，西门子主张公平竞争，强调公司反对一切形式的腐败和贿赂，在通融费、礼品和款待、赞助和捐款、政治参与、支付差旅费用、应付款和雇用第三方参与业务等方面做出了标准化的要求。

供应链管理方面，西门子根据联合国全球契约和国际劳工组织原则等内容制定了《西门子供应商和第三方中间人行为准则》[1]，反映了《西门子商业行为准则》的基本内容。西门子对供应商进行合规风险评估，定义了“高风险实体”“高风险付款”等核心概念，对合同签署、供应商资料审查和付款等环节规定了明确的合规审查要求，以保证与第三方的商业合作关系可持续发展。

（二）合规团队与合规执行保障体系

西门子构建了一套完备的、自上而下的合规执行保障体系。首先，西门子的合规工作由首席合规官领导，首席合规官负责对合规事项的总体把控和问责，并向公司管理委员会、执行委员会和审计委员会报告合规工作情况。其次，西门子在各个集团和80多个地区公司中，设立了集团合规官或地区合规官，形成了一个全球性的庞大的合规组织。这些合规官负责各自区域内的合规计划和执行合规工作事项，并向西门子首

① 《西门子供应商和第三方中间人行为准则》, https://w2.siemens.com.cn/download/compliance/Code%20of%20Conduct%20Brochure_201509_Cn.pdf?ste_sid=5e737f02b9561fd6ef6151c0c33bef52, 2023年1月11日访问。

席合规官汇报工作情况。同时，合规官按照合规计划定期培训员工，并要求员工做出遵守《商业行为准则》的书面承诺。最后，西门子还在总部设立了合规办公室，办公室成员由专家、律师组成，由首席合规官领导。合规办公室成员除了负责处理公司所有合规相关的法律问题，还负责公司内部的所有刑事以及行政案件的调查工作，全方位保护公司的利益。

在业务控制管理方面，西门子要求各公司经理对职责范围内的项目进行随机检查，确保其未出现违法情况。在审计方面，审计人员定期检查合规计划是否在各集团和各公司得到了执行。在投诉处理层面，西门子根据《萨班斯—奥克斯利法案》第301条的规定制定了投诉程序，同时授权特派调查官调查处理合规投诉问题。①

（三）三大制度板块：防范、监察与应对

防范板块，是针对域内的合规风险所采取的预防性措施。②防范板块包括六个部分：合规风险管理、政策和流程、培训和沟通、建议和支持、与人事流程相结合及联合行动。③首先，“合规风险管理”是企业运转的核心，合规审查委员会要求在业务过程中及时确认并规避风险；其次，“政策和流程”规定了西门子反腐败合规人员的配置，细化了从决策层到执行层每一位员工的职责，要求每一位员工都应当认可并执

① 《萨班斯—奥克斯利法案》第301条要求上市公司必须设立由独立董事组成的审计委员会，负责建立对有关会计和审计事项匿名、秘密投诉的处理程序，以避免公司管理层的不当干预。

② 陈瑞华：《西门子合规体系》，载《中国律师》2019年第6期。

③ Siemens China Compliance, https://assets.new.siemens.com/siemens/assets/api/uuid:543ceebe-6ad6-4476-8143-29cd82ba023d/compliance-system-2019.pdf, visited on 21 Janauary 2023.

行合规政策；再次，通过定期的“培训和沟通”，确保每一位员工了解合规制度和政策要求，传达公司对违法行为的态度；最后，“建议和支持”允许企业员工询问合规过程中的问题，从而形成西门子的企业合规文化。

监察板块，指的是管理人员对业务活动进行监督检查，确保无违规情形出现。监察体系包含五部分内容：举报渠道、合规控制、监督和合规审查、合规审计及合规调查。① 首先，西门子成立了全天候、多语言的合规工作平台“Tell Us”来受理各种不合规行为的举报信息。受理举报后，公司审计人员将核实并进一步做出处理。同时，投诉者的个人信息受到严格保密。其次，通过审计定期或者不定期检查合规体系的执行情况，及时发现违规问题。最后，要求首席合规官、审计委员会和业务部门相互配合，确保各项合规工作良好运作。

应对板块，主要指违法行为发生后，公司采取的应对方式，其中包括处罚违法行为、整改及全球案例追踪。② 首先，西门子对违反法律法规的员工规定了惩戒方式，惩戒前要对案件的全部事实予以评估；其次，违规行为在受到举报和内部处罚后，涉案部门和人员要进行补救和整改；最后，西门子的合规组织要跟踪处理西门子集团全球范围内的违规案例，确保每一个案例都已根据公司制度及法律法规得到了处理。

（四）其他合规举措：廉洁行动项目

西门子同时于 2009 年启动廉洁行动项目，该项目是西门子公司因

①② 《西门子商业行为准则》, https://assets.new.siemens.com/siemens/assets/api/uuid:228cac66-0736-4d90-96e7-17c089b062e6/siemens-mercial-behavier-rules-v12-190314.pdf, 2023 年 1 月 11 日访问。

商业贿赂案件与世界银行达成的和解协议内容的一部分。西门子承诺在未来15年内拿出1亿美元资金，通过联合行动、培训和教育，支持企业和项目反腐败、反欺诈。①世界银行对这些资金的使用有审计权，并对向何团体或计划发放资金具有决定权。该项目的重点是支持对商业环境有明显影响、可衡量结果、具备扩展和复制潜力的廉洁促进项目，并且西门子公司认为这些项目会对其从事的业务领域和开展业务的所在国家产生影响。项目主题包括联合行动与教育培训，联合行动致力于提高合规标准，通过建立联盟来提高公众的合规意识；教育与培训致力于营造廉洁文化、促进机构与各方的知识共享。

通过合规体系构建，西门子公司形成了其独有的企业文化与企业责任。在企业文化方面，西门子强调只有清廉的业务才是西门子的业务，对于任何不合规的行为西门子采取零容忍的态度。在企业责任方面，西门子要求管理者和监事会密切关注股东利益、透明度与自身责任，对非法行为绝不姑息。

三、西门子案背后的FCPA适用与合规监管

美国《反海外腐败法》（FCPA）出台于1977年，经历了1988年、1994年和1998年三次修订，执法部门为美国证交会和司法部。FCPA作为美国反海外腐败的法律工具，旨在限制美国公司和个人贿赂国外政府官员或国际公共组织官员的行为。②FCPA出台至今不断发展更新，如

① Siemens Integrity Initiative, https://new.siemens.com/global/en/company/sustainability/compliance/collective-action.html#, visited on 11 Janauary 2023.

② 卢建平、张旭辉：《美国〈反海外腐败法〉对中国治理商业贿赂的启示》，载《北京师范大学学报（社会科学版）》2007年第2期。

今已成为美国实施经济制裁的重要手段之一。2008 年，美国司法部对西门子商业贿赂案件的处罚创下了 FCPA 执法历史上的“罚金之最”，体现出 FCPA 执法对企业合规的监管要求。

（一）FCPA 下的反腐败执法情况

1. FCPA 下的反腐败执法范围：域外扩张

FCPA 执法兼采属人和属地管辖原则，具体包括美国国内实体、发行人及美国境内的外国个人与企业。任何在美国上市的外国公司及其股东、董事、雇员和代理人都被纳入了 FCPA 的管辖范围之中。[①]FCPA 自出台以来就具有天然的域外管辖属性，跨国经贸企业一旦与美国有贸易往来就可能受到该法的影响。

同时，FCPA 执法部门通过“共谋理论”和“代理理论”扩大了 FCPA 的域外管辖权。“共谋理论”是指无论外国实体或者个人是否进入美国境内，只要其中一名共谋者协助或教唆美国国内实体和发行人实施海外贿赂，FCPA 就对共谋者享有司法管辖权。[②]“共谋”（conspiracy）在美国法律中是一项单独的罪名，执法部门可对该罪进行直接指控。通过共谋理论的适用，企业或个人可能因商业伙伴等第三方原因面临腐败指控，FCPA 执法管辖范围借此进一步扩大。例如在“美国诉霍斯金斯案”[③]中，检方认为霍斯金斯虽是外国人且并未在涉案期间进入美国境内，但其参与向第三方顾问支付款项贿赂政府官员事宜，因此通过共谋

①② U.S. Department of Justice: Foreign Corrupt Practices Act of 1977(Chinese Translation), http://www.justice.gov/criminal/fraud/fcpa/docs/fcpa-chinese.pdf,78dd-2(h)(1), visited on 11 January 2023.

③ United States v. Hoskins, No.3:12-cr-00238-JBA-3, https://fcpa.stanford.edu/enforcement-action.html?id=474, visited on 11 January 2023.

理论起诉了霍斯金斯。“代理理论”是FCPA域外管辖权扩张的另一重要理论基础。“代理理论”是指如果一个人是美国国内实体或发行人的代理人，无论其是美国人还是外国人，也不论其行为发生在美国还是国外，都可以受FCPA的管辖。① 在美国FCPA执法实践中，不管母公司对其子公司的违法行为是否知情，由于子公司构成母公司的“代理人”，因此，母公司或子公司一方被纳入FCPA管辖范围中，另一方自然也落入管辖范围。

综上，一旦企业存在与美国相关联的海外运营业务，需要特别关注是否因美国的域外管辖而处于FCPA的管辖范围之内。

2. FCPA下的反腐败执法趋势：关注效率与个人责任

首先，FCPA执法呈快速增长趋势。主要原因是暂缓起诉协议（DPA）和不起诉协议（NPA）的适用。美国是最早使用NPA和DPA等刑事诉讼程序分流促进企业合规的国家，执法部门会根据企业认错程度、合规程序有效性建设等方面适用DPA或NPA。② 在DPA或NPA协议约定的期限内，只要企业按时缴纳罚金且制定的合规计划通过联邦司法部的审核，检察官就不再对其提起公诉。③ 企业建立有效的合规计划一定程度上替代了刑事处罚。同时，通过DPA和NPA的适用，执法部门不需要达到很高的刑事证明标准就能给企业定罪，定罪量刑极具效率。其次，FCPA执法逐渐加大对个人的指控和处罚。2017年，FCPA执法部门强调，在企业犯罪的腐败案件中，要追究不法行为的个人责

① U.S. Department of Justice: Foreign Corrupt Practices Act of 1977(Chinese Translation), http://www.justice.gov/criminal/fraud/fcpa/docs/fcpa-chinese.pdf,78dd-2(h)(1), visited on 11 January 2023.

② 李玉华：《我国企业合规的刑事诉讼激励》，载《比较法研究》2020年第1期。

③ 陈瑞华：《美国〈反海外腐败法〉与刑事合规问题》，载《中国律师》2019年第2期。

任，这成为FCPA执法工作的重中之重。美国司法部公布的官方数据显示，近5年的个人指控案件比先前几乎增加了一倍。① 最后，FCPA逐渐成为美国潜在经济制裁的工具。② 美国通过FCPA执法打压发展中国家、遏制腐败问题的同时也限制了投资。

（二）FCPA反腐败合规监管机制

FCPA并没有为企业提供一套统一的、可供执行的合规模版，司法部在执法过程中通常要求企业根据其自身的运行模式与风险点量身定做企业反腐败合规体系，在实践运行中逐渐形成并确立了企业通过合规计划得到量刑奖励的政策和标准。同时，企业反腐败合规体系的建立也扩大了FCPA的影响力。③

1．鼓励企业自我披露、主动配合

早期依据FCPA进行的执法活动面临取证难、调查难的问题。自2000年以来，FCPA执法部门采取了全新的合作监管机制，通过奖励与惩罚并存的激励方式，鼓励企业主动进行内部调查和报告披露。④ 同时，执法部门会根据企业做出的努力公开量化奖励，采取不起诉、减轻处罚、和解或是免于罚金的方式激励企业自我调查、主动检举、主动配合执法人员工作。若企业不配合或是不采取内部调查措施，企业高管将面

① U.S. Department of Justice, Fraud Section Year in Review, https://www.justice.gov/criminal-fraud, visited on 11 January 2023.

② Andrew B. Spalding, Unwitting Sanctions: Understanding Anti-Bribery Legislation as Economic Sanctions Against Emerging Market, 62 Florida Law Review 351 (2010).

③ 赵卿、叶萍：《公司治理视野下治理跨国商业贿赂犯罪的合规反腐路径探析》，载《刑法论丛》2021年第2期。

④ U.S. Department of Justice, A Resource Guide to the U.S. Foreign Corrupt Practices Act, https://www.justice.gov/sites/default/files/criminal-fraud/legacy/2015/01/16/guide.pdf, visited on 18 January 2023.

临更高的个人风险。此种合作机制很大程度上解决了执法部门取证困难的问题，用较低的成本获取了良好的执法效益。

西门子贿赂案中，美国执法部门并未付出高昂的执法成本调查贿赂案件，而是西门子花费重金聘请美国德普律师事务所（Debevoise & Plimption）进行了长达两年的内部独立调查。① 随后，德普律师事务所主动将调查中发现西门子行贿 14 亿美金的事实汇报给执法机关。西门子的内部调查共评估了 5000 多份咨询协议，检查了 1000 万份银行记录、1 亿份文件、1.27 亿次交易，约 300 多名员工在不同程度上协助参与了调查。②

此后的 FCPA 涉案企业大多效仿西门子公司的做法，主动进行内部调查并向执法部门提交调查结果和有关证据，从而获得执法部门的合作奖励。2016 年 4 月，司法部更是推行了 FCPA 试点计划（Pilot Program），鼓励企业自我披露非法行为，及时采取合规补救措施，获取减刑或是相应的罚金减免。③ 现如今，FCPA 约 44% 的案件都源自于企业的自我检举。④ 可见，执法部门采取的这一合作监管机制成为 FCPA 能够成功执法的关键。

2．要求企业建立有效的合规制度

在反腐败问题上，FCPA 执法部门意识到惩罚并非企业生存的长久之道，而是要让企业主动意识到合规是企业运行过程中必不可少的组成

① 陈瑞华：《西门子合规体系》，载《中国律师》2019 年第 6 期。

② United States District Court for the District of Columbia, Department's Sentencing Memorandum, 12 December 2008, https//www.justice.gov/sites/default/files/opa/legacy/2008/12/19/siemens-sentencing-memo.pdf, visited on 11 January 2023.

③ FCPA Corporate Enforcement Policy, https://www.justice.gov/criminal-fraud/file/838416/download, visited on 11 January 2023.

④ 叶海波：《反海外腐败合规实践指引》，法律出版社 2021 年版，第 59 页。

部分。因而，企业涉案后执法部门要求其建立有效的企业合规制度，避免同一企业的子公司、关联公司或其员工在将来因同一问题受到制裁和处罚。在西门子贿赂案中，美国司法部要求西门子进行了为期四年的合规整改并报告，以此督促企业建立行之有效的合规制度。

2017 年，美国司法部发布了《企业合规程序评估》，[①] 而后于 2019 年和 2020 年进行了两次更新，要求企业建立合规体系并进行合规有效性评估。根据该文件，公司在评估合规有效性问题上，需要满足三个条件：一是企业合规程序是否设计有方，二是企业合规程序是否有效地落到实处，三是企业合规程序是否在实践中真正发挥作用。同样，美国证交会执法部门下设了专门小组，负责宣传提升企业反腐败意识并推广公司合规治理制度。企业受到 FCPA 处罚不代表事件的结束，企业仍需遵守合规承诺，按照执法部门的要求建立合规制度，避免二次受罚。

3．要求企业进行辐射型合规管理

FCPA 执法部门采取辐射型、激进式的执法方式，单个调查往往会牵扯出一系列的关联企业、上下游企业等。除了 FCPA 反贿赂条款和会计条款中有涉及对第三方合规管控的要求，FCPA 执法实践中大部分案件都缺乏对第三方的合规管控。因此，FCPA 除了要求企业建立内部的反腐败合规，还要求企业以点带面，将第三方中介、供应商、经销商等纳入到合规管理体系中，带动第三方进行合规管理。西门子在合规整改过程中，制定了《供应商和第三方中间人行为准则》，向第三方提出了一系列合规管理要求，设立举报渠道监督第三方的不当行为，以确保其

① Evaluation of Corporate Compliance Programs, https://iirm.unc.edu/wp-content/uploads/sites/1121/2021/03/evaluation-of-corporate-compliance-programs.pdf, visited on 11 January 2023.

供应链的可持续发展。

四、FCPA 下中国企业反腐败合规体系构建

伴随着经济全球化，越来越多的中国企业在“走出去”的过程中，不可避免地会遭遇美国 FCPA 监管下的企业反腐败合规问题。近年来，美国在以海外反腐败为突破口，进而推进其“美国再次领导世界”的外交策略的过程中①，中国企业和个人逐渐成为 FCPA 反腐败执法的热点对象。自 2008 年到 2019 年，FCPA 执法案件共计 172 起，其中涉及中国企业和个人的案件达到了 59 起。②中国企业或个人涉案后将面临刑事责任和民事责任。刑事责任包括罚金和监禁，民事责任包括罚款以及其他各类处罚，如禁止参与政府合同采购、限制出口权、禁止股票交易等。但当前我国企业构建、实施反腐败合规体系的动力严重不足。③企业需认识到，合规并非只是被动回应当地监管机构的反腐败法律法规的要求，更是在新的价值观引导下确立现代公司的治理方式。④

（一）中国企业与个人的 FCPA 执法应对措施

对于面临反腐败执法的涉案企业和个人。首先，应当积极应对，配合 FCPA 执法部门的工作。根据 FCPA 执法部门所采取的合作机制，如果企业涉案后能采取自我调查、自我披露和及时补救的方式，可以获取

① 唐睿：《美国海外反腐新趋向及其霸权逻辑》，载《人民论坛》2022 年第 5 期。
② 叶海波：《反海外腐败合规实践指引》，法律出版社 2021 年版，第 71 页。
③ 万方：《反腐败合规法律实践的规范演进与实践展开——以美国〈反海外腐败法〉为切入》，载《法治研究》2021 年第 4 期。
④ 叶海波：《反海外腐败合规实践指引》，法律出版社 2021 年版，第 74 页。

FCPA 的奖励措施。企业可通过主动配合获得不起诉、和解、减免罚金或者减轻处罚等奖励，避免遭受进一步的重创。若企业包庇违法行为，一旦 FCPA 执法部门启动调查，企业只会面临更严厉的处罚。其次，应当建立有效的合规机制。FCPA 执法部门通常会要求涉案企业在建立合规机制的同时，向其报告工作，受其监督。企业需要按照《企业合规程序评估》的要求建立起有效的合规体系。最后，鉴于 FCPA 近年对个人执法有显著增长趋势，企业高管等个人应当拒绝腐败行为，杜绝一切违法交易。企业个人一旦涉案，同样应如实报告贿赂与腐败情况，上交违法所得，以期获得宽大处理。

对于未涉案企业和个人。首先，应当密切关注与美、英等国家交易的关联点，做好风险防范措施。其次，应当建立合规机制，根据公司规模大小和企业营收情况设置合理的合规人员。有条件的企业在经营高风险领域时应建立专项合规，密切关注、及时发现企业存在的违法行为。企业通过内部合规调查发现违法行为，能使事件处在可控范围之内。违法行为的外部曝光会使企业陷入被动，给企业造成高昂损失。最后，企业和个人在国内外经营都应当廉洁交易，拒绝一切形式的腐败行为。

（二）中国企业的反腐败合规体系建设

反腐败合规要求企业主动遵守法律法规的同时，鼓励企业自我规制，主动承担社会责任，实现企业可持续发展。

1. 反腐败合规组织制度建设

首先企业需要建立合规管理组织架构。在企业决策管理层面，需要任命一名高层合规管理人员或是组建合规管理委员会，来统筹、负责企业合规的各项重大事宜，并确保合规制度的有效实施。正如我国银保监会在《商业银行合规风险管理指引》第10条中的规定，董事会应对商业银行经营活动的合规性负最终责任，并要求授权董事会下设的风险管理委员会、审计委员会或专门设立的合规管理委员会对商业银行合规风险管理进行日常监督。企业决策管理层人员承担合规责任是确保合规制度有效运行的前提。在执行层面，企业应设立专门的合规部门或者指定专门的合规人员负责落实合规的具体工作，及时了解国内外各领域的合规要求、改进并执行企业合规管理措施和程序、更新企业合规风险点等。

落实到反腐败合规领域，企业需制定专项合规办法，为反贿赂合规部门配备专门、独立的人员。一旦出现贿赂情况或是反腐败相关问题，及时向高层汇报。企业管理层在合规制度建设过程中要落实反腐败、反贿赂政策，具体包括禁止商业贿赂、遵守国内外反贿赂相关法律法规、制定反贿赂企业价值观和目标、规定违反反贿赂政策的后果。从管理层到执行层，形成一套完备的反贿赂合规制度。

2．反腐败合规企业文化建设

所谓“合规文化”，就是一套体现公司社会责任和道德责任的价值观念和道德规范。①企业合规文化是合规建设的重要内容，良好的合规文化是企业可持续发展的内核所在。西门子在贿赂案件发生后，首先从企业文化入手建构企业的价值观。西门子强调“公司对于任何不合规的行为采取零容忍的态度”“只赚取干净的钱”，形成了与以往截然不同的合规文化。如今，正是西门子这一企业文化和价值观引导公司在经营过程中自觉遵守法律和道德规范，同时，也对公司的高级管理人员和员工

① 陈瑞华：《论企业合规的基本价值》，载《法学论坛》2021年第6期。

的行为形成了有效的约束。

根据《中央企业合规管理办法》和FCPA的相关规定，合规文化建设应从企业合规意识和理念以及企业员工合规培训两方面着手。一方面，企业应当树立反腐败合规理念，提倡合规风气。这需要企业从经营价值观入手，主动了解国际上反腐败领域的法律规范，形成依法经营、对违法行为零容忍的价值观。同时，公司高层要以身作则，践行合规行动，带动公司员工甚至是合作伙伴参与到合规计划之中。由此，企业才能形成良好的合规氛围与合规风气，自上而下地构建企业独有的合规文化。另一方面，企业应加强员工合规培训，传达企业合规价值观与合规内容。企业合规培训应当具有专业性，持续关注法律规范的最新发展动态，且培训内容需结合企业自身的风险点。合规培训可以根据具体情况，定期或不定期地通过线上或线下举行，各个层级的员工都需要参加。对于企业的重要人员，应另外进行针对性、常态化的合规培训。同时，培训方式也应灵活多变，企业可以邀请第三方业务往来员工参加培训，邀请律师进行合规案例分享，也可以对违规员工进行合规考核。通过一系列的合规培训，在公司营造出人人遵守合规制度的企业氛围。

3．反腐败合规风险管理制度建设

企业通过风险识别，可以在违规行为发生的初始阶段及时发现并遏制该行为，最大程度上减少损失，从源头上避免合规风险的扩大。具体到腐败与贿赂风险中，企业要识别和区分商业活动中的低度贿赂风险和高度贿赂风险，对风险高的商业伙伴进行充分的尽职调查，识别风险来源，并及时采取有效的应对措施。企业在识别贿赂风险过程中，应当检查交易项目和交易目标国所涉及的法律法规、获取特定业务的方式、交易伙伴的透明度，以及既往案例等，识别出风险诱因并及时作出应对措施。

企业还应按照风险等级程度对风险点进行评估，合规人员应把风险原因、潜在损失和应对建议做成详细报告，提供给公司高层和业务人员使用。通过主动提示业务中的风险，尽可能避免违规情形发生。企业贿赂风险评估包括：根据公司的组织架构、运行性质和规模等因素，识别公司可能出现的商业贿赂风险；对已经识别到的商业贿赂风险根据优先级进行排序；分析现有的风险管控能否处理并有效解决商业贿赂风险问题。企业的贿赂风险评估报告应当定期制定或更新，并将评估报告纳入反腐败管理体系之中。

五、本章小结

美国通过FCPA向外国企业提出了严格的反腐败合规要求，海外运营企业不得不遵守其合规准则。西门子商业贿赂案件为企业如何在FCPA的规制下构建合规体系提供了全方位、详细的指引。目前我国对外经济仍处于快速发展阶段，中国企业及个人在参与国际贸易与投资活动的同时，不可避免地受到经营所在地反腐败相关法律的规制，且已日益成为域外反腐败执法的重点关注对象，反腐败合规风险逐渐凸显。然而，我国企业的合规体系建设尤其是反腐败合规起步较晚，企业及个人对FCPA的了解往往停留在FCPA条款和处罚后果等浅层面，对于FCPA下的执法应对以及企业反腐败合规建设要点缺乏深入探索与实践。

良好的反腐败合规体系是企业在海外市场运营的立身之本，有助于企业接轨国际反腐败合规的制度机制，提升企业在全球市场的竞争力，促进企业的可持续发展。中国企业及个人应当从现有合规案例中学习借鉴反腐败领域的合规建设经验，充分了解经营所在地及国际通用的反腐败规则和标准，建立起行之有效的反腐败合规体系，从而更好地保护自身的合法利益。相关政府部门可以完善与企业的沟通机制，在反腐败合规问题上对企业加强指导，积极组织经验分享与合规培训，协助维护企业在海外的合法权益。

第八章　我国高新技术企业跨国经营之风险管理研究

近年来，中国的高新技术企业取得了令人瞩目的进步，而为了遏制中国发展，许多国家不断采取制裁施压手段，企图阻挠我国高新技术产业的发展。以美国为例，特朗普政府采取“推倒重置”的政策手段，将高新技术企业等纳入重点打压对象；拜登政府继续将中国视为对美国构成挑战的国家。除了采取外交、政治、经济等手段，“美国善于利用法律作为推行美国政策和强化美国实力的手段”，[①]即利用国内法，拓展域外效力，以保证对本国更为有力的国际秩序。这样的手段被我国学者形容为“单边法律手段”或者说“法律战”。近年来，美国对华高新技术产业打响法律战的最终目的是由以前的“接触＋竞争遏制”方针转向“全面遏制”方针，而实现法律战最核心手段便是“长臂管辖”。鉴于此，作为处在不利地位的中国高新技术企业应当加强预判。本章将以美国的制裁方式为重点，梳理其对我国企业的制裁方式、浅谈其所造成的影响，接下来以我国某高新技术企业的合规经验为例，具体分析美国“长臂管辖权”的运用并介绍其所达成的合规经验；最后，为我国高新技术产业企业在未来应对各种跨国经营风险和合规体系建设提供一些

① David B. Rivkin and Lee A. Casey, The Rocky Shoals of International Law, 62 National Interest 35 (Winter 2000/2001).

建议。

一、美国对华高新技术企业制裁手段分析

（一）美国制裁手段的介绍

美国具有庞大的对外贸易法律体系，从组织上看，美国国会为制裁提供了法律依据，政府确认具体目标和实施方案，相关政商实体紧密配合实施，美国情报机构也深度介入，从而使得制裁措施贯通执行。[①]本章依据美国实施制裁的组织特点，按照美国实施制裁的主体部门进行划分，主要涉及美国商务部、财政部和国务院三大部门。鉴于美国国务院实施的制裁手段主要包括武器出口管制执法，与本章论述要点无关且目前对我国影响较少，下文将主要列举商务部和财政部的制裁手段。

商务部出台了未经核实清单（UVL）、实体清单（Entity List）、军事最终用户清单（MEU）以及被拒绝人清单（DPL）等制裁清单，内容为对特定（两用物项）或所有物项的出口管制。其中就对华高新技术产业而言，最主要产生影响的是实体清单（Entity List）制度。

财政部对华高新技术企业的制裁手段主要包括：其出台的特别指定国民清单（SDN）、中国军工复合体企业清单（NS-CMIC）、行业制裁识别清单（SSI）等，主要是金融方面的管制。其中特别指定国民清单（SDN）对我国高新技术产业的出口有巨大的破坏力。

鉴于列入和移除实体清单的依据是《出口管制法条例》（Export

① 赵鑫：《美国对华高新技术企业实施制裁的影响及应对》，载《科技中国》2023年第4期。

Administration Regulations, EAR)，其由美国商务部产业与安全局（Bureau of Industry and Security, BIS）具体实施执行，因此我们可以将上述制裁组合总结为以“以实体清单制度（Entity List）为核心，以各项出口管制法作为上位法”。①美国复杂的对外贸易政策和法律制度可以形容为拥有“实体清单制度为大脑、各项出口管制措施为支撑骨架”。②

为了巩固自己在技术上的领先优势，美国很早就建立了一揽子与长臂管辖相关的出口管制制度。早前的《出口管制法》（Export Administration Act, EAA）、现行的《出口管制法条例》与《国际紧急经济权力法》等要求美国出口商或用户申请出口许可证。外国买家不得违反对货物最终的用途，不能超越对最终用户的限制，否则违反这些规则的国外买家将受到惩罚。他们会被列入“美国实体清单”，列入实体清单的企业会受到严厉的制裁，将严格限制甚至禁止从美国进口任何产品。经统计，现被美国商务部产业与安全局列入实体清单的中国大陆实体共有381个，被列入未经证实名单的中国大陆实体共28个，被列入被拒绝人名单的中国大陆实体共14个。其中比较知名的有华为及其68家子公司、中科曙光和江南技术研究所等。

根据美国《出口管制法条例》中国被列入清单的高新技术企业在出口、再出口和转运物品的过程中受到了多重限制，采购美国原产技术的“直接产品”也遭到强力限制。③

---

① 沈伟：《中美贸易摩擦中的法律战——从不可靠实体清单制度到阻断办法》，载《比较法研究》2021年第1期。

② 戚凯：《美国“长臂管辖”与中美经贸摩擦》，载《外交评论》2020年第2期。

③ 吕文栋等：《美国对华高技术出口管制与中国应对策略研究》，载《科学决策》2020年第8期。

（二）高新技术产业受制原因

美国对高新技术企业制定这样周密的制裁计划，意在通过政策或法律限制高技术产品出口，加大出口管制力度，扩大出口管制范围。我们可以从以下几个方面来具体说明：

从本质上看，该等制裁是美国维护其自身地位的政治工具。实体清单制度是美国推行政治目的的法律工具，美国的控制是全方位的，不仅强调权利因素，更强调制度因素，两者相辅相成，制度凭权势而建，权势因制度得以加强。[①] 从美国在对华高新技术企业实施制裁时列举的三个主要理由“国家安全”“人权问题”和“热点事件”就可以看出，美国对我国高新技术产业的打压心理昭然若揭。

从实质上看，该等制裁反映了美国对中国大力发展高新技术产业计划的防范和遏制情绪。“301”调查中，美国对中国不同行业的关税设置不同税率，对占中国出口较大份额的纺织、鞋帽、玩具等中低端制造业实行暂时的关税豁免，而对涉及战略性新兴产业几乎全部覆盖。美国的核心意图是通过出口管制清单等各项制裁手段，在供应链安全方面以及跨境市场销售方面对我国高新技术企业实施精准打击，从而遏制我国科学技术实力的提升。

二、美国对高新技术企业制裁依据——长臂管辖权

根据上文所述，美国对华高新技术企业形成多项制裁手段归根结底

① 宋静：《美国制度霸权的变迁与中国的国际角色》，载《社会科学》2020年第9期，第24—25页。

就是为了干涉我国科技的发展。纵览全球，美国在干涉他国事务时主要动用包括政治、外交、经济、军事等手段，但对我国，尤其是对高新技术企业的打击计划中最重要方式是法律手段，① 也就是上文所述的“法律战”。这一制裁方式兼具“工具型法律战”（instrumental lawfare）和“合规杠杆差异法律战”（compliance-leverage disparity lawfare）的双重特征。②

打响法律战对美国而言，依托着强大的国际地位，可以使他国科技企业在面对这样本应被定义为单边主义，却伪装成合理道德的制裁时陷入劣势地位。这种对他国企业进行制裁或起诉以达到干涉他国内政、破坏他国企业发展的手段，也被学者形容为“美国陷阱”。而美国编织这一陷阱的核心工具便是长臂管辖权。

美国的长臂管辖最初是为了解决美国国内州际矛盾而诞生的一种司法权力，并且仅限于司法管辖。而随着时间的推移，其覆盖范围渐渐扩展到“美国依据国内法规的将管辖权不法地延伸到境外、管辖境外实体及个人的做法”。③ 权力所有者也从司法机关，渐渐扩展到立法机关、执法机关，比如现实案件中美国商务部直接依据美国长臂管辖权作出了经济制裁的决定等。

（一）原因分析

通过美国商务部、司法部、财政部公开信息，美国判断他国是否违反其出口管制条例主要有以下几个标准：

---

① 强世功：《帝国的司法长臂：美国经济霸权的法律支撑》，载《文化纵横》2019 年第 4 期。

② Orde F. Kittrie, Lawfare: Law as a Weapon of War, Oxford University Press (2016), p.11.

③ 肖永平：《“长臂管辖权”的法理分析与对策研究》，载《中国法学》2019 年第 6 期。

（1）主体适格。违反《出口管制法条例》的主体是具有上述主观故意并实施了违反出口管制进行交易的公司或个人，包括美国境内的公司和个人，还包括美国境外的公司和个人。

（2）主观故意。即行为人清楚地知道哪些产品或服务属于受管制范畴，同时清楚地知道根据条例规定禁止与某一特定国家进行交易，但行为人在明知的情况下仍在与某一禁运国家或该国的有关公司进行受管制物品交易，具有主观上违反出口管制法的故意。

（3）产生交易。违反出口管制规定，逃避监管，买卖管制货物，并企图完成有关交易的。

（4）其他因素。至于相关交易是否完成，交易金额是否达到一定数目，交易双方是否获利等并不是决定构成非法交易的条件，但这些条件将直接影响处理结果。例如，非法交易的金额和非法交易的数量将直接与是否进行罚款和罚款金额相挂钩。当事人采取各种方式逃避监督调查，如利用阻断公司进行交易、隐匿相关材料、删除交易记录或信息、作出虚假陈述、进行误导性调查等，虽然这些行为没有违反出口管制法的规定，但将在原有的基础上加重处罚。

以我国曾受制的某高新技术企业为例，依照上述“美国标准”，其受制原因也浮出水面：

美国认为该企业是适格主体。根据《出口管制法》规定，该企业在美国设有分支机构，且向伊朗出口的产品中包含美国生产的软硬件，即该企业为适格主体。

美国认为该企业存在主观故意。美国根据曾截获的两份内部文件，辩称其故意修改产品生产销售等实际操作程序，以掩盖该企业对包含美国技术的产品进行交易的现实。

美国认为该企业通过隔断公司与伊朗产生了交易。其将搭载美国软硬件的产品出口，此为实施了《出口管制法条例》上述规定所明令禁止的行为。

美国认为该企业存在加重行为。美方指出，该企业的陈述过程违反了《出口管制法条例》中的虚假陈述条款，因此美方对该企业在原有的基础上加重了处罚。

而事实是，美国政府对其所拥有的对外国公司制裁的合法来源三缄其口，美国只是近乎一意孤行地采用了长臂管辖权所依据的“效果标准”和“自愿服从原则”对他国企业进行单方面审判。

（二）美国长臂管辖权的适用分析

根据上文所述，美国在对他国高新技术产业适用长臂管辖权时的依据是“效果原则”和“自愿服从原则”，本节接下来将一一分析。

第一，效果原则。美国认为他国高新技术企业违反《出口管制法条例》的相关规定与禁运国家交易禁售产品并且获得利益，该行为对美国产生了实质性影响，从而以这种“影响”或“后果”作为确定行使管辖权的依据。这便是所谓的“效果原则”在现实中的运用。效果原则是从最低联系标准发展而来的。美国认为，任何拥有美国“国籍”的资产、美国的所有技术和产品，都必须且应当受美国的管辖，无论这些技术和产品在生产过程中是否被国外使用，或者是否曾属于外国产品的一部分、被重新出口，这些产品仍然都应受到美国管辖。①

① 王桃：《美国长臂管辖原则探析及中国应对——以中兴通讯案为切入点》，吉林大学2020年博士学位论文。

第二，自愿服从原则。自愿服从原则可分为明示同意管辖和默示同意管辖。明示同意管辖即非法院地州当事人合意表明同意接受法院管辖，默示同意管辖如被告出庭应诉，且被告出庭是为就实体事项进行答辩。① 例如中兴通讯案中，中兴通讯的美国子公司收到得克萨斯州法院发出的立案调查的传召函后，配合美方调查并未提出管辖权抗辩，则依照美国法律，中兴通讯默示同意接受美国的长臂管辖。

如上所述，一旦美国认为他国高新技术企业违反《出口管制法条例》的规定，且配合调查并未提出管辖权抗辩，基于效果标准与自愿服从原则，美国即有权行使长臂管辖权。但是，效果标准与自愿服从原则的适用依然要受到国际法基本原则、正当程序原则等的制约，而实际情况是美国的长臂管辖行为明显违反国际法。

以中兴通讯为例，在中兴通讯被制裁的过程中，美国罔顾中国为伊朗核协议成员、其长臂管辖权缺乏国际法依据，严重侵犯属地管辖权，违背了正当程序原则。但是，由于案件本身的漫长不确定性，加之我国企业在这种诉讼中的弱势地位，最终导致了中兴通讯别无选择地服从。

而仿佛是“因祸得福”，根据与美国商务部达成的《替代和解协议》，中兴公司做出了多项出口管制合规承诺：一是基于行业最佳实践，制定一流的出口管制合规计划；二是改进出口合规项目；三是加强内部和外部合规培训项目；四是发布产品的出口管制分类编码；五是增加出口合规指引和流程。这便是中兴通讯合规体系建设与国际接轨的开端。

① 杜涛：《论国际民事诉讼中的过度管辖权》，载《武大国际法评论》2017 年第 1 期。

三、中兴通讯合规体系建设的国际化

中兴通讯在签署《替代和解协议》后，完善了自己的合规体系，这一体系符合国际标准，极具借鉴意义。

首先，发布并更新出口管制合规政策。这是中兴通讯出口管制合规体系中最重要的环节。该合规政策主要分为五个部分，包括员工合规承诺、业务范围筛查、流程化合规操作、舆论管控和善意举报机制。据此，中兴通讯不得与任何受美国或其他政府制裁的受限制主体开展业务，除非经事先审查完全合规。① 为防控出口管制风险，业务合规流程要求在中兴通讯系统中录入业务合作伙伴准确、完整的名称和地址信息；对产品进行正确分类；了解所有直接或间接参与业务活动的相关方，必要时须取得最终用户或最终用途声明等，从而确保公司供应链和分销渠道的出口合规。② 此外，员工和合同工必须向合规团队报告任何实际或潜在的出口合规问题或违规行为，报告可匿名且不会遭受报复。③

其次，监督员工履行出口管制合规承诺。中兴通讯出口管制合规政策要求员工签署证明，保证遵守所有可适用的出口管制和经济制裁法律法规，以及公司所有相关政策和流程，违反公司出口管制合规政策将被严厉处罚。中兴通讯还设立了合规管理委员会，以确保出口管制合规计划的全面有效实施。合规管理委员会是中兴通讯内部负责制定和执行出

---

① 《中兴通讯合规手册出口管制合规篇》，https://www.zte.com.cn/china/about/trust-center/legal-and-compliance/export-control-compliance.html，2023 年 1 月 20 日访问。

② 陈瑞华：《中兴公司的出口管制合规计划》，载《中国律师》2020 年第 3 期。

③ 《中兴通讯合规手册出口管制合规篇》，https://www.zte.com.cn/china/about/trust-center/legal-and-compliance/export-control-compliance.html，2023 年 1 月 20 日访问。

口管制政策和流程的最高机构。法律及合规管理部作为其秘书部门，对研发、销售、物流、工程、服务等各业务环节进行合规管控，并对重点国家和重点业务环节进行审计和检查，进行出口管制合规风险评估。任何与受控产品或技术有关的交易、出口及其他业务均需经合规管理委员会审核。根据相关国家出口管制法律法规以及公司出口管制合规要求，合规管理委员会对是否执行具体业务活动拥有一票否决权。

最后，组织并实施全面的出口管制合规培训。全员培训侧重于介绍出口管制基本合规要求，业务培训围绕各业务流程中的核心要求展开，核心岗位培训则针对重点岗位人员应知应会进行着重讲解。通过多层次、全方位的培训，中兴通讯不断提升全体员工的合规意识并差异化地传递基于业务的合规要求。在外部律师和顾问的协助下，中兴通讯的合规团队已经对中国乃至全球的子公司出口管制流程进行了审查和完善。

就中兴通讯目前的合规计划进展来看，其所重构的公司合规计划“是绝对符合国际一流标准的”。① 中兴通讯在重构合规计划中所做出的努力，将为所有其他等待“走出去”的中国企业提供有效样本。

四、高新技术企业跨境经营的合规建议

在对华高新技术企业的制裁中，美国长臂管辖权超越了州长，赋予了除司法机构外执法机关和检察机关巨大的权力。这导致执法机构直接对我国企业进行制裁，阻断了我国企业通过司法程序获得救济的诸多可能。而在实际操作中，碍于美国所处的优势地位，几乎所有相关当事人

① 周万里、陈泉程：《中兴通讯出口管制案的合规分析》，载《新产经》2019 年第 4 期。

与美国政府签订出口管制协议中，第一条就是要求承认美国法律及其执法机构对其享有管辖权。

作为外国公司，面对强大的美国政府、冗长的诉讼、不间断的压力，常常被迫选择签署认罪和解协议化解争端。就目前的情势来看，美国对我国高新技术企业的制裁还将持续，因此，我国相关企业必须未雨绸缪，通过妥善的合规手段将风险降到最低。合规，是我国高新技术产业走出国门的必经之路，完善合规方案，是目前除了期待国家不可靠实体清单制度的不断完善和我国《阻断外国法律与措施不当域外适用办法》的有效实施以外，面对“法律战”的最佳自救方法。

守法合规，遵循所在国的商业规则和法律要求，是企业经营必须遵守的基本原则。但就目前情况而言，这似乎是中资企业在国际市场化运作中的“软肋”。即使是中兴通讯这样的大型老牌企业也曾陷入合规困局，这与企业本身的体制、海外投资策略以及对国际市场游戏规则的不熟悉有很大关系。受困于传统思维，我国企业在进行海外经营时缺乏对海外市场的深度认知以及有战略布局的市场化操作。在未来，期待进军海外的中国高新技术企业可以参考吸取中兴通讯的国际合规经验与教训，把监管和合规置于海外投资风险管理的首位。具体而言，应从以下几个方面加强合规体系建设：

（一）合规文化建设

合规机制建设是一项细水长流的工作，这尤其需要在企业文化中引入合规文化。从中兴通讯的合规文化构建来看，公司管理者的履行践诺是最关键一环。中兴通讯始终坚持管理者率先垂范，发挥“领头羊”的作用，树立牢固的合规经营观念。自上而下做好合规文化的延伸，才能让合规文化深入人心，落地生根。因此，企业在合规建设中应让管理层做到带头遵守合规管理的相关规定，采取有力举措守卫公司合规经营底线。在日常经营活动中不断灌输合规观念，提升企业员工的道德素养，坚持按规定和流程办事，不断改善合规环境，加快提升企业经营能力。

（二）组织体系建设

为落实合规管理，企业需要积极配置合规管理人员和资源，并明确相关责任主体和第一责任人。通过对中兴通讯合规体系的解读可以发现，中兴通讯设立了绝对独立的“合规管理委员会”，其下还有分支团队和外部监察机构，形成了相互独立、相互协调、相互支撑、相互监管的合力共进局面，是促进合规管理工作开展的关键。在组织架构布局中，可以参照中兴通讯等合规领先企业的组织职能和资源安排，划分事件、分类管理，相互牵制、相互监督，建立强大的自查自纠机制，强化内部监督，充分保障合规管理的独立性和有效性。

（三）管理运行机制

企业构建合规机制，要强化多个环节的统筹协同，细化培训、考核、监督、举报、检查以及问责等相关流程和职责。中兴通讯通过不断加强对所有公司管理者和员工的合规培训，强化员工依法合规经营的意识和能力，并结合自身实际，定期开展对不同岗位人员的专项合规培训，此类针对性的合规培训模式非常值得借鉴。企业可以在考核体系中引入合规考核，并加大合规项目考核所占权重。此外，企业应强化合规管理全流程的公平、公正、公开，健全举报责任机制，鼓励员工进行不合规举报，加大对违规主体和责任人的责任追究力度。

（四）监管体系建设

企业应建立系统化的合规风险识别与管控机制，定期进行合规体系审查。首先，中兴通讯的合规体系立足于不断优化的IT工具建设和业务伙伴及产品等的风险数据库，以期在源头上制止违规行为发生。其次，熟悉所在国法律法规也至关重要，企业应做好前期准备工作，深入市场研究并详尽尽职调查，由此对海外业务进行整体性的合规性审查，尽力把合规风险消除于萌芽状态。再次，企业需完善海外投资管理制度和专业化的人才培养模式，通过公开透明的决策机制和市场化经营模式，从源头上杜绝“违规风险”。[①] 最后，企业合规机制从建立到成熟需要较长时间，合规机制建立后仍需不断改进和调整。在中兴通讯的合规机制运行当中，跟踪监控制度的地位不容小觑。鉴于企业内外部环境变化频繁，有必要定期对企业合规机制进行检视和调整，提升合规机制的适应性。

五、本章小结

随着中国对外直接投资规模的迅速扩大，跨国企业面临的传统风险和非传统风险呈现日益增加的态势。[②] 中兴出口管制事件反映出我国企业在合规管理方面存在的共性问题和合规漏洞。目前，虽然不少大中型企业都有相应的合规政策、制度、流程等，但在执行落实方面却往往难以奏效。对标当前国际通行的合规管理体系，大部分企业都暴露出制度

---

① 季卫东：《为企业合规性投石问路》，载《财经》2008年第2期。
② 聂名华：《中国企业对外直接投资风险分析》，载《经济管理》2009年第8期。

碎片化严重、体系化较弱等特征，一定程度上导致制度规范无法与管控行为有效联动，造成企业合规失控。

目前，各国不断出台的公司责任立法逐渐对跨国企业形成了刚性制度约束，日益成为企业参与全球竞争必须面对的合规问题。当下中国企业社会责任走向“合规化”，需要借助于具有代表性的样本做实证调研，挖掘问题背后企业履行社会责任的驱动力、影响因素及多元调节变量等，同时经过可信的“对标分析”，寻找与企业实现“责任价值最大化”和“责任优先顺位”两大目标相关的若干合规性议题，并提供可行的合规建设方案。① 中兴通讯从传统的“纸面合规”转向建立专项合规体系的过程就是一个极佳参照，其合规实践向企业提供了强化公司合规能力与提升公司综合竞争力的可复制的经验。未来，企业应当下硬功夫强化合规体系建设，根据企业的股权类型、产业性质、风险偏好和业务范围，学习、整合现有合规建设标准与经验，建立起有效的企业合规体系并不断发展完善，唯此方能更好地走向世界。

① 杨力：《中国企业合规的风险点、变化曲线与挑战应对》，载《政法论丛》2017 年第 2 期。

第九章　小米印度公司银行资产扣押案评析

一、小米银行资产扣押案的基本情况

印度当局于2022年4月29日扣押小米印度科技私人有限公司（以下简称小米）银行账户555.127亿卢比，法院于5月5日发布临时令，暂时解除小米扣押令。本事件发生前，印方已针对小米税收问题采取过两次行动：一是小米于2021年12月遭到印度当局突击查税，二是小米于2022年1月收到印度财政部发出的65.3亿卢比的税收罚单。

实际上，印度财政部对小米的纳税问题主要采取了三步走措施：首先，收入所得税部门到小米公司突击检查，旨在获取小米未经准备之下的账簿信息；然后，税收情报局声称获得情报信息，继续调查小米纳税问题，并向小米发出三份补缴税收通知；最后，执法局扣押小米银行账户资金。

相关事件的具体情况如下：

（一）2021年12月：印度收入所得税部门开展突击查税活动①

2021年12月21日，印度收入所得税部门对外资控股的手机生产公

---

① Government of India, Ministry of Finance, Department of Revenue and Central Board of Direct Taxes, Income Tax Department Conducts Pan-India Searches in Case of Mobile Manufacturing Companies, https://incometaxindia.gov.in/Lists/Press%20Releases/Attachments/（转下页）

司和相关个人开展搜查与扣押活动。搜查的地域范围为卡纳塔克邦、泰米尔纳德邦、阿萨姆邦、西孟加拉邦、安德拉邦、中央邦、古吉拉特邦、马哈拉施特拉邦、比哈尔邦、拉贾斯坦邦、德里首都区。

印度财政部于 2021 年 12 月 31 日发布了本次活动新闻，新闻稿并未指明哪些具体公司遭到搜查，但多方资讯表明小米、OPPO 等中国手机厂商均遭到搜查。新闻稿重点强调：其中有两家手机公司以支付特许权使用费为由，向境外集团公司付款，总计付款金额超过 550 亿卢比。但是，印度当局并未通过此次搜查获得中资企业违法的确凿证据，仅指出上述境外汇款行为貌似不当。

新闻稿表明，财政部对中资企业下述财务问题较为关注：（1）企业未披露关联公司交易行为，涉嫌违反 1961 年《收入所得税法》；（2）公司账簿上载有外国借款记录，但未载明具体借款来源，贷方资信可疑；（3）通过虚构支出、向关联公司付款等行为降低企业利润，借此逃税；（4）企业在使用其他印度本土公司服务时，未按照 2020 年 4 月 1 日生效的新规履行源头扣税义务；（5）公司重大经营活动受境外控制，董事职位形同虚设，试图将公司储备转至境外来逃税；（6）大量的金融科技和软件服务公司的成立目的是虚构费用、抽逃资金、逃避纳税。

（二）2022 年 1 月：印度税收情报局调查小米①

根据印度财政部于 2022 年 1 月 5 日发布的新闻，税收情报局收到

（接上页）1044/PressRelease-ITD-conducts-pan-India-searches-in-case-of-mobile-manufacturing-companies-31-12-21.pdf, visited on 24 May 2023.

① PIB Delhi, Evasion of Customs Duty of Rs. 653 Crore by M/s Xiaomi Technology India Private Limited, https://pib.gov.in/PressReleaseIframePage.aspx?PRID=1787686, visited on 24 May 2023.

小米逃税信息，于是对小米及其合同制造商开展调查。税收情报局搜查了小米公司住所，指出小米向美国高盛公司和北京小米移动有限公司支付“特许权使用费和许可费”，但小米及其合同制造商在进口手机和零部件时未将该费用计入进口货物估价范围，借此逃避关税，违反了1962年《关税法》第14条和2007年《海关评估规则》。

税收情报局调查结束后，已向小米发出三份通知，要求就2017年4月1日至2020年6月30日之间的逃税行为补缴65.3亿卢比。

（三）2022年4月：印度执法局扣押小米银行资产①

2022年4月29日，印度新闻局发布新闻：印度财政部下设的执法局依据1999年《外汇管理法》扣押小米印度公司银行账户555.127亿卢比。实际上，执法局于2022年2月已开始对小米印度公司所涉的非法向境外机构汇款问题开展调查。

执法局对小米印度公司的经营活动作出以下阐述：小米印度公司是“红米”手机在印度的贸易商和分销商，本身并不从事小米手机的生产活动，而是从印度生产商购买手机成品和配件。小米印度公司于2014年开始在印度营业，2015年开始往境外汇款。截至目前，小米印度公司根据中国母公司指示，以支付特许权使用费为名，向境外三家公司共汇款555.127亿卢比。接收汇款的三家公司为：小米集团下属的一家公司；另外两家美国境内公司，这两家公司的最终受益人为小米集团。

---

① Directorate of Enforcement, ED Has Seized Rs.5551.27 Crore of M/s Xiaomi Technology India Private Limited Lying in the Bank Accounts under the Provisions of Foreign Exchange Management Act, 1999 in Connection with the Illegal Outward Remittances Made by the Company, https://enforcementdirectorate.gov.in/press-release?page=36, visited on 24 May 2023.

执法局认为：小米印度公司并未使用境外三家公司的服务，而是在集团公司内部虚构文件，以支付特许权使用费为名来避税；小米印度公司向银行提供虚假文件，从事非法汇款活动，违反了《外汇管理法》第4条。

（四）2022年5月：法院暂时解除小米银行资产扣押令①

2022年5月4日，小米向印度卡纳塔克邦高等法院提起诉讼，被诉人为印度政府、执法局、四位执法局官员。2022年5月5日，法院作出临时令：至2022年5月12日下次开庭前，暂时解除小米银行资产扣押；于此期间，小米只能为日常运营来操作银行账户，不得向境外汇款。2022年5月12日，法院开庭审理但尚未作出判决，暂时解除小米银行资产扣押令的有效期延至下次开庭5月23日。

小米律师认为：扣押令本身是违法的，扰乱了小米的经营活动，导致小米公司无法向员工支付工资。小米律师向法院出示的证据包括：（1）由三名高级官员组成的班加罗尔争议解决小组作出有利于小米的命令，该命令认为小米对境外公司的汇款符合《外汇管理法》第4条规定，收入所得税部门已认定该付款合法，可以从应税所得中扣除，特许权使用费所涉行为构成增值行为。（2）关于小米于2015年至今向境外作出的汇款，没有任何证据表明小米印度公司在境外持有外汇，因此执法局没有证据支持其依据《外汇管理法》第37A条所作出的扣押令。（3）对于其他手机生产商和经销商向美国同一家公司所作出的相似汇款，执法局并未对这些生产商和经销商采取任何问询或措施，并未认为其违反《外汇管理法》第4条规定。（4）根据《外汇管理法》第37A条

① Case Number: WP 9182/2022 (KAHC010206912022).

作出扣押令的先决条件是外汇应位于印度境外，并且可以将外汇带回印度。在没有任何证据证明小米印度公司在印度境外持有外汇的情况下，依据第 37A 条通过的扣押令在法律上缺乏证据支持。

（五）印度执法局是否暴力威胁小米高管？

2022 年 5 月 7 日，路透社新闻独家报道：小米声称公司高管受到印度金融犯罪等执法部门暴力威胁。小米声称：执法局官员威胁公司前执行董事 Manu Kumar Jain 和现任首席财务官 Sameer B.S. Rao，要求二人向执法局提供符合执法局所期待的陈述，否则二人及其家庭将面临灾难性后果。

同日，执法局在其官方网站发布新闻，驳斥小米对其暴力执法的指控，认为其毫无依据。执法局声称，已就 Manu Kumar Jain 的陈述分别于 2022 年 4 月 13 日、4 月 14 日、4 月 21 日、4 月 26 日予以记录，已就 Sameer B.S. Rao 的陈述分别于 2022 年 3 月 25 日、4 月 14 日、4 月 19 日、4 月 21 日、4 月 22 日、4 月 26 日予以记录。执法局表示，在对二人进行多次调查期间，二人并未提出控诉。执法局再次重申自身为专业执法机构，按照工作守则行事，不存在暴力威胁执法事件。①

二、小米银行资产扣押案的基本法律问题与相关法律

无论是印度收入所得部门、税收情报局、还是执法局，矛头均指向

① Directorate of Enforcement, ED Denies Allegations Made by Xiaomi India That Statements of Its Officials Were Taken under Coercion as Untrue and Baseless, https://enforcementdirectorate.gov.in/press-release?page=36, visited on 24 May 2023.

小米向境外公司支付的特许权使用费。境外接收小米付款的公司有三家，分别是北京小米移动有限公司、美国高盛和另外一家美国公司，印方指称美国境内接收付款的两家公司的最终受益人为小米集团。

本案涉及的基本法律问题与相关法律如下：

（一）小米与境外三家公司之间是否是关联企业？

1．基本法律问题

如果认定小米印度公司与境外三家公司为关联企业，则印度当局在小米问题上享有较大的自由裁量权。2007 年《海关评估规则》第 2（2）条对关联企业的八种情况作出了规定，这需要考察小米与境外三家公司之间的合同安排、股权结构、是否有交叉持股人、交叉持股人的持股比例、公司高级官员任职情况等。尤其需要考察的是，小米印度公司在何种程度上接受母公司指令，小米印度公司与北京小米移动有限公司之间是什么关系，这些是本案需要解决的先决问题。

2．相关法律

表 9-1　2007 年《海关评估规则》第 2 条

第 2 条 定义	…… （2）为本规则之目的，主体之间若存在以下关系，则应认为主体之间存在“**关联**”关系： ① 他们是彼此业务的高级职员或董事； ② 他们是法律认可的商业伙伴； ③ 他们是雇主和雇员； ④ 任何人直接或间接拥有、控制或占有两个主体 5% 或以上的已发行有表决权的股票或股份； ⑤ 其中一个主体直接或间接控制另一个主体； ⑥ 二者直接或间接被第三方主体所控制； ⑦ 他们一起直接或间接控制第三方主体； ⑧ 他们是同一个公司集团成员。

（续表）

第2条 定义	注释一："主体"同时包括法人主体。 注释二：如果一个主体是另一主体的独家代理、独家分销商或独家特许经营商，那么，无论如何描述主体之间的关系，一旦主体之间符合本分则规定的标准，则主体之间应认定为本规则所规定的关联关系。

（二）小米向境外三家公司支付的特许权使用费，是否需要在相关货物进口时向印度海关申报纳税？小米在印度本土缴纳企业所得税时，可否将特许权使用费作为支出在应税所得中扣除？

1．**基本法律问题**

根据2007年《海关评估规则》第10（c）条和1962年《关税法》第14（1）条规定，一般情况下，小米作为进口商，需要在进口小米手机零部件时就其所需支付的特许权使用费进行海关纳税申报。

但是，如果特许权使用费并不是直接与进口货物相关，如果小米进口零部件后在印度境内对其进行了深加工，构成产业增值，即特许权使用费是因小米在印度本土的增值行为所产生的，那么则无需在海关纳税时申报。

2022年1月，印度税收情报局向小米发出了三份通知，要求小米就2017年4月1日至2020年6月30日之间的逃税行为补缴65.3亿卢比。根据1961年《收入所得税法》第144C（2）条规定，如果小米对税收情报局发送的补缴税收通知有异议，可以请求争议解决小组进行审查是否需要补缴。

需注意的是，各方媒体均未报道小米是否补缴了税收情报局发出的65.3亿卢比的罚单。根据卡纳塔克邦高等法院于2022年5月5日就小米案件所发布的临时命令，可以得知：小米曾启动争议解决小组程序，争议解决小组作出了有利于小米的命令，认为小米对境外公司的汇款符合《外汇管理法》第 4 条规定，收入所得税部门认定该付款合法，可以从应税所得中扣除，特许权使用费所涉行为构成增值行为。据此可以推断，小米有可能未缴纳 65.3 亿罚单。

争议解决小组由直接税中央委员会中的三名委员组成，可以调取争议所涉的新证据。争议解决小组作出的指示或命令，对评估官具有约束力。如果当事人对争议解决小组的命令不满意，也可提起上诉。

虽然争议解决小组已作出有利于小米的命令，但印度财政部并未就此收手，其下设的执法局继续对小米进行调查，后来又以小米违反《外汇管理法》对小米采取资产扣押措施。

2．**相关法律**

表 9-2　2007 年《海关评估规则》第 10 条

第 10 条 成本与服务	（1）在确定交易价值时，应在进口货物实付或应付的价格基础上增加： …… （c）未包括在实付或应付价格中的***特许权使用费***和许可费，如果买方必须直接或间接支付与进口货物相关的特许权使用费和许可费，同时该费用是被估价货物出售的条件之一； …… （e）未包括在实付或应付价格中的所有其他款项，如果该款项属于满足卖方义务要求而由买方向卖方或第三方支付，同时是销售进口货物的条件之一； 注释：（c）项和（e）项提及的***特许权使用费***、专利费和任何其他费用，无论是否与专利相关，尽管这些费用可能在货物进口后支付，均应包括在进口货物实付或应付价格中。

表 9-3　1962 年《关税法》第 14 条

第 14 条 货物估价	（1）为遵守 1975 年《海关关税法》及其他现行有效法律，进口货物或出口货物的价值应当是其交易价值，即出口售至印度的货物交易价值为该货物进口时已付或应付的价格，或根据情况，由印度出口的货物交易价值为该货物于出口时的出口地点已付或应付的价格，此等交易价值计算的前提条件是买方和卖方不具有关联关系、价格是交易的唯一对价，同时应遵守相关规则规定：

（续表）

第 14 条 货物估价	进口货物的交易价值除了包括上述价格，还应包括相关规则所规定的任何已付或未付的佣金和经纪费、工程费、设计工作费、***特许权使用费***和许可费、运输到进口地的交通成本、保险费、卸货费、装货费、处理费等： 相关规则可进一步规定： ① 认定买方和卖方存在关联关系的情况； ② 在没有销售、或买方与卖方存在关联、或价格不是销售的唯一对价、或任何其他情况下的相关货物的价值决定方式； ③ 根据情况，如果相关官员有合理理由怀疑进口商或出口商的申报价值的真实性或准确性，可以接受或拒绝申报价值，并为本条之目的决定货物价值： 根据情况，该价格应参照本法第 46 条中的入境单或第 50 条中的出口运输单所载明日期的有效汇率来进行估算。 （2）尽管存在上述第（1）款规定，如果间接税与关税中央委员会认为有必要或急需如此行事，可以在参考此类或相似货物的价值走势后通过官方公报来确定任何类别的进口货物或出口货物的关税价值，若存在确定的关税价值，则需参照该关税价值征收关税。 注释：为本条之目的，在将印度货币折算为外币或将外币折算为印度货币时—— （a）汇率是指以下述方式确定的汇率： ① 间接税与关税中央委员会所决定的，或 ② 间接税与关税中央委员会以规定方式所确定的， （b）外国货币和印度货币分别指 1999 年《外汇管理法》第 2 条（m）款和第 2 条（q）款规定的内容。

表 9-4　1961 年《收入所得税法》第 144C 条

第 144C 条 向争议解决小组提请申诉	（1）尽管本法存在相反规定，如果评估官提议就相关受评估人于 2009 年 10 月 1 日或以后的利益收益或损失变更作出评估，该评估官应首先将提议的评估命令草案（以下在本条中称为“命令草案”）转发给合格的被评估人。 （2）合格的被评估人收到命令草案后，应在 30 天内： （a）向评估官提交变更接受书；或 （b）若反对变更，则应向以下述部门提交反对书： ① ***争议解决小组***；和 ② 评估官员。

（续表）

第 144C 条 向争议解决小组提请申诉	…… （5）若收到本条第（2）款中的反对意见，争议解决小组应以其认为合适的方式，为指导评估官完成评估作出指示。 （6）争议解决小组在参考下述文件后，应发布有关第（5）款所规定的指示： （a）命令草案； （b）合格的被评估人所提交的反对书； （c）合格的被评估人所提交的证据； （d）评估官、估价官或转让定价官或任何其他机构的报告（如有）； （e）命令草案相关记录； （f）争议解决小组收集的证据或由其安排所收集的证据；和 （g）争议解决小组作出或由其安排作出的任何查询结果。 （7）争议解决小组在发布有关第（5）款所规定的指示前，可以： （a）做出其认为合适的进一步查询；或 （b）要求收入所得税当局作出进一步的调查，并向其报告调查结果。 …… （10）争议解决小组所发布的每项指示，对评估官均具有***约束力***。 …… （15）为本条之目的： （a）“***争议解决小组***”是直接税中央委员会为本条之规定由其三名所得税委员所组成的合议庭； （b）“合格的被评估人”指： ① 因转让定价官根据第 92CA 条第（3）款通过的命令而产生本条第（1）款提及的受到变更影响的任何人；和 ② 任何外国公司。

（三）小米是否违反了 1999 年《外汇管理法》？

1. 基本法律问题

根据《外汇管理法》第 2 条规定，小米印度公司属于印度税法中的印度居民。根据《外汇管理法》第 4 条规定，小米印度公司不得获取、持有、拥有、占有或转让任何外汇、外国证券或位于印度境外的任何不动产。

根据印度执法局于 4 月 29 日发布的新闻，执法局认为小米以支付特许权使用费为名，向境外共汇出 555.127 亿卢比，并扣押了小米银行账户的等额卢比。

执法局的逻辑是：小米根本无需支付特许权使用费，仅是以支付为名来逃避纳税；境外接收小米汇款的账户，实际上属于小米印度公司，这导致小米持有外汇，违反了《外汇管理法》第 4 条规定。这意味着执法局需要证明境外接收汇款账户为小米印度公司直接或间接拥有。

值得思考的是：如果小米支付的特许权使用费完全是通过虚构文件来操作的，执法局可以直接依据 1961 年《收入所得税法》来指控小米逃税，即无需证明境外接收汇款账户与小米印度公司是否存在所有或控制关系，这样即省却了执法局关于境外账户的举证责任。执法局为何舍近求远？回顾 2021 年 12 月印度财政部发布的新闻，收入所得税部门已对印度的主要手机厂商开展过突击检查，指出有两家公司以支付特许权使用费为名逃税，违反了《收入所得税法》；然而，该新闻稿发布后，印度当局并未指控小米违反《收入所得税法》，显然是因为证据不足。2022 年 1 月，税收情报局对小米提出的指控是违反《关税法》；4 月，执法局指控小米违反《外汇管理法》。

2. 相关法律

表 9-5 1999 年《外汇管理法》

第 2 条 定义	…… （v）“印度居民”指： ① 在上一财政年度期间在印度居住超过 182 天，但不包括： （A）属于下述任何一种情况中的已经离开印度或居住在印度境外的人： （a）为或在印度境外就业，或 （b）在印度境外开展业务或职业，或 （c）出于任何其他目的，情况表明他打算在印度境外逗留一段不确定的时期； （B）来到或留在印度的任何人，但不属于下述情况： （a）为或在印度就业，或 （b）在印度境内开展业务或职业，或 （c）出于任何其他目的，情况表明他打算在印度境内逗留一段不确定的时期； ② 在印度注册或组建的任何主体或法人团体， ③ 由印度境外居民拥有或控制的印度办事处、分支机构或代理机构， ④ 由印度居民拥有或控制的印度境外办事处、分支机构或代理机构。
第 4 条 外汇持有	除本法另有规定外，印度居民不得获取、持有、拥有、占有或转让任何外汇、外国证券或位于印度境外的任何不动产。
第 37A 条 有关违反第 4 条在印度境外持有资产的特殊规定	（1）在收到任何信息或其他消息后，如果中央政府指定的授权官员有理由认为位于印度境外的任何外汇、外国证券或任何不动产涉嫌违反第 4 条规定，该官员可以在书面记录原因后，通过命令的方式没收位于印度境内的等值外汇、外国证券或不动产： 如果此类外汇、外国证券或任何位于印度境外的不动产的总价值低于规定的价值，则不得进行此类扣押。 （2）扣押令连同相关材料应提交至中央政府任命的主管当局，该主管当局的级别在扣押实施之日起 30 日内不应低于授权官员指定的印度政府联合秘书级别。 （3）主管当局向执法局和受害人代表提供意见听取机会后，应在扣押之日起 180 天内肯定或撤销扣押令。 注释：在计算 180 天的期限时，法院授予的暂缓期限应排除在外，并应从解除该暂缓令之日起再授予至少 30 天的期限。

（续表）

第 37A 条 有关违反第 4 条在印度境外持有资产的特殊规定	（4）主管当局确认扣押等价资产的命令应持续到裁决程序结束，此后，裁决当局应在裁决令中就第（1）款项下的扣押所采取的进一步行动作出适当指示： 如果在本法规定的裁决程序的任何阶段，受害人披露了此类外汇、外国证券或不动产的事实并将其带回印度，主管当局或裁决当局可以根据情况，在收到受害人此等申请后并向受害人和执法局代表提供听取意见的机会后，通过其认为合适的命令，包括撤销根据第（1）款作出的扣押。 （5）任何受到主管当局命令影响的受害人，均可向上诉法庭提起上诉。 （6）本法第 15 条中的任何规定均不适用于本条。

三、印度当局对小米税收问题调查的原因与目的

（一）兰迪律师事务所刘逸星律师的分析[①]

根据刘律师公开发表的视频，刘律师认为印度当局冻结小米如此数额之大的净额资产，却仅指控小米违反了《外汇管理法》，并不是违反其他税法或者更严重的法律，从形式上判断，该行为是印度当局对中国企业的过度执法。当然，这件事并不能简单地只进行法律判断，实际上应从更深层面的两国之间的关系进行解读，洞察印度国家层面对中资企业采取如此过度执法的背后所存在的国家阴谋。

第一，从当地媒体报道中可以看出，印度精英阶层对中国的了解并不多，他们自认为中国并不是那么强大，所以这次欧美围堵中国、欧美断绝中国供应链，以及中国自身遭受疫情的境况是当前打击中国的一个

① 刘逸星：《印度冻结小米五百亿背后的国家阴谋》，https://www.bilibili.com/video/BV1wu411r72B/?vd_source=e92dccf7551412d59bbde567b676cb9b，2023 年 5 月 24 日访问。

时间点与时机，他们有能力落井下石，协助美国来遏制中国。然而这是对中国的错误判断。

第二，就印度本身的历史而言，无论是1962年战争、印巴战争，还是近几年来的中印边境纠纷，印度社会的整个精英阶层都弥漫着一种仇恨情绪。这种仇恨比较根深蒂固，所以，近几年来印度政治精英和司法精英阶层对中国企业进行严重的过度执法。

第三，就印度的整个国家战略而言，莫迪上台后，印度政府确实是想把世界的制造业中心从中国移到印度，所以希望截留或转移中国的制造业。印度政府认为手机制造业很可能自己能够生产甚至已具备向美国供货的条件，于是对中国企业下手，认为采取这种措施有助于印度本土的手机制造业或者其他制造业的崛起，进而替代中国的出口能力，或者形成印度的产业链，加剧削弱中国的制造业。

第四，印度国家本身税源很少，也没有土地资源，国家的最主要产业与经济都掌握在权贵阶层手里。这些权贵阶层具有足够的能力通过官商勾结来偷漏税或避税，因此印度表面上看所得税比较高、营业税比较高，但印度税务部门在实际执法过程中的税源是非常少的。另外，印度政府自身腐败也浪费了很多财力与物力，当印度政府没钱时就会过度执法，将矛头指向华人企业和中资企业。

小米近期遭到印度税务部门多方围堵，是多种因素综合作用的结果。

其一，印度税收方面的营商环境一直有待改善，历史上有多家外企曾遭到印度税务部门调查，所以，此次出现小米税收事件并不意外。根据世界银行发布的营商环境排名，印度的整体营商环境由2016年全球排名第130名上升至2019年第63名，印度排名上升是因为在新设公司、处理建筑许可、跨境贸易、破产清算这四个方面有所改善，但印度的税收执法问题依然严重。英国电信公司沃达丰曾经与印度税务部门引发旷日持久的税务纠纷即为例证。

其二，小米印度公司的生产经营活动不符合当前的印度电子产业发展规划，所以成为税务部门的打击对象。这主要基于两点：（1）根据印度2019年《电子产业国家政策》，印度计划促进本土电子产业的设计与生产，并将手机等电子产品出口作为近期印度本土制造业的发展目标。小米目前在印度智能手机市场占有最大份额，但并不属于印度人所认可的本土企业。同时，小米生产的多数手机均在印度境内销售，不符合印度政府所期待的本土生产并销往国外的愿景。（2）2019年《电子产业国家政策》指出印度面临着电子产品进口所引发的外汇平衡问题，印度将为此采取多项措施来强化本土附加值的生产制造。小米印度公司不仅进口大量的手机零部件，还向境外支付大额特许权使用费，这不符合印度政府所持有的加强本土增值生产与外汇流入的愿望。

其三，自新冠疫情及中印边境纠纷以来，印度与我国之间的关系紧张，这导致小米成为印度的打击对象之一。例如，2020年4月17日，印度颁布了第3号命令，要求来自印度邻国的投资必须走政府审批渠道。2020年5月，中国电信企业未获印度批准参与印度的5G通信实验。2020年6月以来，印度当局多次查封中国APP。2020年10月，印度电子与信息技术部公布了“生产挂钩激励计划”，三星、富士康等16家公司获得了该计划支持，但中国小米、vivo等企业均未入选。2022年2月，印度收入所得税部门搜查了华为在印度的多处办公地址，指控华为涉嫌逃税。

四、中资企业在印度运营的风险规避与法律应对

首先，中资企业应做好印度运营的风险评估与合规安排，做好随时应对印度当局突击检查的准备。中资企业应按照印度法律和全球公认的会计准则建立完善的公司会计制度，妥善保管各类合同、单证、账簿和凭证。特别应注意的是，中资企业应加强关联企业之间的交易合规审查，对交易的真实性问题做好证据保留。中资企业不仅应防范日常生产经营的法律风险，还应防范地缘竞争中的政治问题所引发的法律问题，关注印度以保护国家安全为名可能采取的例外措施对中资企业的不利影响。

其次，中资企业应做好生产经营的本土化工作，制定妥善的员工关怀方案，尤其应为公司高管提供收入激励与法律支持服务，防止公司高管在接受印度当局调查时作出不实陈述。一方面，妥善的员工关怀方案能够形成良好的企业文化，提高企业形象，减轻印度社会对中资企业的仇恨心理。另一方面，公司高管可能因公司事宜接受印度当局的调查与威胁，公司应针对高管制定相应的培训与法律支持计划，提高公司高管的心理安全与法律认知，确保高管能够理性应对印度当局的突击调查与盘问。

再次，中资企业遇到法律纠纷，应坚持合法手段解决问题，对印度司法的公正性应保持信心。印度的一些法律规定可能违反非歧视原则，有利于印度本土企业；印度执法部门也可能存在腐败问题，执法不公现象时有发生。印度虽然可能存在立法与执法不公问题，但这不意味着中资企业可以采取贿赂或其他非法手段解决纠纷。一旦某个中资企业成为

印度当局的关注重点，该企业可能多次轮番遭到印度当局的调查，以非法手段处理纠纷可能引起更严重的法律后果。比较而言，印度司法较为公正，如果中资企业不能与印度当局达成和解，通过印度法院诉讼解决纠纷不失为适当的解决途径。

从次，如果中资企业遇到印度当局不当执法，也可依据《中印投资促进与保护条约》提起投资者与东道国之仲裁。该条约规定了投资者应享受国民待遇和最惠国待遇，于 2007 年 1 月 8 日正式生效。虽然印度于 2018 年 10 月单方面终止了该条约，但根据条约中的日落条款，条约终止后十五年内对于终止日之前所作出的投资依然有效。[①] 因此，对于 2018 年 10 月之前中资企业作出的投资，中资企业可以依据该条约对印度政府提起国际仲裁。

最后，中国驻印度大使馆可加强与印度当局之间的沟通，为中资企业争取公平公正的营商环境；若沟通失败，中国政府可以考虑在 WTO 起诉印度政府。保持中印之间的友好关系、以协商方式解决纠纷，是我国在国家层面于当前复杂的国际环境中的首要选择。然而，若印度政府一意孤行，坚持出台歧视中资企业的立法，坚持打击中资企业在印度的合法经营活动，我国政府可以依据 WTO 中的非歧视原则，采用 WTO 争端解决机制对印度相关立法和行政行为提起诉讼。虽然当前 WTO 上诉机构已经瘫痪，但如果能获得有利于我国的专家组裁决，也会对印度形成国际压力。

---

① The Agreement between the Government of the Republic of India and the Government of the People's Republic of China for the Promotion and Protection of Investments, Article 16(2).

第三篇　环境、社会与治理（ESG）合规

第十章　绿色“一带一路”倡议下企业境外投资ESG合规风险及规制

一、绿色“一带一路”倡议与ESG规则

（一）绿色“一带一路”倡议背景

“一带一路”倡议自2013年提出以来，成为深受沿线国家欢迎的国际公共品供给平台。2015年，国家发改委、外交部和商务部发布《推动共建丝绸之路经济带和21世纪海上丝绸之路的愿景和行动》，提出了绿色“一带一路”的建设理念，要求企业“在投资贸易中突出生态文明观念，加强生态环境、生物多样性和应对气候变化合作，共建绿色丝绸之路”。①2017年，习近平总书记在首届“一带一路”国际合作高峰论坛上，首次提出共建绿色“一带一路”的倡议。同年，环保部推出了《关于推进绿色“一带一路”建设的指导意见》，为实践层面如何更好实现绿色“一带一路”倡议提供了方向指引。习近平总书记在2021年举办的第三次“一带一路”建设座谈会上再次强调，要正确认识和把握共建“一带一路”面临的新形势，“完整、准确、全面贯彻新发展理念，以高标准、可持续、惠民生为目标”，“努力实现更高合作水平、更高投入效

① 《推动共建丝绸之路经济带和21世纪海上丝绸之路的愿景与行动》，http://hr.mofcom.gov.cn/article/jmxw/201503/20150300925991.shtml，2023年2月27日访问。

益、更高供给质量、更高发展韧性”，推动共建“一带一路”高质量发展不断取得新成效。①

绿色“一带一路”倡议是实现“一带一路”高质量发展目标的重要内容，“一带一路”的高质量发展又是我国持续推进对外开放、履行全球治理体系变革责任、构建人类命运体共同的应有之义。②今年是“一带一路”倡议提出的十周年。十年来，我国始终积极践行绿色发展理念，同有关国家和国际组织签署了50多份生态环境保护合作文件，与28个共建国家发起“一带一路”绿色发展伙伴关系倡议。③绿色“一带一路”已从倡议走向实践、从愿景变为行动，正在成为“一带一路”倡议的新热点、新亮点和新增长点。凸显了中国企业对沿线国家承担的社会责任，彰显了中国负责任的大国形象。

（二）ESG理念与践行必要性

环境、社会和治理（Environmental, Social and Governance，ESG）理念是一种可持续发展理念，要求企业在从事商业活动时，必须考虑自身的生产及货物流通等行为对环境保护的负面影响，充分履行社会责任，提高企业的治理水平。④近几年来，随着各国环境保护力度的不断

---

① 《推动共建“一带一路”高质量发展，习近平作出全面部署》，http://politics.people.com.cn/n1/2021/1120/c1001-32287538.html，2023年2月27日访问。

② 朱磊、陈迎：《“一带一路”倡议对接2030年可持续发展议程——内涵、目标与路径》，载《世界经济与政治》2019年第4期。

③ 《2023年2月24日外交部发言人汪文斌主持例行记者会》，http://new.fmprc.gov.cn/web/wjdt_674879/fyrbt_674889/202302/t20230224_11031214.shtml，2023年3月3日访问。

④ Korinth F and Lueg R, Corporate Sustainability and Risk Management—The U-Shaped Relationships of Disaggregated ESG Rating Scores and Risk in the German Capital Market, 14(9) Sustainability 5735 (2022).

增强，企业尤其是大型企业和跨国企业，对ESG规则给予了越来越高的重视。

ESG理念将对企业经营情况的评价标准从单一的财务指标扩充到包括环境保护、社会责任和治理水平等更加综合、立体化的指标体系，有助于实现经济的可持续发展。[①] 环境维度的评价指标包含企业在自然资源保护、环保投入、绿色技术、气候变化、污染防治和生物多样性等方面的努力；社会维度的评价指标主要包括产品质量安全、劳工权益保护、性别平等以及公共关系维护等方面；公司治理维度的评价指标意在提升企业在董事会治理、风险管理、制度能力、信息披露、反贿赂和反腐败、透明度以及道德行为准则等环节的表现。[②]

目前，ESG规则已被国际社会广泛认可，包括中国在内的60余个国家加入了联合国责任投资原则组织（UNPRI）。该组织主要负责考察企业是否履行了ESG规则，评价公司的ESG管理水平。[③] 世界银行旗下的国际金融公司发布的《可持续性框架》也充分体现了ESG可持续发展理念，该框架包含的《环境和社会可持续性政策》与《国际金融公司环境和社会可持续性绩效标准》被“赤道原则”[④] 和经济合作与发展组织（OECD）等国际组织广泛应用于企业环境和社会责任评

① 陈宁、孙飞：《国内外ESG体系发展比较和我国构建ESG体系的建议》，载《发展研究》2019年第3期。

② 屠光绍：《ESG责任投资的理念与实践（上）》，载《中国金融》2019年第1期。

③ 王凯、张志伟：《国内外ESG评级现状、比较及展望》，载《财会月刊》2022年第2期。

④ “赤道原则”于2003年由花旗集团、荷兰银行等私人银行团体制定，采用了世界银行的环境保护标准与国际金融公司的《可持续性绩效标准》社会责任方针，为金融机构以及项目运营方提供一套风险识别指标。目前全球范围内已有超过90家银行和金融机构采纳了赤道原则。

价。[1] 企业如果希望与世界银行等机构合作或与 OECD 成员国进行贸易，就必须遵守 ESG 规则。

ESG 规则作为世界各国对企业可持续发展能力的公认评价标准，在中国推进绿色发展、实现生态文明建设过程中的重要性也日益凸显，拥有巨大的发展潜力。自 2005 年起，我国就开始引导企业的可持续发展，推行了一系列政策并取得了显著成效。中国“十四五”规划明确要求贯彻落实创新、协调、绿色、开放、共享的发展理念，推动更高质量、更有效率、更加公平、更可持续和更加安全的发展，深刻反映了 ESG 的核心理念。[2] 同时，ESG 理念与绿色“一带一路”倡议也高度契合，许多中国“走出去”企业在海外建设了一系列高质量的基础设施项目，在项目实施过程中强调完善治理架构，加强环境、社会风险识别和管理，注重带动当地就业及民生改善，为所在国家、地区的繁荣发展奠定了良好基础。

遵守 ESG 规则，能够帮助中国企业在“一带一路”沿线国家进行投资时，避免遭遇环境保护、社会责任等方面的合规风险，保障项目和企业的良性运作。[3] 若境外投资企业的 ESG 理念淡薄，一旦在环境保护、用工标准、征地移民等方面出现负面问题，就可能陷入诉讼纠纷或引发东道国当地群体的抵抗，还会面临“掠夺式发展”等负面舆论，导致项目进程受阻。[4] 遵守 ESG 规则的企业则能

---

① 金希恩:《全球 ESG 投资发展的经验及对中国的启示》，载《现代管理科学》2018 年第 9 期。

②③ 蓝庆新等:《绿色“一带一路”建设现状、问题及对策》，载《国际贸易》2020 年第 3 期。

④ 盛斌、靳晨鑫:《“一带一路”倡议：引领全球包容性增长的新模式》，载《南开学报（哲学社会科学版）》2019 年第 6 期。

够逐步构建起ESG优势，既缓解融资约束，有效降低跨境投资成本，也展现了负责任的中资企业形象。同时，“一带一路”沿线国家大多生态环境比较脆弱，大规模的基建项目易对生态环境造成难以修复的损害，企业在“一带一路”倡议中对ESG理念的落实有助于提升沿线国家的可持续发展能力，是人类命运共同体理念落实的必然要求。①

（三）中国绿色“一带一路”与ESG立法

为推动企业在境外投资时践行绿色环保标准和社会责任，提升可持续发展能力，中国政府自2013年“一带一路”倡议提出以来集中颁布了一系列政策和指导文件（见表10-1）。但是，中国目前有关环境、社会和治理的责任理念，分散在商务部、生态环境部等颁布的各项规章制度之中，尚缺乏针对ESG的专门立法。

2016年，国资委印发《关于国有企业更好履行社会责任的指导意见》，显著加强了对国有企业社会责任工作的指导。②2017年国家发改委颁布的《企业境外投资管理办法》明确规定，境外投资企业应履行必要社会责任、注重生态环境保护。③生态环境部等联合发布的《关于推进绿色“一带一路”建设的指导意见》和《“一带一路”生态环境保护合作规划》中指出，在“一带一路”倡议中要突出生态文明理

---

① 田颖聪：《“一带一路”沿线国家生态环境保护》，载《经济研究参考》2017年第15期。

② 《对外投资合作绿色发展工作指引》，https://www.mee.gov.cn/xxgk2018/xxgk/xxgk05/202201/t20220110_966571.html，2023年2月17日访问。

③ 《企业境外投资管理办法》，http://www.mofcom.gov.cn/article/zcfb/zcwg/ 201803/20180302719303.shtml，2023年2月17日访问。

念，加强生态环境保护，发展绿色贸易，加快绿色投资。①2021年商务部、生态环境部发布的《对外投资合作绿色发展工作指引》旨在推动企业积极履行环保责任，在遵守联合国气候变化框架公约、生物多样性公约、2030年可持续发展目标、“一带一路”绿色投资原则等要求的条件下，开展对外投资合作。2022年，国家发改委等联合发布的《推进共建“一带一路”绿色发展的意见》要求境外投资企业围绕绿色基建、绿色能源、绿色交通、绿色金融等领域务实合作，压实企业境外环境行为的主体责任，做好环境风险识别与防范，切实有效防范境外项目气候和生态环境风险。②在相关法律法规的修订中，我国立法部门也逐渐提升了对企业社会责任的要求。如《公司法》第5条明确规定企业需要承担社会责任，接受各界监督；《劳动法》对职工权益做了详细规定；《消费者权益保护法》规定了生产经营者的诚信义务、安全保障义务。

综合来看，中国关于绿色“一带一路”倡议和ESG方面的立法，呈现出数量快速上升、对企业行为指引更加明确以及注重与绿色金融等新业态相结合的特点。未来，中国应积极整合分散、碎片化的法律法规，将各项指引和意见中关于环境、社会和治理责任方面的规定统一，形成如《企业境外投资ESG指引》等专门性文件，进而更好规制企业行为，推进“一带一路”倡议绿色发展，实现可持续发展。

① 《关于推进绿色“一带一路”建设的指导意见》，https://www.mee.gov.cn/gkml/hbb/bwj/201705/t20170505_413602.htm，2023年2月17日访问。

② 《关于推进共建“一带一路”绿色发展的意见》，https://www.mee.gov.cn/xxgk2018/xxgk/xxgk10/202203/t20220329_972898.html，2023年2月17日访问。

表 10-1　绿色“一带一路”及 ESG 相关的国内立法

年份	发布单位	名　　称
2009	国家林业局（已撤销）、商务部	《中国企业境外森林可持续经营利用指南》
2012	银监会	《绿色信贷指引》
2013	商务部、生态环境部（原环境保护部）	《对外投资合作环境保护指南》
	商务部	《规范对外投资合作领域竞争行为的规定》
	商务部、外交部、公安部	《对外投资合作和对外贸易领域不良记录试行办法》
	商务部、外交部、住房城乡建设部	《对外投资合作境外安全事件应急响应和处置规定》
2014	商务部	《境外投资管理办法》
2015	人民银行、财政部、国家发展改革委、生态环境部（原环境保护部）、银监会、证监会、保监会	《关于构建绿色金融体系的指导意见》
2016	国务院国有资产监督管理委员会	《关于国有企业更好履行社会责任的指导意见》
2017	国家发展改革委	《企业境外投资管理办法》
	生态环境部（原环境保护部）、外交部、国家发展改革委、商务部	《关于推进绿色“一带一路”建设的指导意见》
	生态环境部（原环境保护部）	《“一带一路”生态环境保护合作规划》
2021	商务部、生态环境部	《对外投资合作绿色发展工作指引》
	国家开发银行	《实施绿色低碳金融战略支持碳达峰碳中和行动方案》
	生态环境部、商务部	《对外投资合作建设项目生态环境保护指南》
2022	国家发展改革委、外交部、生态环境部、商务部	《推进共建“一带一路”绿色发展的意见》

二、绿色“一带一路”倡议下的ESG合规风险

由于不同国家的生态环境和法律政策均存在差异，加之中国企业对外投资的重心仍是制造业、基础设施业等行业，中国企业对外投资极易遭遇环境政策变动、环境损害赔偿、环境纠纷解决等环境合规风险；劳动安全卫生、劳工权益、劳务输出等社会责任合规风险；还可能涉及信息披露、公司治理等方面的合规风险。为提高境外投资企业的守法经营意识和风险防控水平，下文细致梳理我国企业在“一带一路”倡议走出去中可能面临的ESG合规风险，以便企业有针对性地建立起合规治理体系，预先防范和化解各类合规风险，切实保障企业投资利益，落实绿色“一带一路”倡议。

（一）环境保护合规风险

第一，环境政策合规风险。在对外投资的风险因素中，政策因素始终是核心存在。环境政策合规风险是指中国企业在对外投资过程中，由于东道国国家环境政策变化及执行强度的变化等方面造成的合规风险。根据经济发展阶段以及当地环境条件的不同，东道国可能会适时调整环境政策。政策变化是企业难以预料的，尤其是东道国的环境政策和规划，往往呈现出偏严偏紧的趋势。此外，立法执行的力度与对企业的规制强度具有高度相关性，这也是环境合规风险的直接来源，因此必须要谨慎客观对东道国的环境政策进行监测和评估，尽可能地化解环境政策合规风险。①

① 洪俊杰、张宸妍：《产业政策影响对外直接投资的微观机制和福利效应》，载《世界经济》2020年第11期。

第二，环境损害赔偿风险。环境损害赔偿风险指企业的投资与生产经营活动对当地自然资源和生态环境造成破坏所需承担责任的风险。环境破坏责任在“一带一路”倡议实施过程中普遍存在，其特点是赔付责任重、损失大、持续时间长。在“一带一路”沿线国家，中国企业以投资电力等大型制造业项目为主，建设过程本身就具有高污染性，而沿线国家多为发展中国家，本身工业基础薄弱，绿色生产技术也不够成熟。如果在产品制造和生产过程中，对工业设备操作失控或不规范以及维护不合理，都有可能使工业垃圾和废料无法得到妥善处理，进而加剧对环境产生的负面影响。[①] 另外，部分东道国本身就存在较为严重的生态环境问题，尤其是东南亚、中亚、中东地区，普遍遭受环境破坏、水土流失等问题的威胁，却往往缺乏专业的环境监测及评估系统，也没有建立完善的环境保护机制，增加了中国企业对外投资中的环境破坏风险。[②]

第三，纠纷解决合规风险。中国企业境外投资操作不当致使项目运行产生环境污染事故或引发环境污染灾害后，极有可能被东道国政府强制要求进行环境修复，并赔偿巨额资金，甚至停产停业或被勒令退出东道国市场。在发生环境损害纠纷后，东道国可能会根据环境破坏的严重程度、自然再生的可能性、对经济发展的影响和对居民的健康危害等方面来综合评估企业修复方式和标准。[③] 这种不确定性的修复和赔偿标准加剧了投资中的合规风险。若企业被强制退出东道国市场，往往面临吊销营业执照、许可证书等行政处罚以及高额的民事赔偿，相关责任人员

---

① 朱正远：《“一带一路”倡议下中国企业对外投资的环境风险与防范》，载《河海大学学报（哲学社会科学版）》2021年第6期。

② 陶平生：《全球治理视角下共建“一带一路”国际规则的遵循、完善和创新》，载《管理世界》2020年第5期。

③ 侯健：《当代中国环境治理的权利观》，载《中国环境管理》2021年第1期。

甚至可能面临较重的刑事制裁。并且环境诉讼成本高昂、历时长久，将对企业生产经营和可持续发展带来深远负面影响。①

（二）社会责任合规风险

世界银行将企业社会责任定义为企业在从事经营活动时，需要承担对员工、社会和环境等方面的社会责任，包括遵守商业道德、安全生产、保障员工职业健康、保护劳动者的合法权益等。世界银行的社会责任概念和ESG的核心理念高度一致。因此，企业在“走出去”时必须承担起对劳动者的社会责任，遵守东道国劳动相关法律及习俗，努力规避劳工安全、劳动卫生、劳工权益、劳务输出等社会责任合规风险。

第一，劳动安全卫生合规风险。由于我国与“一带一路”沿线国家在企业发展结构、生产安全卫生标准规定上的不同，很有可能产生生产安全、劳动卫生合规风险。我国《劳动法》等法律法规中仅对特殊职业的生产安全、劳动卫生作出了原则性的规定，例如劳动者在劳动过程中必须严格遵守安全操作规程；用人单位必须为劳动者提供符合国家规定的劳动安全卫生条件和必要的劳动防护用品，对从事有职业危害作业的劳动者应当定期进行健康检查等。②2021年修订的《安全生产法》对企业生产作业、设施设备、人员管理、安全风险控制等提出了新要求。而部分东道国不仅要求特殊行业要重视生产安全，对于普通行业企业的一般性生产活动也规定了严格细致的安全和卫生标准。中国企业在对外投资建设过程中，还需了解当地安全生产、施工等政策，若违背国内外政

① 陈德敏、郑泽宇：《中国企业投资“一带一路”沿线国家环境风险的法律法规》，载《新疆社会科学》2020年第2期。

② 《中华人民共和国劳动法》第52条、第54条。

策法规，发生劳动安全、卫生事故，不利于企业投资平稳有序开展。

第二，劳工权益保护合规风险。劳工权益保护合规风险主要是指平等就业、种族和性别平等、薪酬福利、工时休假等涉及劳动者权益的相关风险。首先，各国法律普遍规定了公民有平等就业的权利，但有些区域民族、宗教特殊，如果投资时未注意这些敏感问题，触犯了相关宗教、法律等规定，可能会遭到民族抵制或法律处罚。其次，性别和种族歧视等平等就业问题发生在员工就业的任一时段，包括招聘时的性别限制，以及在职期间对女性员工怀孕、休产假等方面的不合理要求和不公正待遇。① 再次，我国对企业薪酬福利方面的规定不够全面、执行不够严格，但“一带一路”沿线诸多国家对于员工薪酬福利有具体细致的规定和标准，如果我国企业对相关规定不了解或不予严格遵守，很容易引起当地劳动者的不满。

第三，劳务输出合规风险。根据“一带一路”沿线国家的相关法律规定，除了极少数国家对外籍员工短期内无工作许可证的限制，大部分国家基本要求外籍员工取得工作许可。② 因此，工作许可证制度是外籍劳工进行务工的必要证件，如果企业忽视在东道国工作许可的办理，可能受到务工地国家法律的处罚。

（三）公司治理合规风险

第一，信息披露合规风险。目前，我国ESG信息披露标准尚未统

① 刘健西、邓翔：《“一带一路”东南亚沿线国家投资的劳工风险研究》，载《四川大学学报（哲学社会科学版）》2022年第1期。

② 杜玉琼：《“一带一路”倡议下中国企业投资印度的法律风险及防范研究》，载《江海学刊》2018年第2期。

一，企业披露的社会责任报告负面指标较少，社会、环境等关键指标缺乏。①ESG 信息披露的相关数据收集、分析、计算等工具未完全实现智能化、自动化，所采集数据的规范性、权威性有待考究。②同时，中国国内对上市企业的 ESG 披露要求较低，非上市企业不需要披露 ESG 相关标准，可能与世界银行等国际组织以及东道国的信息披露要求存在冲突。此外，我国虽持续与不同国际组织进行合作，但是各机构采取的 ESG 评级指标、权重也有所不同，我国企业的评估结果又往往针对环境、社会等单项指标，由此带来合规风险。

第二，公司治理合规风险。在“一带一路”沿线国家投资时，中国企业的内部治理尚需进一步规范，目前存在着董事会与监事会职能界定不明晰、董事履职能力较为低下、风险治理水平有待提高等问题。③一方面，“一带一路”沿线国家的制度环境存在较大差异，如果公司违反了相关竞争政策、采购规定、商业秘密、信息披露和关联方交易等规定，就可能面临较大合规风险。④另一方面，企业通常也需要同世界银行等国际机构进行密切合作，这些机构实施的 ESG 标准对公司的治理水平提出了较高要求。目前，我国部分大型央企已构建起相对完善的公司治理体系，包括发布《员工管理条例》和《诚信合作宣言》等规章制度，设立举报热线及信箱等纠查途径。但大多数企业的公司治理体系仍

① 杜兴强等：《“一带一路”沿线国中国企业外部审计治理与公司信息披露质量》，载《中央财经大学学报》2022 年第 5 期。

② 袁利平：《公司社会责任信息披露的软法构建研究》，载《政法论丛》2020 年第 2 期。

③ 操群、许骞：《金融“环境、社会和治理”(ESG) 体系构建研究》，载《金融监管研究》2019 年第 4 期。

④ 祝继高等：《“一带一路”倡议下中央企业履行社会责任研究——基于战略性社会责任和反应性社会责任的视角》，载《中国工业经济》2019 年第 9 期。

不完善，存在诸多合规漏洞。

三、绿色“一带一路”倡议下 ESG 合规风险成因

（一）东道国 ESG 规则存在较大差异

由于“一带一路”沿线各国的经济结构、政治法律制度、监管体系、文化习俗等方面存在较大差异，各国 ESG 规则也不尽相同。一些经济较发达的国家，环境保护意识强烈，较早认识到了企业社会责任的重要性，法律法规相对成熟，信息披露要求较高。例如，欧盟在 20 世纪初即发布了《欧洲关于企业社会责任的基本条件》绿皮书以及《关于企业社会责任的报告：企业对可持续发展的贡献》，明确提出了欧洲企业在环境、社会和经济方面的尽责行动框架，影响到欧洲投资者在共建“一带一路”过程中的 ESG 理念践行。[①] 新加坡、巴西等国，以及中国香港对在本国、本地区上市公司的 ESG 信息披露也有明确要求，采取了“不披露就解释”原则，但并未对参与共建“一带一路”的企业提出绿色投资的具体规定。

相反，“一带一路”沿线大多数为发展中国家，发展较为落后。譬如中东、中亚等地区时有骚乱事件发生，民族文化、社会风俗及宗教信仰也较为复杂，影响投资的安全性和稳定性。东南亚各国政治文化制度也存在显著差异，大陆法系和普通法系共存。[②] 为吸引外资投入，部分东道国降低甚至取消环境保护标准，有关企业社会责任、信息披露等规定

① 林波、殷格非：《欧洲：企业社会责任国家战略及意义》，载《WTO 经济导刊》2012 年第 4 期。

② 张晓静等：《“一带一路”高质量发展背景下中国企业“走出去”的战略思考》，载《国际贸易》2020 年第 1 期。

更是寥寥无几，给海外投资者留下了任意解释的操作空间。此外，政府行为缺乏透明度、地方环境执法部门随意扩大执法范围等问题也较为普遍。① 总之，各国的政策差异性与变动性对“走出去”企业的投资方向、投资预测、用工管理等方面都提出了较高的要求，从宏观指导激励政策到语言沟通禁忌等，都将对投资形成影响，不及时准确地把握各国社会文化特点及相关规定，很容易导致投资偏离，甚至激化与当地人民的矛盾。②

（二）对外投资企业 ESG 合规意识淡薄

尽管 ESG 的理念在全球范围内得到广泛认可，然而中国企业的 ESG 合规意识依旧比较淡薄，往往强调效率而忽视环境保护和社会责任，制约了企业的长远发展。尤其是普通国有企业与民营企业，规模较小，信息不透明，一直没有形成完整的公司治理体系，缺乏 ESG 规则的有效约束。中国企业对“一带一路”投资多集中于能源、道路和基础设施建设等污染风险较高的领域，加之沿线国家生态环境较为脆弱，客观上对投资者的环境责任和环保型排污设施水准要求更为严格。在环保设施、技术的投入上，中小企业自身实力不足，难以负担或者不愿负担高昂的环境保护成本，更注重对东道国环境保护法律的规避。③ 在复杂的国际国内形势下，以往粗放的发展模式已经彻底行不通，中国企业迫

---

① 肖蓓：《中国企业“一带一路”项目投资中生态环境风险的成因分析》，载《国际论坛》2019 年第 4 期。

② 杜莉、马遥遥：《“一带一路”沿线国家的绿色发展及其绩效评估》，载《吉林大学社会科学学报》2019 年第 5 期。

③ 徐卫东、闫泓汀：《“一带一路”倡议下的海外投资法律风险对策》，载《东北亚论坛》2018 年第 4 期。

切需要转型和进一步深化改革。

（三）母国政府监管体系尚不完善

到目前为止，我国与保障绿色“一带一路”倡议相关的 ESG 规范性文件并不多。境外投资法律框架仍处于较分散状态，且大多数规范性文件位阶不高。[①] 中国现有的境外投资法律规范还无法适配当前东道国施加给中国境外投资企业越来越繁重的 ESG 方面的义务要求。此外，相关法规也更多关注于环境保护等相对单一的内容，缺乏对社会责任、公司治理等领域的关注。中国作为共建“一带一路”的倡议者与主要推动力量，尚未出台官方的鼓励“一带一路”ESG 投资的相关文件。ESG 投资理念对于国有大型银行、开发银行以及央企、国企来说，仍未被普遍接受和践行。对于绝大多数“一带一路”沿线发展中国家，ESG 发展都尚在起步阶段，甚至很多国家仍然处在粗放型经济发展阶段，缺乏 ESG 投资的政策框架和操作指南以及明确的 ESG 合规义务指引。

四、绿色“一带一路”倡议下 ESG 合规风险规制建议

ESG 规则为中国“走出去”企业提供了更加清晰的管理框架，支持企业优化风险防控，形成有力的现代化企业管理体系，从而提升经济可持续性，实现“更高的投入效益、更高的发展韧性”，达到高标准、高质量发展的目标。[②] 中国作为共建“一带一路”的主要力量，应当主动

① 龚柏华：《论境外投资规制中可持续发展理念》，载《政法论丛》2022 年第 2 期。

② 操群、许骞：《金融“环境、社会和治理”（ESG）体系构建研究》，载《金融监管研究》2019 年第 4 期。

积极在共建“一带一路”过程中传播推广 ESG 理念。

（一）国家层面

首先，中国应当在“一带一路”建设中积极融入绿色因素，将传统的道路、电力等基础设施建设“硬项目”转变到绿色投融资的“软联通”上来。建立“一带一路”框架下的 ESG 协调机制，运用多边对话等方式共同协商解决中国与沿线国家在环境、社会和公司治理等方面遇到的问题，促进绿色“一带一路”高质量发展。发挥亚洲基础设施投资银行等金融机构的作用，将绿色金融与“一带一路”建设有效连接，为相关投资项目提供绿色优惠、信贷债券等方面的支持，促进绿色金融体系构建。在《“一带一路”绿色投资原则》框架下推动务实合作，增加沿线国家与中国利益相关度和对中国倚重，深化绿色伙伴关系。①

其次，加强与“一带一路”沿线国家绿色发展倡议的协调合作。近年来，中东、东南亚等国家积极推出绿色战略，将可持续发展作为推动经济复苏的战略选择，中国应当积极同沿线国家进行 ESG 相关标准的协调和对接，对企业的贸易和投资行为进行有效约束，提升共同应对全球气候变化等环境问题的能力，实现中国与“一带一路”沿线国家绿色经济结构转型，带动沿线国家和地区落实联合国《2030 可持续发展议程》，共建人类命运共同体。②

最后，应在绿色“一带一路”建设中完善 ESG 规则。在严峻复杂

① 信瑶瑶、唐珏岚：《碳中和目标下的我国绿色金融：政策、实践与挑战》，载《当代经济管理》2021 年第 10 期，第 91 页。

② 董亮：《国际规范、环境合作与建设绿色“一带一路”倡议》，载《中国人口·资源与环境》2022 年第 12 期，第 148 页。

的国际国内形势下，中国以 ESG 理念为核心推动绿色“一带一路”倡议，并积极组建绿色发展国际联盟，在国际上倡导“一带一路”可持续发展，有助于提升中国的负责任大国形象。中国应当持续推进 ESG 规则，搭建国际化的可持续发展平台，和沿线国家一道不断完善 ESG 合规体系标准，增强中国在全球环境治理及经济体系调整方面的政策引导能力、标准制定能力和国际影响力，在全球产业链布局和国际贸易投资规则变革中争取主动权。①

（二）企业层面

随着绿色“一带一路”倡议深入推进，中国企业对外投资面临的风险从传统的政治法律风险转变为环境、社会、公司治理等可持续发展的风险，因此企业应当运用 ESG 规则对自身行为进行规制，从环境、社会、公司治理方面进行 ESG 合规风险防范，进而实现可持续发展。

在环境保护层面，第一，企业应当加强 ESG 政策和标准对接，自觉承担环境责任，遵守东道国环境法律法规，深入了解投资地政府政策，并严格遵守相关国际标准，做好环境合规。第二，加强环境法律的培训，密切关注环境政策、法律法规的变化，制定事前事后应急方案。第三，投资前对东道国环境法律适用状况进行实地调查，可以与当地法院、律所面对面沟通，以此避免实际环境执法标准差异。第四，企业应针对“一带一路”沿线国家自然环境、资源等方面的特色，加强同第三方环保机构的合作，提倡发展节能减排的制造业和聚焦清洁能源的绿色产业，围绕绿色技术积极进行科技创新，将环境治理的相关经验运用到

① 吴志远：《我国绿色金融研究现状评析与展望》，载《湖南社会科学》2020 年第 5 期，第 58 页。

沿线国家中来。第五，根据《对外投资合作环境保护指南》的要求，建立内部环境合规制度和严格的环境风险防范机制，包括环保培育制度、环境信息公开、合规性审查、预防制度等，[①]将环境理念贯彻到公司投资的各个流程，同时重视对东道国环境破坏的修复和赔偿，避免造成更大的环境破坏。在面临环境冲突时，积极与东道国沟通，寻求调解等友好解决路径，避免陷入冗长的环保诉讼纠纷。[②]

在社会责任层面，企业应当加强对东道国的社会习俗、宗教文化等的了解，重视跨文化、跨地区交流，建立透明、全流程的利益相关方沟通机制，提高"一带一路"沿线国家和当地组织、居民对中国企业的信任度。第一，在基础建设过程中，企业应减少对气候、土壤、空气等方面的负面影响，并尽量保证当地居民原有的居住环境和生活状态不被破坏。第二，企业应主动承担相应的社会责任，落实安全生产义务，注重社会公益福利项目的积累，在符合相关要求的情况下，聘用东道国居民为企业员工并提供相应经济支持，保护劳工平等劳动权利、劳务安全等权益，充分尊重当地的民族文化及宗教信仰。第三，配合当地政府做好土地征用管理及移民安置、安保管理、应急准备等工作，接受各方监督、吸纳各方意见，营造良好的社会氛围，树立企业负责担当的良好形象。

在公司治理层面，企业应加强 ESG 合规体系建设，提高自身对环境、社会和公司治理各方面风险的监管及应对能力。第一，企业应坚持合规运营管理，明晰董事与监事的职能界定，提高董事履职能力，提高

---

① 巩固:《"一带一路"背景下中资企业境外环境行为法律规制探析》，载《环境保护》2017 年第 16 期，第 39 页。

② 肖蓓:《中国企业投资"一带一路"沿线国家的生态环境风险及法律对策研究》，载《国际论坛》2019 年第 4 期，第 89 页。

董事会、监事等管理层对公司治理的整体把控，[①] 杜绝对竞争政策、关联交易等基本法律法规的违反，加强对商业秘密泄露、商业贿赂事件的监督，提高惩治力度。第二，企业要加强对 ESG 风险的预防和管理，制定相应的应急防控措施，例如建立 ESG 信息数据库，梳理国内国外相关法规，设立 ESG 专职部门，聘请 ESG 专业顾问等。[②] 企业也应当将 ESG 管理理念向公司所有员工普及，将 ESG 体系下的合规管理纳入企业全流程的经营中。[③] 第三，企业应根据相关要求加强 ESG 信息披露，将 ESG 理念融入日常经营活动中，特别是在日常运营中加强对相关信息的记录与统计，以便信息披露有迹可循，提高真实性；同时，注重数据分析、计算等工具的升级换代，实现智能化、自动化，增强规范性与权威性，向利益相关者传递完整的企业信息；完善 ESG 评估指标、体系，为建立 ESG 实施标准助力，向“一带一路”沿线国家展现中国更好的投资形象。

五、本章小结

ESG 标准已成为中国“走出去”企业优化治理体系的重要指引。践行 ESG 理念，能够助推企业可持续发展。在“一带一路”倡议实施过程中，企业面临的主要 ESG 合规风险包括环境政策改变、生态环境破坏、自然资源损耗、环境纠纷化解等环境保护合规风险，劳动生产安

---

① 陈瑞华：《论企业合规的性质》，载《浙江工商大学学报》2021 年第 1 期。

② 张敏、朱雪燕：《“一带一路”背景下我国企业对外投资法律风险的防范》，载《西安财经学院学报》2017 年第 1 期。

③ 赵亚娜：《绿色“一带一路”倡议的实践路径与世界意义——基于全球环境治理的视角》，载《国际展望》2023 年第 1 期。

全、劳工权益保护、劳务输出等社会责任合规风险，以及信息披露和公司治理等合规风险。绿色“一带一路”倡议的推进离不开企业对潜在ESG合规风险的有效规制。宏观层面，我国“一带一路”倡议应实现从基础设施建设等“硬项目”向绿色投融资等“软联通”转型升级，将“一带一路”沿线国家绿色发展纳入到全球环境治理体系中。同时，应完善国内ESG相关立法，加快建立中国ESG合规标准，为企业跨境经营提供更明确的行为指引。微观层面，企业应借鉴诸多优秀项目经验，强化ESG合规意识，准确把握东道国相关法律政策规定，对标国际组织的ESG高标准，建立起合法、合规、有效的ESG风险管理体系与应急预案，加强环境、社会和公司治理等各因素合规风险的识别与治理，实现企业可持续发展，塑造中国“走出去”企业负责任的优秀形象。

第十一章　企业供应链环保合规风险及应对

一、引言

进入21世纪，人类在享受现代化生产方式和科技进步的同时，日益面临能源和资源短缺、生态环境胁迫、社会问题突出等带来的多重压力。在此背景下，可持续发展议题得到更广泛的关注。加强对环境与社会风险的识别、评估、管理与缓释，以对环境和社会负责的方式开展经济活动，成为全球企业、投资者和金融机构的共识。[①]1992年，联合国环境规划署金融倡议提出，希望金融机构能把环境、社会和公司治理理念纳入决策过程。[②]ESG理念是指企业在进行决策以及生产运营过程中，不能仅考虑财务效益，还要关注环境、社会和公司治理等方面的责任。与原先单一的环境责任、人权责任相比，ESG责任更具有综合性。

对于企业来说，尽管需要付出一定的资金成本，但积极履行社会责任一方面能够帮助企业获得良好声誉，提高竞争力和企业价值，另一方

---

① 世界财富50强中的35家公司和财富100强中的至少58家公司在其官方网站中发布了绿色供应链的相关信息。如沃尔玛、苹果公司、耐克公司等。See LeRoy Paddock and Natasha Rao, Green Supply Chain Management: A Perspective on Best Practices in GSCM Design, 71 Arkansas Law Review 487 (2018).

② 中国工商银行绿色金融课题组：《ESG绿色评级及绿色指数研究》，载《金融论坛》2017年第9期。

面也能帮助投资者识别风险和机遇，准确评估企业的回报预期。① 然而，过往 ESG 理念并未得到全面贯彻，其中不乏一些国际知名企业的公然对抗。例如，2015 年德国大众汽车（Volkswagen）在尾气排放测试中使用作弊软件的“排放门”事件震惊全世界。② 更讽刺的是，具有 80 多年经营史的大众公司曾制定过一项关于遵纪守法和恪守商业道德的“行为准则”。③ 诚然，在复杂的国际经贸新形势下，企业要避免其所在的供应链对环境造成破坏会面临很多困难，包括缺乏明确的法律规定、全球供应链的复杂性、市场压力、信息缺陷和监督成本等。这也使得监管跨国企业海外生产经营中侵犯人权和环境行为成为国际领域的治理难题。

欧盟及其成员国是以履行国家保护人权和环境义务的方式积极推动企业承担社会责任的主要实践者。自 2017 年以来，部分欧盟成员国陆续出台供应链追责立法。欧盟及其成员国也在 2020 年启动供应链可持续尽职调查立法进程，并于 2022 年 2 月 23 日正式公布《企业可持续性尽职调查指令草案》，④ 对供应链上的企业提出人权、环境和气候等方面

---

① 周方召等：《上市公司 ESG 责任表现与机构投资者持股偏好——来自中国 A 股上市公司的经验证据》，载《科学决策》2020 年第 11 期；王晓巍、陈慧：《基于利益相关者的企业社会责任与企业价值关系研究》，载《管理科学》2011 年第 6 期。

② 德国罗伯特博世有限公司向大众公司提供发动机管理非法软件，在 1000 多万辆柴油车上安装，用以操纵柴油车排放测试结果，使得被检测车辆高标准过关。该非法行为被美国相关机构起诉，仅民事赔偿、罚款和刑事罚金就高达近 200 亿美金，再加上品牌声誉等影响，大众公司为长达十年的欺诈、污染环境行为付出了高昂代价。

③ 汪榜江、黄建华：《企业可持续发展评价体系构建——基于环境、社会和治理因素》，载《财会月刊》2020 年第 9 期，第 110 页。

④ European Commission, Proposal for a Directive of the European Parliament and of the Council on Corporate Sustainability Due Diligence and Amending Directive (EU) 2019/1937, https://eur-lex.europa.eu/legal-content/EN/TXT/?uri=CELEX%3A52022PC0071, visited on 6 January 2023.

更广泛的合规要求。考虑到在欧盟及其成员国范围内迅速发展的企业供应链尽职调查立法对全球供应链治理体系具有一定影响，并且中国不仅是全球供应链的主要参与者，也是欧盟最大的贸易伙伴，及时梳理欧盟供应链立法现状与未来方向，可以为“走出去”的中国企业应对供应链环保合规风险提供理论支撑与实践参照。

二、欧盟提出的企业供应链环保合规新要求

随着社会公众环境保护意识日益增强以及诸多国家或地区环境法规的颁布施行，可持续发展已成为企业经营必须面对的关键问题。供应链全球化过程中所造成的环境污染使得供应链的环境治理受到广泛关注。① 保持供应链绿色化是欧美国家一直以来推行的生态企业策略，在多年的立法及实践中形成了较为成熟的经验与制度。近期欧盟及其成员国的供应链立法出现了一些新特点，对供应链上涉及的企业提出了“强制性”环境合规要求，尤其是欧盟层面的立法为企业规定了更为具体和严格的气候变化责任，增加了企业生产经营的合规风险，主要包括以下特征：

（一）合规主体范围不断扩大

第一，欧盟层面。2014 年发布的欧盟《非财务报告指令》第 1 条规定，非财务报表的披露义务只适用于员工超过 500 人的大型企业和集团母公司，免除了中小企业的相关义务。② 该适用范围参照公司的平

① 杨光勇、计国君：《构建基于三重底线的绿色供应链：欧盟与美国的环境规制比较》，载《中国工业经济》2011 年第 2 期。

② European Commission, Directive2014/95/EU of the European Parliament and of the Council, https://eur-lex.europa.eu/eli/dir/2014/95/oj, visited on 8 January 2023.

均雇员人数、资产负债表总额和净营业额来确定，包括上市公司、银行和保险公司等12000余家公司。然而，2022年2月23日欧盟委员会发布的《企业可持续性尽职调查指令草案》① 中，将合规主体的适用范围进一步扩大。欧盟《企业可持续性尽职调查指令草案》第2条第1款规定，该指令对欧盟成员国的企业而言，适用于：（1）拥有超过500名员工，且上一个财务年度全球净营收总额超过1.5亿欧元的大型公司；或者（2）拥有超过250名员工，全球净营业额为4000万欧元及以上且总营收的至少50%来源于纺织和皮革业、农林牧副渔业、采掘业和金属制造业的企业（将比第1类公司晚两年适用该指令）。对于依据第三国法律设立的非欧盟企业而言，该条第2款规定适用于：（1）在欧盟内的净营业额超过1.5亿欧元的外国大型公司；（2）在欧盟内的净营业额超过4000万欧元，且至少50%营业额来自上述行业的外国公司。同时，该草案不仅适用于公司自身及其子公司的运营，还适用于与该公司直接或间接建立业务关系的价值链上的企业。

第二，成员国层面。法国2017年3月出台的《母公司和承包商的警戒责任法》(以下简称《企业警戒责任法》）适用于在法国拥有员工超过5000人的企业（包括子公司的员工人数），或者法国国内和国外的分支机构员工总数超过1万人的企业，并且这些企业原则上限于住所地位于法国的股份公司。② 德国2021年6月公布的《供应链企业尽职调查法》

① European Commission, Proposal for a Directive on Corporate Sustainability Due Diligence and Annex, https://eur-lex.europa.eu/, visited on 7 February 2023.

② Assemblée Nationale, LOI n° 2017-399 du 27 mars 2017 relative au devoir de vigilance des sociétés mères et des entreprises donneuses d’ordre, https://www.legifrance.gouv.fr/eli/loi/2017/3/27/ECFX1509096L/jo/texte, visited on 24 January 2023.

（LKSG）[①] 规定，适用范围为主要管理机构在德国以及国内有分支机构的所有类型企业，通常情况下在德国的员工人数不低于 3000 人。2024 年起，上述员工人数门槛降至 1000 人。[②] 同时，在第 1 条第 2 款和第 3 款还作出了特别规定，“劳务派遣的员工如果派遣的时间超过 6 个月，也会计入员工的数量”。

德国和法国单纯以“员工数量”作为企业社会责任保障义务的认定标准，并且范围以本国境内为限。而欧盟的尽职调查指令则结合了企业员工数量和营业额标准，并且针对第三国企业单纯地采用营业额标准。同时，欧盟立法将适用范围扩大到受约束企业的整个“价值链”上的主体。欧盟法的适用标准明显更为细化和具体，将更多企业主体涵盖其中。未来，成员国的尽职调查立法将会根据欧盟立法进行改革，确立全面的环境尽职调查义务并涵盖整个供应链，[③] 企业将面临愈加严峻的供应链环保合规法律风险。

（二）从“软法”向“硬法”过渡

供应链企业尽职调查义务的核心目标是通过规范和调整供应链上企业的生产经营行为来避免对人权和环境造成破坏。欧盟及其成员国早期的供应链环保合规立法基本都希望通过以倡导性规范为主的“软法”机制达到目标。以德国为例，在正式出台《供应链企业尽职调查

① Bundestag, Gesetz über die unternehmerischen Sorgfaltspflichten zur Vermeidung von Menschenrechtsverletzungen in Lieferketten (Lieferkettensorgfaltspflichtengesetz-LkSG), http://www.gesetze-im-internet.de/lksg/_1.html, visited on 23 January 2023.

② LKSG, §1. (1).

③ Krajewski M, Tonstad K, Wohltmann F. Mandatory Human Rights Due Diligence in Germany and Norway: Stepping, or Striding, in the Same Direction?, 6 (3) Business and Human Rights Journal 550 (2021).

法》之前，为了联合国《工商企业与人权：实施联合国“保护、尊重和补救”框架指导原则》的国内转化，德国联邦外交部于2016年12月16日出台了《经济与人权国家行动计划》，① 期望德国企业履行人权保障尽职调查义务。根据其设定的目标，截至2020年预计会有一半位于德国且拥有员工人数超过500人的公司在日常的生产经营过程中履行尽职调查义务。尽职调查的关键要素包括“有关于尊重人权的公共政策声明”“建立风险识别程序和应对措施”，以及“有效的申诉机制的建立”等措施。然而，德国联邦政府在2020年调查发现，只有13%—17%的企业满足上述国家行动计划的要求，远低于期待的比例。

欧盟层面，2014年发布的《非财务报告指令》第1条第（6）项规定：大型企业应编制一份非财务报表，至少包含与环境事项、社会和雇员相关事项、尊重人权、反腐败和贿赂事项有关的信息，还应包括企业实施的尽职调查程序的信息，并在适当情况下包括其供应和分包链，以便查明、预防和减轻现有和潜在的不利影响。这一指令虽然强制要求企业披露非财务报告，但是不对披露的信息尤其是企业尽责政策的实际效果进行评价。② 虽然该指令对改善不负责任的商业运作产生了一些积极影响，但是并没有强化大多数公司的供应链尽职调查意识和行动。

近期的欧盟《企业可持续性尽职调查指令草案》和德国《供应链企业尽职调查法》将强制要求公司对其价值链进行风险评估，解决识别出

---

① Auswärtiges Amt, Monitoring the National Action Plan for Business and Human Rights (NAP), https://www.auswaertiges-amt.de/en/aussenpolitik/themen/monitoring-nap/2131054, visited on 07 January 2023.

② 李卓伦：《欧盟及其成员国企业人权尽责立法评介》，载《人权研究》2022年第2期。

的环境问题，也明晰了执法和制裁机制，强化了责任承担和私人诉讼中的损害赔偿义务。从自愿到强制，可以说，欧盟层面以及成员国新的供应链立法举措第一次给这类规则“武装到牙齿”。①

在其他国家也存在类似欧盟及其成员国的作法，典型代表是英国。②2013 年，在首批发布的商业与人权国家行动计划中，“采用人权尽职调查”被列为英国公司应采取的尊重人权方法的关键原则。当然，英国政府并没有强制要求企业履行环境调查义务。英国政府在 2015 年施行的《现代奴隶法案》第 54 条中引入了供应链报告义务，③ 仅仅为现有的自愿性企业社会责任倡议和报告提供法定认可，对不遵守规定的行为不予处罚。④ 随后，英国政府发现法案要求的供应链报告义务对于规范企业经营行为的影响非常有限，⑤ 关于修改现有立法和尽快出台强制性企业尽职调查义务的呼声越来越高。⑥

（三）制裁机制趋于完善和严格

欧盟《非财务报告指令》只是笼统地授权成员国依据国内法惩处

---

① 吴昌华:《欧盟重塑供应链尽职调查和可持续企业治理》，载《可持续发展经济导刊》2021 年第 4 期。

② 由于颁布法律时英国仍是欧盟国家，并且此项立法对欧盟及其成员国后续立法决策具有不可忽视的影响，因此本章将其纳入分析范围。

③ UK Home Office, Modern Slavery Act 2015, c. 30, §54, https://www.gov.uk/government/collections/modern-slavery-bill, visited on 23 January 2023.

④ Genevieve LeBaron and Andreas Rihmkorf, The Domestic Politics of Corporate Accountability Legislation: Struggles over the 2015 UK Modern Slavery Act, 17(3) Socio-Economic Review 709 (2017).

⑤ Corporate Justice Coalition, Towards Mandatory Human Rights Due Diligence in the UK, https://corporatejusticecoalition.org/resources, visited on 22 January 2023.

⑥ Mark Dearn, UK Businesses, Investors Call For New Human Rights and Environmental Due Diligence Law, https://corporatejusticecoalition.org/resources, visited on 8 February 2023.

不履行信息披露义务的企业，并且对于披露的信息也不进行实质性审查。成员国早期的企业社会责任立法也因缺乏完善的制裁机制而难以有效落实。例如，法国2017年通过的《企业警戒责任法》开始建立民事救济途径和行政处罚措施。德国《供应链企业尽职调查法》虽然没有规定独立的民事责任，但是并不排除一般侵权法下的责任索赔。

为了解决相关问题，欧盟《企业可持续性尽职调查指令草案》则要求每个成员国指定一个或多个监管机构来监督尽职调查义务的遵守情况。该草案要求企业针对自身业务和供应商承担如下尽职调查义务：制定政策声明，建立风险管理系统，定期进行风险分析，建立预防和补救机制以及投诉程序等。对于违反供应链尽职调查义务或者发生破坏环境等后果但未采取有效补救措施的，要求各成员国确保追究违法企业的相应行政和民事责任，通过双层次、多元化的制裁机制威慑企业依法履行尽责义务。

制裁机制强化了责任企业的行政责任和民事责任。在行政责任方面，各成员国可以设立监督机构，制定具体的行政责任条款，并确保惩罚措施是有效、成比例且有劝阻效果的，其中罚金应以公司营业额为基础。行政调查既可依职权启动，也可依自然人或法人的申请启动。如果成员国的法律制度没有规定行政制裁，则可以依据该草案第18条和第20条的实施方式由主管监督机构发起并由主管国家法院实施。在民事责任方面，该草案要求各成员国制定规则，规定如因公司未能履行预防、减轻或停止负面影响的义务而导致负面影响发生并造成损害，公司应对受损害主体承担民事赔偿责任。人权和环境损害的外国受害者有权在欧盟提出损害赔偿诉讼。

三、欧盟供应链环保合规要求对我国企业的影响

（一）我国企业环保合规成本提高

欧盟现有供应链立法将越来越多的公司纳入监管范围。尽职调查义务的强制实施将会导致部分企业合规成本提高。以德国《供应链企业尽职调查法》为例，尽管其适用范围仅包括大中型德国企业或者在德国拥有分支机构的跨国公司，但是这些企业在法案规定下有义务建立涵盖其整个供应链的人权环境风险管理机制，进行人权与环境风险评估，采取预防措施和补救措施。第一，该法规定的一般性与具体的行为义务会直接提高企业本身的合规成本。根据德国经济研究所针对德国企业的一项调查显示，接受调查的1000多家公司中五分之一打算提高自己产品的价格，以弥补遵守法律的额外费用，这一比例在制造业公司（30%）和大公司（36%）中明显更高。[①]第二，该法还会将处于德国企业产品或服务供应链上下游的直接和间接供应商全部涵盖在内，将其纳入德国《供应链企业尽职调查法》的适用范围。原因之一在于，德国企业有义务通过合同保证、行为准则以及合规认证等方式将法定供应链尽职调查义务向供应商进行传导，以达到良好效果。大型跨国企业对新兴经济体供应商可能具有足够影响力，从而在实践中决定其商业行为。[②]同

---

① Galina Kolev and Adriana Neligan，EU-Lieferkettengesetz: Jedes fünfte Untemehmen will Preise erhöhen, https://www.iwkoeln.de/presse/iw-nachrichten/galina-kolev-adriana-neligan-jedes-fuenfte-unternehmen-will-preise-erhoehen.html, visited on 25 February 2023.

② Shuangge Wen and Jingchen Zhao, The Bumpy Road of Home States' Regulation of Globalized Businesses—Legal and Institutional Disruptions to Supply Chain Disclosure under the Modern Slavery Act, 69 Catholic University Law Review 125 (2020).

时，根据欧盟《企业可持续性尽职调查指令草案》的相关规定，企业会基于自身合规的衡量，通过合同方式将该草案要求的人权与环境保护义务向直接或间接的上下游供应商传导，使处于相关供应链体系的中国国内供应商或境外中资企业被纳入供应链法监管和规制范围，导致企业合规成本以及违约风险大幅上升。与义务主体存在持续业务关系的中小企业同样会面临来自欧盟下游企业的合规监督，需履行更高的合规标准。

（二）威胁我国供应链与产业链安全

自改革开放以来，中国承接了大量制造业转移，低廉的劳动力、丰富的土地资源以及巨大的国内市场在其中发挥了关键作用。① 这些转移的产业以劳动密集型和资源密集型产业为主。尽管目前欧盟层面的企业供应链尽职调查义务规则尚待定型，但是德国《供应链企业尽职调查法》作为“硬性”约束企业生产经营行为的代表，势必会影响整个欧盟层面以及各个成员国的立法模式和相关制度选择。根据德国经济研究所的调查显示，大约三分之二的公司表示它们直接或间接地受到德国供应链法案的影响，受直接影响的是 12%，受间接影响的分别是通过其客户（45%）和 / 或其供应商（51%）。② 从行业来看，制造业受影响的水平明显偏高，直接或间接受该法影响的制造业公司的比例为 52%。中国作为

① 羊绍武：《WTO 背景下中国的产业转移战略研究》，西南财经大学 2006 年博士学位论文，第 40—42 页。

② Galina Kolev and Adriana Neligan, EU-Lieferkettengesetz: Jedes fünfte Unternehmen will Preise erhöhen, https://www.iwkoeln.de/presse/iw-nachrichten/galina-kolev-adriana-neligan-jedes-fuenfte-unternehmen-will-preise-erhoehen.html, visited on 25 February 2023.

制造业大国以及欧盟各成员国的重要合作伙伴与供应商，产业链安全势必会受到影响。

同时，中国是全球直接投资的主要流入地。联合国贸发会发布的《2022年世界投资报告》指出，2021年流入亚洲发展中国家的外国直接投资（FDI）增长19%，创6190亿美元的历史新高，占当年全球外国投资流入的40%。[①]中国是最主要外资流入目的地，其次是中国香港，以及新加坡、印度、阿联酋和印度尼西亚。如果外国企业将治理不力、人权和环境标准较低企业、投资转移入中国，将会极大的增加我国国际供应链的环保合规风险，损害我国的经济利益，[②]并可能进一步危害我国企业赴海外投资的内外部环境。

（三）导致我国企业陷入诉讼风险

法国《企业警戒责任法》规定了未能履行尽职调查义务的公司可被追究民事责任以履行其义务。也就是说，在某些条件下，公司也可以被起诉。例如2020年1月，10余个法国城市和环保组织指控矿物油公司道达尔（Total）没有制定和实施有效的尽职调查计划，无法履行《巴黎气候协定》承诺，需要采取更有效的措施来保护环境。[③]

欧盟之外的国家也是如此，在巴西马里亚纳市诉必和必拓公司

---

① United Nations, World Investment Report 2022, https://unctad.org/, visited on 31 January 2023.

② 梁权熙等：《经济政策不确定性对机构投资者持股行为的影响》，载《金融与经济》2020年第1期，第41页。

③ Juliette Renaud, Oil Company Total Faces Historic Legal Action in France for Human Rights and Environmental Violations in Uganda, 23 October 2019, https://www.foei.org/oil-company-total-faces-historic-legal-action-in-france-for-human-rights-and-environmental-violations-in-uganda/, visited on 31 January 2023.

（BHP）案①中，英国上诉法院推翻了高等法院的裁决，支持了原告先前的诉讼索赔请求，要求 Samarco② 公司对其环境污染行为负责。同样，在尼日利亚南部埃贾马埃布布社区（以下简称“社区”）诉英国壳牌公司案中，社区要求壳牌尼日利亚公司对管道石油泄漏造成的环境破坏进行赔偿。③被告提出管辖权异议，认为壳牌公司对原告没有注意义务，因此没有针对主要被告的可审理问题。英国高等法院和上诉法院均支持了管辖权异议。而英国最高法院驳回了上诉法院的裁定，支持尼日利亚社区在英国法院起诉壳牌公司。④这表明英国最高法院认为英国皇家壳牌石油公司应当对其控制和指导所处尼日利亚子公司的行为负责。对于 Samarco 案件，有学者认为，上诉法院对 Samarco 的裁决会进一步增强英国法院向跨境 ESG 诉讼敞开大门的趋势。同时，对于拥有海外子公司的跨国企业，不符合国际标准的行为将会增加其陷入诉讼的风险。⑤

此外，尽管德国《供应链企业尽职调查法》中并未明确规定私人主体可通过民事诉讼主张人权以及环境权益所遭受的损害，但该法在“民事程序”框架下规定了所谓“特别诉讼担当”制度。据此，重要的法定人权与环境权益受到损害的主体，可以授权德国国内的工会或非政府组织以诉讼的形式主张其权利。为了防止滥诉，立法设定了取得授权的工

① 2015 年 11 月，Fundão 尾矿坝倒塌，造成 19 人死亡，村庄被毁，里奥多西河受到污染。该大坝由淡水河谷和必和必拓巴西共同拥有的巴西公司 Samarco 拥有和运营。索赔人包括 20 万人和 530 家企业，而被告是 BHP England 和 BHP Australia（这两家为集团母公司）。

② Samarco 是大坝的拥有和运营公司。

③ Municipio De Mariana & Ors v BHP Group (UK) Ltd & Anor (2022) EWCA Civ 951.

④ Okpabi & Ors v Royal Dutch Shell Plc & Anor (2021) UKSC 3.

⑤ Suzanne Spears, Mass Environmental Tort Claim May Be Heard in the UK, 23 November 2022, https://www.globallegalpost.com/news/mass-environmental-tort-claim-may-be-heard-in-the-uk-1277995726, visited on 31 January 2023.

会和非政府组织须满足的基本条件，但是这些条件在德国实践中较容易满足。在此背景下，我国企业赴境外经贸投资直接或间接的法律诉讼风险骤增。

四、我国对于欧盟新近供应链环保立法的应对措施

针对上述欧盟现有环保供应链立法以及后续跟随性立法改革可能造成的影响，我国企业和政府急需采取措施积极应对。

（一）企业层面

第一，完善企业供应链合规制度，积极履行企业社会责任。国务院国资委 2022 年 12 月发布的《中央企业海外社会责任蓝皮书（2022）》中对中央企业海外社会责任的管理和实践工作进行了研究梳理。调查显示，过去一年有 67.03% 的中央企业设立了以社会责任工作领导小组或社会责任管理（工作）委员会为主要形式的社会责任领导机构。超九成中央企业确定社会责任工作执行部门，并且采用多元方式推动下属企业开展社会责任工作。同时，中央企业 ESG 联盟也于 2022 年成立，旨在发挥平台力量，广泛开展企业 ESG 意识提升活动，为企业 ESG 体系建设提供咨询服务，不断提升我国企业对 ESG 工作的认识和理解，促进企业 ESG 管理水平全面提升。① 这些也是我国企业践行国际组织倡导的企业承担社会责任和可持续发展理念的表现。面对欧盟及其成员国出台的环保供应链立法所带来的新态势，中资企业需要依据自身的规模、行

① 《国务院国资委发布〈中央企业社会责任蓝皮书（2022）〉》，载《企业观察报》2022 年 12 月 26 日，第 2 版。

业、经营活动性质、经营涉及的地域等特点建立适当的内部合规机制，成立专门合规研究部门，将已经出台以及即将出台的欧盟区域环保供应链立法纳入企业合规机制。[①] 如进行尽职调查，范围应该涵盖公司自身活动可能造成或加剧的负面环境影响，因公司商业关系或与其业务、产品或服务直接相关的负面环境影响。同时，这种调查过程应当是持续的，随着公司业务和经营的变化进行动态调整。具言之，相关供应链企业应当在符合国内法律法规的前提下，确保遵守相关环保供应链立法的要求，定期检验企业合规机制的运行效果，防止因为违反环保供应链立法要求而丧失与欧洲企业的合作关系。

第二，强化企业环保风险意识，注重提升企业声誉。企业要强化风险意识，经营决策不仅要考虑股东的利益，而且要将消费者、员工、供应商、政府、环境等利益相关群体的利益纳入决策范围，[②] 避免出现“舍弗勒事件”。[③] 相关研究表明，改善生产经营实践，减少对环境破坏，可以帮助公司获得竞争优势，提高生产效率，提升品牌忠诚度，甚至具有创造新的市场、给公司带来巨大收益的可能性。[④] 中国目前在海外投资运营的企业相当大部分都是从事加工制造、基建开发的业务，这些业务往往会产生劳工的待遇与权利、环境保护以及群体的权益与发展

① 张怀岭：《德国供应链人权尽职调查义务立法：理念与工具》，载《德国研究》2022 年第 2 期。

② 贾兴平、刘益：《外部环境、内部资源与企业社会责任》，载《南开管理评论》2014 年第 6 期。

③ “舍弗勒事件”是指舍弗勒（Schaeffler）集团唯一在使用的滚针原材料供应商——上海界龙金属拉丝有限公司（以下简称“界龙公司”）因环保问题而被关停，向上海市政府有关部门发出“紧急求助函”。

④ LeRoy Paddock and Natasha Rao, Green Supply Chain Management: A Perspective on Best Practices in GSCM Design, 71 (2) Arkansas Law Review 487 (2018).

问题。[①] 一旦海外企业出现这些问题，将会对其声誉造成影响。鉴于公司目前处于“声誉经济”中，声誉也是驱动经济的关键因素之一，一旦受损将会耗费长时间恢复。因此，中国海外企业品牌不能只专注于产品性能和经济收益等传统经营领域，而是应该更多地显示出社会和环保特征，将可持续发展纳入公司长期发展战略规划。

（二）政府层面

第一，加紧完善我国涉外法治体系，遏制环保供应链相关立法的不当域外适用。国内法的域外适用是全球化语境下国内市场发展的必然结果。[②] 一般情况下，国内法的合理合法域外适用都不会被国际法规则所禁止，现代国际法对于法律域外适用已经给予了主权国家更多的自由裁量权。[③] 然而，以美国为首的一些西方国家以国内法域外适用为手段，干涉我国内政、对我国实体和个人实施“长臂管辖”和单边制裁。为了应对欧美国家对我国企业、组织和个人所采取的歧视性长臂管辖措施，我国构建了以《阻断外国法律与措施不当域外适用办法》（以下简称《阻断办法》）为主，包括《不可靠实体清单规定》和《出口管制法》等在内的反制裁法律体系。《阻断办法》第 2 条界定的适用范围为“外国法律与措施的域外适用违反国际法和国际关系基本准则，不当禁止或者限制中国公民、法人或者其他组织与第三国（地区）及其公民、法人或者

---

① 张中元：《中国海外投资企业社会责任：现状、规范与展望》，载《国际经济合作》2015 年第 12 期。

② 商舒：《中国域外规制体系的建构挑战与架构重点——兼论〈阻断外国法律与措施不当域外适用办法〉》，载《国际法研究》2021 年第 2 期。

③ 肖永平：《“长臂管辖权”的法理分析与对策研究》，载《中国法学》2019 年第 6 期。

其他组织进行正常的经贸及相关活动的情形”。从字面含义可以看出，主要针对“违反国际法和国际关系准则”的不当域外适用、“不当禁止”正常经贸活动的域外适用。欧盟环保供应链相关立法规定核心企业应当承担通过合同等方式直接、以及通过供应商等方式间接进行环保尽职调查的义务，有着明显的域外适用倾向。在此背景下，我国企业应当密切观察欧盟供应链立法的最新进展与实施过程中的涉华执法情况，预防中资企业遭受歧视性限制措施的风险，禁止国内和域外相关企业以违反我国法律的方式遵守尽职调查义务。

第二，强化涉外法律实施，完善我国反制裁法体系。当前世界正经历百年未有之大变局，使用法律手段作为武器，扩大国内法域外效力，以达到维护自身政治、经济利益的目的已成为各国的普遍做法。① 无论是应对欧美等国国内法域外适用范围不断扩大的趋势，还是我国在自身综合实力不断增强，以及不断扩大对外开放过程中的现实需求，完善我国反制裁法体系具有必要性。在国际法框架下建立自己的反制裁法体系，是中国积极参与国际治理、保障中国参与正常国际经贸商事活动的重要路径。从立法层面看，尽管我国阻断和反制外国法域外不当适用的法律体系已经初步形成，但是一些法律规范仍较为笼统和模糊，给企业遵守带来了困难。② 如《阻断办法》中虽然明确规定了相关工作机制、救济措施、报告制度以及豁免制度的申请，但是对于有关外国法律与措施的认定、具体的主体认定、考虑的评估因素、实施禁令的具体措

① 郭玉军、王岩：《美国域外管辖权限制因素研究——以第三和第四版〈美国对外关系法重述〉为中心》，载《国际法研究》2021 年第 6 期。

② 沈伟：《中美贸易摩擦中的法律战——从不可靠实体清单制度到阻断办法》，载《比较法研究》2021 年第 1 期。

施、必要的支持以及必要的反制措施等并没有作出明确规定。[1]尽管这样的做法可以为立法者与执法者保留解释空间和自由裁量权，但是过多的自由裁量权会导致制度实施的不稳定性。因此，该法设计的反制裁制度要落地实施，仍需制定更加具体的方法和规则。从执法角度看，我国行政机关的反制和阻断执法案例主要集中在反垄断和互联网领域，[2]涉及其领域较少，执法实践不够丰富。一方面，有关部门应稳妥执行我国具有域外效力的法律法规及部门规章，尽快形成相关执法实践案例。通过树立良好的示范性执法案例，提高我国阻断和反制法律制度的可执行性、可预见性和必要的威慑力。[3]另一方面，有关部门须转变旧的管辖观念，充分意识到不违反国际法规则下实施域外管辖的广阔空间，在执法过程中实现国内法域外适用的目标，保护公民、企业和国家的利益。[4]

五、本章小结

在当前世界面临气候变化和资源短缺背景下，关于如何实现可持续发展的议题应得到更广泛的关注。近期欧盟及其成员国在供应链上的相关环保立法，有引领世界企业环保转型和承担ESG责任的趋势，是全球价值链治理中“欧盟价值”的体现。中国作为全球供应链的重要参与

① 徐伟功：《论次级经济制裁之阻断立法》，载《法商研究》2021年第2期。

② 霍政欣：《域外管辖、“长臂管辖”与我国法域外适用：概念厘定与体系构建》，载《新疆师范大学学报（哲学社会科学版）》2023年第2期。

③ 霍政欣：《我国法域外适用体系之构建——以统筹推进国内法治和涉外法治为视域》，载《中国法律评论》2022年第1期，第49—50页。

④ 廖诗评：《中国法域外适用法律体系：现状、问题与完善》，载《中国法学》2019年第6期。

者和欧盟的重要合作伙伴，相关的中资企业、立法与执法机关应密切关注欧盟供应链环保立法带来的法律风险，重视自身环保合规制度建设，积极承担社会责任。同时应当加紧完善我国涉外法治体系的建设，阻断国外法律的不当域外适用，以有效应对域外歧视性立法与执法，避免不必要的损失。

第十二章　我国应对欧盟碳边境调节机制的法律策略

一、研究背景

2023年4月18日，欧洲议会投票通过了碳边境调节机制（CBAM）立法提案，这是欧盟“减碳55%”（Fit for 55）一揽子计划的关键要素之一。①2023年5月16日，欧盟碳边境调节机制的法案文本正式刊登在欧盟公报（Official Journal）上，这标志着CBAM已经成为欧盟的正式法律，并于2023年5月17日正式生效。②碳边境调节机制是指减排国家基于本国的减排政策，对碳排放密集型产品进口进行征税或者对出口进行退税。③碳边境调节机制旨在解决非欧盟国家气候政策不一致所致的碳泄漏风险。这将与欧盟碳排放交易机制（EU-ETS）并行运作，并逐步取代现有的免费配额，防止欧盟的减排努力被由于生产转移到非欧盟国家或增加碳密集型产品进口而增加欧盟以外的排放量所抵消，加速

① “Fit for 55”: Council Adopts Key Pieces of Legislation Delivering on 2030 Climate Targets, https://www.consilium.europa.eu/en/press/press-releases/2023/04/25/fit-for-55-council-adopts-key-pieces-of-legislation-delivering-on-2030-climate-targets/, visited on 18 May 2023.

② Official Journal of the European Union, L 130, 16 May 2023, https://eur-lex.europa.eu/legal-content/EN/TXT/PDF/?uri=OJ: L:2023:130:FULL, visited on 18 May 2023.

③ European Commission, Study on the Possibility to Set up a Carbon Border Adjustment Mechanism on Selection Sectors, Final Report, p.8.

欧盟的能源脱碳进程。然而，碳边境调节机制作为基于环境诉求的单边贸易措施之一，面临着国际贸易与气候规则冲突的双重考验。我国作为“煤炭深度依赖”的全球典型发展中国家，① 尚且面临着优化能源结构开发绿色能源的压力，② 欧盟碳边境调节机制将带来不同程度的机遇与挑战，因此，需要理性分析并积极应对。

二、欧盟碳边境调节机制的演进、原因及要点

（一）欧盟碳边境调节机制的演进

根据《巴黎协定》，国际社会将继续加大遏制全球平均气温上升的气候行动力度，以显著降低气候变化的风险和影响。每一缔约方必须为实现这一全球目标准备自己的国家自主贡献（NDC），反映其可能达到的最高目标，以及其根据不同国情承担的共同但有区别的责任和各自能力。为了实现 2050 年碳中和的目标，欧盟需要提高气候战略的雄心，并更新其气候和能源政策框架。

2019 年 12 月《欧洲绿色协议》提出，2021 年为一些选定行业建立碳边境调整机制的提案，从清洁能源、循环经济发展、智能交通、绿色农业、生物多样性保护等角度实现绿色化转型，并在 2030 年相较于 1990 年水平减少温室气体排放量至少 55%。③2020 年 3 月，欧盟委员会

① 曹明德：《中国碳排放交易面临的法律问题和立法建议》，载《法商研究》2021 年第 5 期。

② 曹明德：《气候变化的法律应对》，载《政法论坛》2009 年第 4 期。

③ European Commission, Communication from the Commission to the European Parliament, the European Council, the Council, the European Economic and Social Committee and the Committee of the Regions, The European Green Deal, COM (2019) 640 final, https://eur-lex.europa.eu/resource.html?uri=cellar:b828d165-1c22-11ea-8c1f-01aa75ed71a1.0002.02/DOC_2&format=PDF, visited on 12 May 2022.

提交了碳边境调节机制影响评估报告，并于 2020 年 7 月至 10 月进入公开征求意见阶段。2020 年 9 月，欧盟委员会主席宣布将碳边境调节机制纳入 2021 年立法提案中。

2021 年 3 月欧洲议会通过了与 WTO 兼容的欧盟碳边境调节机制（EU Carbon Border Adjustment Mechanism），同意在不歧视或不构成对国际贸易的变相限制，符合 WTO 规则和欧盟自由贸易协定（FTA）的前提下，引入碳边境调节机制。碳边境调节机制将激励欧洲工业和欧盟贸易伙伴对工业进行脱碳，从而支持欧盟和全球气候政策，使其符合《巴黎协定》的目标，实现碳中和。[①]2021 年 7 月欧洲理事会通过了《欧洲气候变化法》，赋予《欧洲绿色协议》中“2030 年相较于 1990 年水平减少温室气体排放量至少 55%，2050 年实现碳中和”的气候目标以拘束力。2021 年 7 月 14 日，欧盟委员会正式公布了提案细则——《关于建立碳边境调节机制的欧洲议会和理事会条例的提案》（以下简称 CBAM 提案）。[②]2022 年 3 月，CBAM 提案在欧盟理事会上的正式通过将直接倒逼欧盟绿色转型，影响发展中国家碳密集产业的出口，冲击国际贸易局势。

（二）欧盟设立碳边境调节机制的原因

首先，使欧盟碳边境调节机制与碳排放交易体系（EU-ETS）并行，

① European Parliament, A WTO-Compatible EU Carbon Border Adjustment Mechanism, https://www.europarl.europa.eu/doceo/document/TA-9-2021-0071_EN.pdf, visited on 12 May 2022.

② European Commission, Proposal for a Regulation of the European Parliament and of the Council Establishing a Carbon Border Adjustment Mechanism, COM (2021) 564 final, https://eur-lex.europa.eu/legal-content/EN/TXT/?uri=COM%3A2021%3A564%3AFIN, visited 12 May 2022.

逐步取消免费配额，以避免碳泄漏风险。但不免令人质疑其旨在解决竞争、就业或贸易问题的目的。[①]CBAM 提案第 1 条规定了碳边境调节机制的目的即防止碳泄漏的风险。碳泄漏指向的是国家或地区之间因碳排放经济活动的转移而产生的结果。[②]当某一地区或国家采取比较严格的碳减排措施，随后导致在其他未采取严格碳减排措施的国家或地区的碳排放增加。[③]欧盟试图根据其碳排放交易体系（EU-ETS）解决碳泄漏风险问题。2005 年欧盟率先在全球设立温室气体排放交易体系，迄今为止已趋于成熟。对于该系统所涵盖且碳排放风险最大的部门，目前根据国家援助规则，通过对电力成本增加提供免费津贴和补偿来规制碳泄漏风险。然而，与全面拍卖相比，欧盟碳排放交易体系下的免费分配削弱了体系本身为接收其装置提供的价格信号。因此，这影响了进一步减少温室气体排放投资的激励措施，扩大了与没有碳定价机制的国家的差异。此外，总体免费分配也将随着时间的推移而下降，这与排放上限的降低一致。基于此，欧盟碳边境调节机制有助于避免欧盟内部碳减排被欧盟以外的碳排放增加所抵消。

其次，设计与 WTO 兼容的碳边境调节机制。在全球应对气候变化的过程中，气候变化措施与贸易自由化之间存在潜在冲突。[④]《迈向与 WTO 兼容的欧盟碳边境调节机制》旨在强调欧盟碳边境调节机制的制度

---

① 魏圣香：《气候变化应对机制的选择：碳税抑或碳排放权交易——基于 WTO 视角的分析》，载《科技管理研究》2016 年第 22 期。

② 曹明德等：《中国碳排放交易法律制度研究》，中国政法大学出版社 2016 年版，第 317 页。

③ 龙英锋：《全球气候变化碳税边境调整国际法规则》，载《会计与经济研究》2015 年第 3 期。

④ 曹明德、王慧：《从 GATT 第 20 条的解释看环境税的合法性》，载《学习与探索》2010 年第 5 期。

设计将遵循 WTO 规则。鉴于 1994 年《关税与贸易总协定》(GATT) 第 20 条允许 WTO 成员采取必要措施，以保护人类、动物或植物的生命或健康或自然资源，《迈向与 WTO 兼容的欧盟碳边境调节机制》明确指出，碳边境调节机制应专门用于推进气候目标，不得被滥用为加强保护主义、不合理歧视或限制贸易的工具。强调该机制应支持欧盟的绿色目标，特别是更好地解决欧盟工业和国际贸易中温室气体减排问题，同时不歧视并争取全球公平竞争环境。

最后，欧盟旨在引领全球气候治理新格局。鉴于应对气候变化是提高竞争力和社会正义的重要因素，在工业发展、创造就业和区域发展方面具有重大潜力，全球低碳转型的紧迫形势与趋向将引发以欧美国家为代表的话语领导权的争夺。欧盟市场是世界第二大消费市场，使得欧盟处于全球标准制定者的独特地位。有学者认为，欧盟碳边境调节机制其实质即强行要求非欧盟国家采取与其相一致的碳定价制度。① 欧盟整体已于 1990 年实现碳达峰，相较于碳密集型发展中国家，具有引领绿色转型的天然优势。因此，碳边境调节机制将为欧洲工业和欧盟贸易伙伴创造一种激励措施，促使工业脱碳，从而支持欧盟和全球气候政策朝着符合《巴黎协定》目标的温室气体减排方向发展。

(三) CBAM 法案的要点

第一，覆盖范围。CBAM 法案适用于附件 I 所列原产于第三国的货物。② 附件 I 是有关货物和温室气体清单的规定，明确列举了六大行

---

① 陈红彦:《欧盟碳边境调整机制的合法性考辨及因应》，载《法学》2021 年第 12 期。

② CBAM Regulation, Article 2.1.

业的货物有关的温室气体。六大行业具体包括：水泥、电力、化肥、钢铁、铝制品和氢行业，即覆盖范围仅包括前述六大典型高碳行业排放的温室气体。

第二，适用地域。附件Ⅲ规定了被排除在CBAM法案适用范围之外的原产国和地区。① 被排除的国家和地区本身处于欧盟碳排放交易体系（ETS）之内，或承担了与欧盟碳交易市场一致的碳定价成本。欧盟将进一步为其他第三国制定未来豁免的机制。

第三，产品授权申报人。欧盟进口商在进口CBAM产品之前必须申请并获得国家主管部门的授权。只有获得授权的进口商才能进口CBAM产品。CBAM法案第二章规定了关于申请进口CBAM产品授权的条件，授权申报人在每年5月31日前提交CBAM年度申报和申报内容。计算上一日历年进口到欧盟的货物所含排放量的原则规定在附件Ⅳ之中。附件Ⅳ对于经认可的核查人员核查这些排放量的程序也有所规定，并由附件Ⅴ和附件Ⅵ中的报告要求和核查原则补充。②

第四，CBAM声明。欧盟进口商必须提交上一年的CBAM声明，说明进口商品的数量及其总嵌入排放量。进口商品的嵌入式排放量将根据生产装置生产的每吨商品的直接温室气体排放量计算。

第五，CBAM证书。证书相当于欧盟排放限额，将以进口商品所含温室气体排放量的吨数表示。欧盟进口商必须根据实际嵌入排放量或默认值，购买与进口商品嵌入排放量对应的CBAM证书。CBAM法案

① 具体国家包括：冰岛、列支敦士登、挪威、瑞士。具体地区包括：比辛根（Büsingen，德国地区）、赫里戈兰（Helgoland，欧洲北海东南部德国岛屿）、利维尼奥（Livigno，意大利地区）、休达（Ceuta，摩洛哥城市）、梅利利亚（Melilla，摩洛哥东北部）。

② CBAM Regulation, Articles 5—8.

第四章规定了 CBAM 证书的生命周期的详细规则，主管部门出售证书的事宜，关于证书价格的计算，确保每个被授权的申报人履行在国家登记处交出证书的义务的程序，授权申报人有权要求主管部门重新购买其账户上交出后剩余的有限数量的 CBAM 证书，在每年的 6 月 30 日之前，主管当局必须注销每个申报人在交出和重新购买后留在账户上的证书。①

第六，默认值（Default Value）。除非进口时证明排放量较低，否则 CBAM 产品中的嵌入排放量将根据默认值计算。

第七，已在原产国支付的碳价。CBAM 法案考虑到在第三国支付的碳价的原则，② 这可以减少 CBAM 证书，以说明已在原产国支付的碳价，但这需要由独立人士认证。

最后，CBAM 法案第十章规定了初始过渡期的适用，该过渡期将持续三年，自 2023 年 10 月 1 日至 2025 年 12 月 31 日。申报人将按季度报告其上一季度的进口所对应的嵌入式排放，详细说明直接和间接排放，并报告在国外支付的任何碳价。③

三、欧盟碳边境调节机制对我国经济的影响

欧盟碳边境调节机制将对多数发展中国家造成不同程度的影响，尤其是碳密集型产业主导国家。欧盟碳边境调节机制对我国经济的潜在影响可以从如下两方面进行分析：一是欧盟碳边境调节机制的适用地域；

① CBAM Regulation, Articles 20—24.
② CBAM Regulation, Article 9.
③ CBAM Regulation, Article 32.

二是我国是否存在欧盟碳边境调节机制规定的高碳行业产品，进而分析欧盟碳减排措施对我国经济的潜在影响。

（一）适用地域规定

根据 CBAM 法案附件Ⅲ的规定，目前适用地域仅仅排除了满足以下条件的国家或地区：第一，根据第 2003/87/EC 号指令建立的欧盟碳排放交易体系适用于该国家或地区，或者该第三国或地区与欧盟之间已达成协议，将欧盟排放交易体系与第三国或地区的排放交易体系完全联系起来。第二，在产品原产国支付的价格实际是对这些产品收取的，除欧盟碳排放交易体系中适用的价格，没有任何折扣。[①]2021 年我国碳排放权交易市场正式启动，这意味着全球最大碳市场的确立。[②] 欧盟碳交易市场与我国碳交易市场尚无联结，显然欧盟碳边境调节机制的适用地域涵盖了我国。

（二）清单产品规定

基于以上分析，我国属于欧盟碳边境调节机制的适用地域，即欧盟碳边境调节机制将对我国经济产生潜在影响的强度主要从以下两方面来考虑：

1．欧盟市场与我国货物出口市场的关系

根据中华人民共和国商务部发布的《中国对外贸易形势报告》，欧盟市场在我国货物市场的关系如下（见表 12-1）：

---

① CBAM Regulation, Article 2.5.

② 曹明德：《中国碳排放交易面临的法律问题和立法建议》，载《法商研究》2021 年第 5 期。

表 12-1　2017—2021 年 1—10 月中国出口分国别（地区）①

排序	2017	2018	2019	2020	2021（1—10 月）
1	美国	美国	美国	美国	美国
2	欧盟	欧盟	欧盟	欧盟	欧盟
3	中国香港（地区）	东盟	东盟	东盟	东盟
4	东盟	中国香港（地区）	中国香港（地区）	中国香港（地区）	中国香港（地区）
5	日本	日本	日本	日本	日本

从表 12-1 的内容来看，2017 年至 2021 年 10 月期间，欧盟市场是我国货物出口的第二大目的地，也是主要目的地，并且短期之内我国的出口结构较难改变。欧盟的最新数据显示，2021 年美国是欧盟货物出口的最大目的地，而中国是欧盟进口货物的最大来源地。2021 年欧盟货物贸易进口的前五名国家中，中国居首位（占 22%），美国次之（占 11%），其后依次为俄罗斯（8%）、英国（7%）以及新西兰（6%）。② 因此，长远观之，欧盟碳边境调节机制将对我国的经济造成的影响较大。

2．国内高耗能产品与 CBAM 提案产品清单的关联性

欧盟碳边境调节机制将对我国产品出口带来的影响大小取决于我国高耗能产业产品与 CBAM 法案产品清单的关联性，即中国产品出口到

① 《中国对外贸易形势报告》（2021 年秋季），http://images.mofcom.gov.cn/zhs/202111/20211129152550467.pdf，2022 年 5 月 12 日访问。欧盟：比利时、丹麦、英国、德国、法国、爱尔兰、意大利、卢森堡、荷兰、希腊、葡萄牙、西班牙、奥地利、芬兰、瑞典、塞浦路斯、匈牙利、马耳他、波兰、爱沙尼亚、拉脱维亚、立陶宛、斯洛文尼亚、捷克、斯洛伐克、保加利亚、罗马尼亚、克罗地亚；自 2020 年起欧盟数据不包括英国。

② 《中国对外贸易形势报告》（2021 年秋季），http://images.mofcom.gov.cn/zhs/202111/20211129152550467.pdf，2022 年 5 月 13 日访问。

欧洲的产品结构。欧盟明确列举了现阶段水泥、电力、化肥、钢铁、铝制品等六大行业产品有关的温室气体，应为每一类产品所列的温室气体。从中华人民共和国商务部公布的数据来看，我国产品出口总额总体呈现上升趋势。我国主要高耗能产品的出口量如下（见表 12-2）：

表 12-2 主要高耗能产品的出口量[①]

指标	2017	2018	2019	2020	2021
水泥出口量（万吨）	1286	904	553	313	/
平板玻璃出口量（万平方米）	21032	19347	18822	/	/
钢材出口量（万吨）	7541	6933	6429	5367	6690
铜材出口量（吨）	477989	509868	524233	/	/
铝材出口量（吨）	4240000	5230000	5148424	4856419	/
锌及锌合金出口量（吨）	16445	24283	64040	/	/
纸及纸板出口量（万吨）	652	565	629	/	/

从表 12-2 数据来看，我国近五年钢材出口量总体呈现下降趋势，由 2017 年的 7541 万吨降至 2021 年的 6690 万吨。我国水泥出口量总体呈现下降趋势，从 2017 年 1286 万吨降低至 2020 年 313 万吨。近五年的铝材出口量呈现先增后降的趋势，并且总体保持平稳，表现为总体上铝材出口量的增长，2017 年铝材的出口量为 424 万吨，2021 年铝材的出口量超 485 万吨。但我国属于传统出口大国，且出口产品以高碳产品为主，无法完成短期内的产业绿色能源转型，这将对我国的外贸利益构成一定程度的威胁。

① 数据来源于国家统计局官网年度数据查询，https://data.stats.gov.cn/easyquery.htm?cn=C01，2021 年 5 月 13 日访问。

根据欧盟统计局发布的最新数据，按国际贸易标准分类（SITC）划分的欧盟与中国的贸易产品细目如下（见表12-3）：

表12-3　2011年和2021年欧盟进口中国产品明细 ①

细目		亿欧元	所占份额	亿欧元	所占份额
		进口（2011）		进口（2021）	
初级产品	食品和饮料	3.8	1.5%	4.8	1.0%
	原材料	2.9	1.1%	3.8	0.8%
	能源	0.3	0.1%	1.0	0.2%
制成品	化学品	11.7	4.6%	34.4	7.3%
	机械和车辆	130.4	50.9%	263.3	55.7%
	其他制成品	105.9	41.4%	163.4	34.6%
其他产品		1.0	0.4%	1.6	0.3%
总计		256.0	100.0%	472.2	100.0%

表12-3列举了2011年与2021年欧盟进口中国产品的明细及其所占份额。欧盟CBAM提案涉及的水泥、电力、化肥、钢铁、铝制品和氢行业等高碳行业产品，具体到贸易产品细目则体现在原材料、能源、化学品、机械和车辆以及其他制成品中。总体来看，2011年与2021年欧盟进口中国产品中初级产品、制成品及其他产品的比例相差不大。2021年欧盟进口中国产品中，制成品机械和车辆所占比例最大即55.7%，其他制成品占34.6%，这里可能涉及钢铁和铝制品行业产品。但当下欧盟的碳边境调节机制暂不包含汽车这类集成度较高的制成品。2021年中国成为欧盟进口产品的最大伙伴，占欧盟以外进口产品的22%。2021年欧盟进

① 表12-3由作者根据欧盟统计局发布的数据整理而成，https://ec.europa.eu/eurostat/statistics-explained/index.php?title=China-EU_-_international_trade_in_goods_statistics#Recent_developments，2022年5月12日访问。

口中国产品中初级产品（包括食品和饮料、原材料和能源）所占比例为2%，这里原材料和能源涉及电力、水泥等行业产品。从以上高碳行业产品所涉及的贸易产品细目来看，欧盟碳边境调节机制未来将对我国贸易出口产生影响，并极大地削弱我国作为发展中国家的产业竞争力。

四、我国应对欧盟碳边境调节机制的法律策略

（一）应对欧盟碳边境调整机制的国际策略

1．国际诉讼策略

气候变化导致市场失灵，即导致环境成本外部化和产权界定模糊。一国制定气候政策时首先需要以本国国家利益为重，因此采取具有贸易保护效果的气候政策，即气候贸易壁垒。欧盟碳边境调节机制也被视为本质为碳关税的措施，被视为一国的气候贸易壁垒。①

欧盟碳边境调节机制是否符合 WTO 规则主要取决于争端解决机构如何解释国际贸易法与气候变化国际规则的关系。②WTO 上诉机构在此前的诸多案件中对环保问题深表关怀与同情，因此欧盟碳边境调节机制极有可能获得争端解决机构的支持，欧盟制定了《迈向与 WTO 兼容的欧盟碳边境调节机制》，来解释欧盟碳边境调节机制不违反 WTO 规则。需要注意欧盟碳边境调节机制不同于一般的环保措施，控制碳排放的措施将极大地对贸易产生影响。很多国家以气候变化措施保护本国产业，很多案件进入 WTO 争端解决机制。

---

① 有关碳边境调节措施与碳关税、碳边境调节税的争论国内已有较多讨论，在此不作区分和讨论。

② 魏圣香：《碳关税条款研究：基本理论、立法模式与应对之策》，载《甘肃政法学院学报》2011 年第 6 期。

首先，欧盟碳边境调节机制是否符合 GATT 第 20 条（b）款的规定。这需要判定欧盟的措施是否“为保障人类、动植物的生命或健康所必需的措施”。根据美国汽油案、欧盟石棉案以及巴西轮胎案，对“必需”的判定涉及三大要件：措施目标、贸易限制与措施对目标的贡献。[①] 欧盟碳边境调节机制旨在避免碳泄漏，并作为唯一目标，这是减排措施与经济措施的结合。然而，对贸易的限制主要涉及 GATT 第 20 条序言中“国际贸易的变相限制”的规定，碳边境调节机制极有可能违反 GATT 第 20 条的序言规定。最后，从 CBAM 机制对追求碳泄漏目标的贡献来看，应对气候变化已成为国际共识，该机制也具有存在的必要性。同时，韩国—牛肉案认为，对“必需”的判定在每一个案件中都涉及一个权衡和平衡一系列因素的过程，并且以是否存在可行的替代措施作为重要支撑。[②] 在对一项措施提出质疑时，提出质疑的一方必须提供替代措施，这些替代措施必须属于“最小贸易限制措施”[③]，但同时也要达到被告一方需要的保护水平。况且当下也没有比欧盟碳边境调节机制更为可行的替代措施。[④]

其次，欧盟碳边境调节机制是否符合 GATT 第 20 条（g）款的规定。这需要分析欧盟碳边境调节机制的三方面内容：（1）限制国内的生

① 朱磊：《GATT 第 20 条语境下的“必需”条款分析》，华东政法大学 2015 年硕士学位论文，第 24 页。

② Korea-Measures Affecting Imports of Fresh, Chilled and Frozen Beef, Appellate Body Report, WT/DS161/AB/R, 11 December 2000, para. 164.

③ 曹明德、王慧：《从 GATT 第 20 条的解释看环境税的合法性》，载《学习与探索》2010 年第 5 期。

④ Ross Astoria, Design of an International Trade Law Compliant Carbon Border Tax Adjustment, 6 Arizona Journal of Environmental Law and Policy 491 (2015).

产与消费，使其满足海龟—海虾案中首次确定的“不偏不倚”要求[①]，这是公平对待的要求，但不是同等对待的要求。这意味着碳边境调节机制需要适用国内产品，但并没有要求这些措施必须同等适用于进口产品和国内产品。欧盟拉平进口产品与本地产品的减排负担即可做到。[②]（2）属于可能用竭的自然资源。海龟—海虾案和美国汽油案表明，[③]海龟和清洁空气都是可耗尽的自然资源。《联合国气候变化框架公约》（UNFCCC）下的多次气候谈判表明国际社会确信稳定的气候是一种可耗尽的自然资源。不仅稳定的气候系统是可耗尽的自然资源，而且全球变暖还会导致其他可耗尽的自然资源的消耗和破坏，如森林、渔业资源和水的供应。（3）碳边境调节机制对碳减排、防止碳泄漏与维持气候稳定之间是相关的。在美国汽油案和海龟—海虾案中，对相关性的判断只要符合“密切和真实的联系”即可。[④]这对关联性的要求并不算高，稀土案中也规定了措施满足与目标间重要的、密切和真实的联系即可。[⑤]

最后，欧盟碳边境调节机制的关键挑战在于其是否符合 GATT 第 20 条序言的规定。即便符合上述内容有了暂时正当理由。符合序言的规定仍须满足两大要件：一是不构成任意的或不合理的歧视的手段，二是不

---

① US-Import Prohibition of Certain Shrimp and Shrimp Products, Appellate Body Report, WT/DS58/AB/R, 12 October 1998, para. 144.

② 边永民：《世界贸易组织法视域下欧盟碳边境调节措施的合法性》，载《经贸法律评论》2022 年第 2 期。

③ US-Import Prohibition of Certain Shrimp and Shrimp Products, Appellate Body Report, WT/DS58/AB/R, 12 October 1998, paras. 132—134 and US-Standards for Reformulated and Conventional Gasoline, Panel Report, WT/DS2/R, 29 January 1996, para. 6.37.

④ US-Import Prohibition of Certain Shrimp and Shrimp Products, Appellate Body Report, WT/DS58/AB/R, 12 October 1998; US-Standards for Reformulated and Conventional Gasoline, Panel Report, WT/DS2/R, 29 January 1996, para. 6.40.

⑤ China-Measures Related to the Exportation of Rare Earths, Tungsten and Molybdenum, Appellate Body Report, WT/DS431/AB/R, 7 August 2014, para. 5.105.

属于国际贸易的变相限制。海龟—海虾案的专家组认为，在国际贸易中以一国标准要求所有 WTO 成员国，而不考虑其他 WTO 成员国领土内可能的不同情况，这样的标准本身便是任意或不合理的。① 欧盟仅对与欧盟碳交易市场发生联结或处于其中的地域给予豁免，这极有可能被认定为任意或不合理的歧视。同时也具有贸易保护的倾向，在国际社会尚未对欧盟采取的碳定价标准达成共识的前提下，也可能构成国际贸易的变相限制。但应当明确仅在贸易作用大于环保作用的情形下，欧盟碳边境调节机制方属国际贸易的变相限制。②

然而，WTO 争端解决机制通过程序审查和实质审查，来审查各国的气候变化政策，耗时久，存在不确定性，并且 WTO 更加专注于贸易自由化，确保全球化贸易不受相关环境措施干扰，解决纠纷可能更加偏好国际贸易法规范。③ 况且，WTO 上诉机构目前尚处于瘫痪状态。因此，维持现状，将问题留给 WTO 争端解决机制并非最佳选择。

2．国际非诉策略

首先，设立《温室气体排放控制良好实践法典》（Code of Good Practice on Greenhouse Gas Emissions Controls）。虽然可以通过修改 WTO 贸易规则来解决气候变化问题，进而消除一些国家对碳边境调节机制的质疑，然而，规则的修改需要经历较为冗长的程序。在此情形下，很多国家有可能会达成一个解决气候贸易措施的协议，协议可作为《WTO

---

① United States-Import Prohibition of Certain Shrimp and Shrimp Products, Appellate Body Report, WT/DS58/AB/R, 12 October 1998, para.164.

② 黄文旭：《WTO 框架下碳关税的合法性分析——以 GATT 第 20 条例外为视角》，载《国际法与比较法论丛》2020 年第 1 期。

③ Christina Voigt, Sustainable Development as a Principle of International Law: Resolving Conflicts between Climate Measures and WTO Law, 2 Legal Aspects of Sustainable Development 1 (2009).

协定》附件4的诸边协议。如若无法达成协议，这些有意向的国家也可以在WTO之外设立《温室气体排放控制良好实践法典》①。其最大优势在于没有国家可以阻止法典的形成。法典具体应当涵盖如下内容：

（1）关键概念、出口产品与绩效标准的规定。第一，"气候变化控制措施"与"同类产品"的界定。一方面，有关"气候变化控制措施"的界定。联合国气候变化专门委员会（IPCC）曾指出，大致包含如下气候变化控制措施：规制和标准、税费、排污权交易、诸如补贴之类的激励机制、政府和企业之间的自愿协议、信息机制、研发、企业等的自愿行动。②此外，气候变化控制措施还应该包括优惠的市场准入、增加投资、技术转移以及环境能力建设援助的"胡萝卜"政策和包括贸易限制和贸易惩罚的"大棒"政策。③另一方面，对"同类产品"的界定。在WTO体制下，判断同类产品的主要标准是四位数的协调关税系统（HTS）和消费者偏好标准。在气候贸易中，"同类产品"的概念主要涉及生产过程和加工方法（PPMs），气候变化措施主要针对产品生产方法而非产品本身。④根据PPMs来区别产品可能满足WTO的基本要求，即便PPMs没有最终成为产品的构成部分，⑤目前"同类产品"的界定逐渐倾向于关注环保议题的扩张

① Gary Clyde Hufbauer, Steve Charnovitz and Jisun Kim, Global Warming and the World Trading System (Peterson Institute for International Economics 2009), p.98.

② Kati Kulovesi, Climate Change and Trade: At the Intersection of Two International Legal Regimes, in Erkki J. Hollo, Kati Kulovesi, Michael Mehling (eds.), Climate Change and the Law 425 (Springer 2013).

③ Andrew Green and Tracey Epps, Is There a Role for Trade Measures in Addressing Climate Change? 15 U.C. Davis Journal of International Law Policy 7 (2009).

④ The World Bank, International Trade and Climate Change: Economics, Legal, and Institutional Perspectives, p.12.

⑤ Jagdish Bhagwati and Petros C. Mavroidis, Is Action Against US Exports for Failure to Sign Kyoto Protocol WTO-legal? 6 (2) World Trade Review 299 (2007), pp.305—306.

解释。[1]第二，出口产品的规定。产品生产国对出口产品采取措施，产品进口国针对产品消费采取措施，遵循原产地原则。这有助于确定产品的碳足迹，不会通过产业转移导致碳泄漏。部分人认为，针对能源或燃料消费所征收的税费可以进行边境税调节。[2]第三，绩效标准的规定。从 WTO 的角度来看，绩效标准会直接影响同类产品在 WTO 体制下的不同法律地位[3]。为了杜绝贸易保护主义，各国在确定本国的绩效标准时应该与产品主要供应国进行协商，并且实施绩效标准的国家应该保证绩效标准的公平。

（2）仔细设计边境税、碳交易与可比性制度。第一，边境税调节机制。欧盟在已建立的碳边境调节机制着重强调了该机制在全球自由贸易中未歧视任何国家，确保公平竞争与平等。但其不利之处在于机制可能破坏国际合作氛围。为此，为帮助发展中国家消灭贫穷，发达国家对发展中国家的补偿便十分必要。[4]问题是如何计算边境税税额，最佳措施是根据国内企业生产同类产品所承担的直接和间接的税负来确定合适的边境税额度，进口国对产品在生产国交付的税负进行减免，鼓励各国设计碳税机制，并获得财政收入。欧盟碳边境调节机制的制度设计与此原理相一致，但在计算边境税额方面，仅关注欧盟碳交易市场的碳定价，并未考虑别国的实际现状，因此饱受质疑。第二，碳排放权交易机制。为了防止碳排放

---

① 魏圣香、王慧：《从产品标准的解释看环境税在 WTO 体制下的法律地位》，载《世界贸易组织动态与研究》2013 年第 1 期。

② Beatrice Chaytor and James Cameron, Taxes for Environmental Purposed: The Scope for Border Tax Adjustment under WTO Rules, World Wide Fund for Nature (1995).

③ 比如在“美国机动车案”中，专家组认为燃油效率不同的机动车为不同产品。GATT Panel Report, United States-Taxes on Automobiles, DS31/R, 11 Oct. 1994, unadopted.

④ Felix Ekardt, Border Adjustments, WTO Law, and Climate Protection, http://www.felix-ekardt.eu/files/texts/Border_Adjustments_WTO_and_Climate_Policy.pdf, visited on 12 May 2022.

权交易机制对国际贸易造成负面影响，各国应该达成部分共识：其一，一国可以以固定价格出售碳排放权。其二，一国可以通过拍卖的方式出售碳排放权。其三，虽然学者通常主张免费的排污权分配是一种补贴，① 但只要碳排放权的免费分配不以出口为目的，一国便可以免费分配碳排放权。

第三，可比性制度。这是气候变化措施与国际贸易纠纷中的一大挑战，即国内产品和进口产品在全过程产业链中的碳排放总量的确定。气候变化语境下产品的可比性将更加复杂，由于主要涉及产品的能源消费信息，而如何判断产品的能源消费信息较难。美国适用生产首要方法，但鉴于各国的生产流程的差异，适用美国生产首要方法可能并不合理。② 因此，产品之间可比性制度应当由国际组织实施评估，基于个案进行比较，并且针对非可比性的边境收费根据每单位出口或进口的从价计征收费 ③。

（3）特殊性补贴的相关规定。第一，替代能源补贴。替代能源的使用既有利于减缓气候变化，也有利于提供能源供给。但替代能源的发展也隐含风险，欧盟对进口的生质燃料规定了可持续标准，④ 可能损害发展中国家利益，形成 WTO 贸易壁垒，因为这是典型的 PPMs。⑤

---

① Robert Howse and Antonia L. Elisason, Domestic and International Strategies to Address Climate Change: An Overview of the WTO Legal Issues, in Bigdeli, Cottier, Nartova(eds.), International Trade Regulation and the Mitigation of Climate Change 12 (Cambridge University Press 2009).

② Duncan Brack, Michael Grubb and Craig Windram, International Trade and Climate Change Policies (Earthsacn 2000), p.81.

③ Gary Clyde Hufbauer, Steve Charnovitz and Jisun Kim, Global Warming and the World Trading System (Peterson Institute for International Economics 2009), p108.

④ 魏圣香:《新贸易壁垒：欧盟生质燃料可持续标准研究》,《科技管理研究》2016 年第 23 期。

⑤ Andrew Mitchell and Christopher Tran, The Consistency of the EU Renewable Energy Directive with the WTO Agreements, Georgetown Law Faculty Working Papers, October 2009.

因此，为了鼓励替代能源的适用，建议创设和平条款，允许不同国家政府的财政补贴。但前提是不得以购买国内产品以及出口产品为条件。第二，适应性补贴。从国际贸易的角度来看，政府支持气候政策不一定合法，但为了减缓或适应气候变化，政府有必要支持气候变化行动。① 因此，一国的企业一旦因采取气候控制措施而导致出口减少，或竞争受到影响时，可以针对国内企业进行补贴。为了鼓励企业采取气候控制措施，应当使得政府针对企业适应气候变化的行为而采取的补贴合法化。② 第三，禁止非气候友好补贴。应当禁止政府提供一些造成气候变化的补贴，比如应该禁止对破坏森林的行为进行补贴的政府行为。

其次，创设《贸易与排放协议》(General Agreement on Trade and Emissions，GATE)。当下，多数国家多采取积极应对气候变化的发展策略，开始规划制定碳中和路线图与时间表。因此，在 WTO 体制下创设一个多边协议——《贸易与排放协议》，更为良策。③《贸易与排放协议》应针对边境调整措施适用创设承诺，界定一般贸易的例外的适用范

① Kati Kulovesi, Climate Change and Trade: At the Intersection of Two International Legal Regimes, in Erkki J. Hollo, Kati Kulovesi, Michael Mehling (eds.), Climate Change and the Law 439 (Springer 2013).

② 参见 ASCM 第 8.2（c）。尽管有第三部分和第五部分的规定，下列补贴不可起诉：（c）协助促进现有设施适应法律和 / 或法规施加的新环境要求，这些要求会对公司造成更大的限制和财务负担，前提是：（i）是一次性非经常性措施；和（ii）仅限于适应费用的 20%；和（iii）不包括更换和运营辅助投资的成本，这些成本必须由公司完全承担；和（iv）与公司减少妨害和污染的计划直接相关并成比例，不包括可能实现的任何制造成本节约；和（v）适用于所有可采用新设备和 / 或生产工艺的公司。

③ David G. Victor, How to Slow Global Warming, 349 Nature 451—456 (1991). 创设《贸易与排放协议》主要基于以下原因：首先，单边措施解决竞争问题困难；其次，以有效的杠杆激励其他国家采取气候应对措施；最后，可以主要国家的现有成就和气候政策的政治意愿中获益，且无需规定碳排放的具体削减目标。

围。[1] 这个多边环保贸易措施协议，要确保维护自由贸易，以维护 WTO 的稳定和实现气候政策目标。[2] 协议应当包含如下内容：（1）非歧视原则的规定。一方面，最惠国待遇条款。最惠国待遇承诺的规定建议纳入两方面的内容：第一，《贸易与排放协议》的成员国必须规定如何评估政策可比性的措施，如何计算边境税的数额，这样的规定可以提高透明度，有效减少各国的贸易保护主义；第二，针对出口产品和国内消费产品采取碳减排措施作出承诺。另一方面，国民待遇原则的规定。国民待遇是非歧视原则的重要体现之一，《贸易与排放协议》应当厘清同类产品的概念，根据产品的碳足迹来区分产品。在该协议下，可以依据消费者的偏好和产品生产过程中使用的能源多少来区别产品，协议允许成员国基于产品来源来区别对待产品。对规制措施的国民待遇分析有助于达到规制目的和贸易限制效果的内在平衡，从而形成既关注合法目的又关注保护目的的措施。（2）制定产品清单的规定。《贸易与排放协议》需要考虑依 GATT 第 2 条关税承诺制定新的清单。清单产品应当有助于控制和削减碳排放量，《贸易与排放协议》应当保留成员国针对进口产品征收额外关税的权力，但是额外征收的费用应与国内的税收相当。（3）环境补贴的规定。《贸易与排放协议》应当确定免费分配碳排放权是否属于补贴。因此，有必要明确气候友好和气候非友好补贴的区别，有针对性地进行适用，气候友好型补贴可以允许向企业进行免费分配。气候友好型补贴包括政府的研发支持，并且在一定期间内不受《补贴

---

① Christine McIsaac, Opening a GATE to Reduce Global Emissions: Getting over and into the WTO, 44 Journal of World Trade 1053 (2010), p.1076.

② Daniel McNamee, Climate Change, the Kyoto Protocol, and the World Trade Organization: Challenges and Conflicts, 6 Sustainable Development Law & Policy 41 (2006), p.44.

与反补贴措施协定》(SCM)的制约。但《贸易与排放协议》在现有的SCM框架下应采用补贴的报告机制，并规定补贴的适用时间和适用范围。(4)特殊国家的优惠规定。《贸易与排放协议》应当赋予欠发达国家和《联合国气候变化框架公约》和政府间气候变化专门委员会所界定的微量排放国优惠待遇，免除对前述国家的边境调整措施，以此确保欠发达国家或碳微量排放国家的工业发展契机，以解决贫困等问题。

此外，碳排放控制措施将对国际国内的贸易造成不同程度的影响，《贸易与排放协议》必须从长远考虑尊重未来可能达成的协议或有关国际组织，应该保护有关技术转让和遵守帮助发展中国家的承诺。①

最后，积极开展环境产品和服务的自由化谈判。环境产品和服务的自由化也是应对欧盟碳边境调节机制的非诉策略。气候应对措施所导致的竞争问题可被技术革新抵消，只有不断增加贸易机会，技术革新才能不断加速。②促进环境产品和服务的自由化可以打破贸易保护主义，减缓与适应气候变化，推进绿色经济的发展。破除国际环境友好技术的贸易壁垒有助于解决气候变化和贸易冲突。③WTO成员间的多边贸易谈判多哈回合就环境产品和服务的市场注入谈判也对减缓气候变化发挥了积极作用。多哈发展议程第31(3)主张环保产品和服务的自由化，但谈判陷入了僵局。未来谈判应当继续考虑气候变化议题，根据产品产生的

---

① Christine McIsaac, Opening a GATE to Reduce Global Emissions: Getting over and into the WTO, 44 Journal of World Trade 1053 (2010), pp.1077—1080.

② Julia O'Brien, The Equity of Levelling the Playing Field in the Climate Change Context, 43 Journal of World Trade 1093 (2009), p.1113.

③ Francesco Sindico, Climate and Trade in a Divided World: Can Measures Adopted in the North End Up Shaping Climate Change Legislative Framework in the South? in Benjamin J. Richardson, Yves Le Bouthillier (eds.), Climate Law and Developing Countries 378 (Edward Elgar 2009).

气候影响重新协商协调关税体系（Hamonized Tariff System，HS），并签署特定行业协议（Sectoral Agreement），例如针对高碳行业的贸易限制。环境产品和服务的自由化需要处理好对环境产品和服务的解释以及环境产品和服务的协商方法两个方面的问题。

（二）我国应对欧盟碳边境调节机制的国内策略

1. 加快高碳行业绿色转型

欧盟碳边境调节机制虽然能够有效减少碳泄漏，但其主要作用是将减排负担转移到减排控制不利的国家。国际能源署指出："中国的镍精炼市场份额约为35%，锂和钴精炼市场份额为50%—70%，稀土精炼市场份额接近90%。"①我国应加快绿色转型，立足国情，积极做足应对策略。一方面，就产品出口而言，我国政府应当有效利用国际信息，做好产品的出口准备工作。②在新发展理念指引下，数字技术有助于减缓气候变化和实现若干可持续发展目标。例如，传感器、物联网、机器人和人工智能可以改善部门的能源管理，提高能源效率，并促进低排放技术的使用，包括分散的可再生能源，同时创造经济机会。因此，应逐步探索与推广高新技术与数字技术在加快高碳行业绿色转型中的重要作用，减少出口产品隐含碳排放的境外转移，有效实现进出口隐含碳排放的平衡。③

---

① International Energy Agency, The Role of Critical Minerals in Clean Energy Transitions, World Energy Outlook Special Report (2021), p.12. https://www.iea.org/reports/the-role-of-critical-minerals-in-clean-energy-transitions, visited on 12 May 2022.

② 温丽琪、周雨蓁：《浅谈欧盟"碳边境调整机制"对我国之可能影响及因应建议》，载《经济前瞻》2021年第198期。

③ 王海林等：《全球气候治理若干关键问题及对策》，载《中国人口·资源与环境》2020年第11期。

另一方面，有针对性的政策和针对创新体系的综合政策都有助于克服可能与低排放技术的全球推广有关的分配、环境和社会的影响。[①]我国工业部门实现绿色转型的零净排放目标具有挑战性，要在整个能源部门减少温室气体排放，需要进行重大转变，包括大幅度减少矿物燃料的总体使用量，部署低排放能源，改用替代能源运输工具，以及提高能源效率和节约能源。同时，应当在完整价值链中采取协调行动，需求解决方案，包括需求管理、能源和材料效率、循环物料流以及减排技术和生产过程的转型变革。通过采用低温室气体和零温室气体电力，氢气、燃料和碳管理的新生产工艺，实现工业净零温室气体排放。

2．建立健全碳税的制度设计

现有的碳定价机制主要包括两种方式，即碳排放权交易机制与碳税。[②]近年来，受碳税机制的减排效果不确定，公众的可接受度低等不利因素影响，[③]是否设立碳税的争议从未中断，我国尚未建立碳税法律规范。2015 年《中华人民共和国环境保护税法》起草时曾考虑将碳税纳入其中，但最终并未采纳。2021 年 10 月，国务院《2030 年前碳达峰行动方案》中规定“建立健全有利于绿色低碳发展的税收政策体系”，这将更好地发挥税收对市场主体绿色发展的正面作用，且碳税收入可用于节能减碳用途。在国内碳交易市场规则初建、碳定价机制不健全的情形下，碳税机制的缺失将为有效应对欧盟碳边境调节机制带来挑战。碳税

① The Intergovernmental Panel on Climate Change (IPCC), Climate Change 2022: Mitigation of Climate Change, Summary for Policymakers, https://report.ipcc.ch/ar6wg3/pdf/IPCC_AR6_WGIII_SummaryForPolicymakers.pdf, visited on 12 May 2022.

② 蒋金荷：《碳定价机制最新进展及对中国碳市场发展建议》，载《价格理论与实践》2022 年第 2 期。

③ 魏圣香：《气候变化应对机制的选择：碳税抑或碳排放权交易——基于 WTO 视角的分析》，载《科技管理研究》2016 年第 22 期。

针对碳排放施加成本，这是一种纯粹的绩效标准，同时能够激励企业在污染更少、效率更高的技术上投资和革新。碳税具有行政管理的优势，可以将行业碳排放合理水平和污染控制技术的技术和经济决策交由行政管理者来确定。① 碳税的制度设计使得政府作出的有关税率的宏观决策对公众而言比传统命令控制型规制体系下作出的微观决策在政治上更加透明和更易被理解，从而有助于提高政府责任。②

针对欧盟碳边境调节机制对排放密集型进口产品的碳含量征税，我国要防止碳排放成本外溢，需要完善国内财税机制，覆盖高碳行业。碳定价通过将气候变化成本纳入经济决策，可以鼓励生产和消费模式的改变，从而支撑低碳发展目标。③ 基于我国政治、经济和外交利益的考量，在全面加快全国碳市场建设与规则完善的同时，应当建立健全碳税制度。④ 在开征碳税过程中应当从以下方面着手：第一，顶层设计中明确碳税改革的发展方向，稳定企业和公众的预期。第二，保持宏观税负稳定，降低碳税对经济的负面影响，设置税收优惠减排条款。第三，在税收收入的使用上，设置推动技术减排，发展新能源、清洁能源等的专项补贴。第四，实施一揽子减排计划，有效协调联动碳税制度与碳排放交易机制或其他绿色金融政策。⑤ 基于市场机制的减排工具可以相辅相成、发挥作用。考虑数量多的中小企业适用碳税机制，数量少的较大污染行

---

① 王慧：《美国环境法的改革》，法律出版社 2016 年版，第 65 页。

② Lisa Heinzerling, Selling Pollution, Forcing Democracy, 14 Stanford Environmental Law Journal 300 (1995).

③ 碳定价高级别委员会：《碳价格高级别委员会的报告》，华盛顿特区：世界银行（2017）。

④ 王慧、曹明德：《气候变化的应对：排污权交易抑或碳税》，载《法学论坛》2011 年第 1 期。

⑤ 许文：《碳达峰、碳中和目标下征收碳税的研究》，载《税务研究》2021 年第 8 期。

业适用碳排放交易机制。[①] 注意厘清碳税机制的适用范围，避免产生重复征收与碳泄漏。[②]

3．完善碳交易市场规则秩序

国内产品出口到欧盟需要缴纳多少税费，取决于欧盟碳交易市场规则，是否能够免除税费取决于产品是否与欧盟碳市场相同或联结。[③] 欧盟碳边境调节机制下，进口商排放许可的价格，由欧盟碳交易配额拍卖收盘价的每周均价确定。[④] 因此，欧盟碳边境调节机制与碳交易市场规则具有高度关联性。我国已于 2021 年建成了超越欧盟碳交易市场的全球第一大碳市场，完善碳交易市场规则势在必行。

一方面，我国涉碳排放交易机制的立法供给不足，规范层级低。因此建议通过更高层级法律法规加以完善。首先，厘清碳排放权利属性问题，确立碳排放权保护原则。[⑤] 其次，完善碳定价机制，从定价程序、稳定价格保障机制等方面入手。再次，完善碳市场监管机制，保障全国碳交易市场的有序运行。最后，完善"监测—报告—核证"（MRV）机制，当前，第三方核查机构造假事件层出不穷，2022 年我国生态环境部披露了首批有关碳排放数据弄虚作假的典型案例[⑥]，正面反映出我国行

---

① 曹明德：《中国参与国际气候治理的法律立场和策略：以气候正义为视角》，载《中国法学》2016 年第 1 期。

② 曹明德：《中国碳排放交易面临的法律问题和立法建议》，载《法商研究》2021 年第 5 期。

③ 陈红彦：《欧盟碳边境调整机制的合法性考辨及因应》，载《法学》2021 年第 12 期。

④ CBAM Regulation, Article 21.1.

⑤ 倪受彬：《碳排放权权利属性论——兼谈中国碳市场交易规则的完善》，载《政治与法律》2022 年第 2 期。

⑥ 《生态环境部公开中碳能投等机构碳排放报告数据弄虚作假等典型问题案例（2022 年第一批突出环境问题）》，http://www.mee.gov.cn/ywgz/ydqhbh/wsqtkz/202203/t20220314_971398.shtml，2022 年 5 月 12 日访问。

业监管的缺失，因此迫切需要发展MRV机制。出台专门性规范，建立自主性独立核证机制与机构，实现其专业化发展。① 同时，就碳排放额度的交易、登记、履约清缴、注销和抵销等具体交易细则也需要立法保障。另一方面，未来国内碳市场项目将不可避免地要与欧盟碳边境调节机制项目发生联结，我国需要加快碳市场建设步伐，从配额的初始分配与再分配、核算规则等诸多方面提升中国碳价机制的国际影响力，如期实现我国国家自主贡献，引领全球气候治理新格局。

4. 引导企业气候合规能力建设

为应对欧盟碳边境调节机制可能导致的隐形碳壁垒，从微观层面来看，一方面，企业应当明确揭露产品碳含量，并获得第三方认证。对企业而言，应当明确碳排放的国家标准、行业标准、地方标准以及团体标准，提升企业碳测算能力与产品碳含量的准确性，确立企业自身的企业标准，在有第三方认证的情形下，杜绝企业“漂绿”行为。②

另一方面，企业应当积极参与碳减排行动。我国已于2020年提出“碳达峰、碳中和”的净零目标，这需要大、中、小型企业的全面参与，我国作为全球产业供应链的关键部分，需要企业尽早对其产品及经济活动开展减碳行动，减少企业碳足迹，准确定位产品生产加工过程中的碳排放源头，运用碳减排技术或设备达到减排成效。同时以可再生能源代替传统高碳化石燃料，开发低碳减排产品，降低产业的整体碳排放量。

---

① 曹明德、崔金星：《欧盟、德国温室气体监测统计报告制度立法经验及政策建议》，载《武汉理工大学学报（社会科学版）》2012年第2期。

② 温丽琪、周雨蓁：《浅谈欧盟“碳边境调整机制”对我国之可能影响及因应建议》，载《经济前瞻》2021年第198期。

五、本章小结

长期来看，应对气候变化很大程度上取决于发展中国家的行动。尽管欧盟出台一系列文件强调并解释碳边境调节机制与WTO贸易规则的相符性，仍不免饱受贸易保护主义的质疑，因为该项举措有利于保护欧盟内部行业，并使得欧盟内部碳密集行业向发展中国家转移，这对发展中国家的减排的适应性与脆弱性不利，无法从根本上解决碳泄漏问题。同时，基于市场的减排措施仅为应对气候变化的方式之一，碳定价不是唯一途径。考察碳边境调节机制与国际气候公约的基本原则——共区原则与各自能力原则以及各国国家自主贡献的提出，以单边措施矫正全球气候应对措施的差异化，致使欧盟碳边境调节机制的合理性也存疑。欧盟碳边境调节机制对我国存在较大的潜在经济影响，若不加速产业绿色转型，提升产业竞争力，我国高碳行业在国际市场中将处于不利地位，遭受碳价上升等不利影响。因此，在应对策略上我国应当从国际国内两个层面分析，在国际层面上，寻求WTO争端解决机制解决方案，在WTO之外设立《温室气体排放控制良好实践法典》《贸易与排放协议》，开展环境产品和服务的自由化谈判。在国内层面上，不断加快高碳行业绿色转型，探索国内碳税的制度设计，完善碳交易市场规则，引导企业气候合规能力建设，进而有效应对气候变化。

第十三章　CPTPP 劳工标准与中国的加入路径探讨

一、CPTPP 劳工标准与越南劳工标准改革

（一）CPTPP 及其劳工标准

2018 年 12 月 30 日，《全面与进步跨太平洋伙伴关系协定》（Comprehensive and Progressive Agreement for Trans-Pacific Partnership，CPTPP）正式生效。2021 年 9 月 16 日，中国正式提出申请加入。① CPTPP 由在美国主导下制定的《跨太平洋伙伴关系协定》（Trans-Pacific Partnership，TPP）演变而来，连接 11 个亚太经济体②和 1 个欧洲经济体，③占全球经济总量的 15%，是亚太地区首个大规模自由贸易协定。中国申请加入 CPTPP 的考量是基于多方面的。一方面，十四五规划提

① 中华人民共和国商务部：《中方正式提出申请加入〈全面与进步跨太平洋伙伴关系协定〉》（CPTPP），http://www.mofcom.gov.cn/article/ae/bldhd/202109/20210903199707.shtml，2023 年 5 月 15 日访问。

② TPP 时期包含 12 个成员国，分别是澳大利亚、文莱、加拿大、智利、日本、马来西亚、墨西哥、新西兰、秘鲁、新加坡、美国、越南。2018 年 1 月 23 日，美国总统唐纳德·川普签署行政命令，美国正式退出 TPP。2017 年 11 月 11 日，该协定改组为《全面与进步跨太平洋伙伴关系协定》（CPTPP）。自此，CPTPP 包含 11 个成员国。

③ 2023 年 3 月 31 日，英国首相宣布英国加入 CPTPP，目前正待批准成员接纳手续，英国将成为首个欧洲成员和除创建国以外的首个新成员。

出的“加快构建以国内大循环为主体、国内国际双循环相互促进的新发展格局”要求中国主动加强亚太乃至国际经济一体化合作、推进亚太自由贸易区建设、实现更高水平的对外开放；另一方面，CPTPP 采取的成员国间基本实现零关税等货物贸易规则，可以为中国带来巨大的经济效益，促进中国经济长效高质量发展。然而，CPTPP 作为一个公认的高标准的区域性自贸协定，其规则标准与我国的法律法规和经济体制存在不同，比较明显的是投资、劳工、知识产权、国有企业等领域。其中，与劳工标准有关的冲突与解决路径是本文的主要研究内容。

相较于 TPP 而言，CPTPP 的内容有所删减、门槛有所降低，但第 19 章所涉及的劳工条款部分未作改动，仍然延续 TPP 的规定。事实上，CPTPP 这种将劳工标准与贸易协定挂钩的做法本身存在着诸多理论与实践分歧，发达国家和发展中国家对该问题的态度更是截然不同。从微观上看，对 CPTPP 成员国而言，其所延续的高要求的劳工标准直接加重亚太发展中国家的劳动力价格负担，间接提高生产成本，从而增加了发达国家劳动力的比较优势；① 对非 CPTPP 成员国而言，在与成员国进行贸易往来时，又不得不考虑、遵守成员国根据 CPTPP 劳工标准而调整或构建的国内法律规则，也即在事实上遵循 CPTPP 劳工标准，造成劳工标准条款的扩大适用。② 从宏观上看，CPTPP 承接 TPP 劳工标准，是发达国家主导制定的成果，将贸易与劳工挂钩，形成亚太区域贸易劳工

① 万璐、程宝栋、李俊等：《美国 TPP 战略的经济效益及我国亚太地区 FTA 策略研究》，人民日报出版社 2017 年版。

② 李西霞：《试论 TPP 劳工标准、其影响及中国的应对策略》，载《法学杂志》2017 年第 1 期。

规则，辐射范围广泛，势必影响全球贸易的劳工标准体系建设。尽管国际贸易规则对是否应当规范劳工标准在理论上争议颇多，但各国的贸易实践已然指出了风向标：劳工标准趋同化不可阻挡，贸易规则与劳工标准挂钩更是大势所趋。

（二）越南劳工标准改革的特殊内涵

深化改革绝非易事。需要明确的是，劳工权利保护方式的差异和水平的高低，与国家的经济发展水平不同有关。在劳动保护法治模式上，越南在早期考虑加入 TPP 之际就面临劳工标准改革难题。例如，在对发展结社自由这一权利的态度上采取民主集中制的组织原则而有别于国际标准。为顺利加入 CPTPP，近年来，越南在劳动相关的法律改革上围绕强化劳工标准、完善立法、有效执行等内容展开，不断深化改革以向国际标准靠拢。据越南工贸部数据显示，协定实施三年以来，越南与其他成员国经济体之间的进出口额同比实现大幅度增长，对越南进出口产生积极影响。值得注意的是，研究需秉持实事求是的态度，在接受或调整具体条款时更要逐一研判，一切从自身国情出发，方能无往不利。

二、CPTPP 中的劳工条款构成及其基本特征

CPTPP 第 19 章“劳工”章节包含 15 条内容，对劳工权利、不减损劳工权利规则、劳工法的执行、强迫或强制劳动、企业社会责任、公众认识与程序保证、公众意见、缔约方合作活动、合作性劳工对话、劳工理事会、联络点、公众参与、劳工磋商等事宜作出规定。其中，涉及劳

工权利保护范围、劳动争议解决机制及制裁措施等核心条款部分需作重点分析。

（一）实体性权利与程序性措施并重

CPTPP劳工条款包含实体性劳工权利和程序性救济规则两方面。一方面，实体性劳工权利的内容沿袭国际劳工标准，在国际劳工组织确定的劳工权利范围内予以保护。国际劳工组织（International Labour Organization，ILO）制定的国际劳工标准分为核心标准与非核心标准两大类，前者与基本人权相关联，是其他劳工权利的基础和前提，由1998年《国际劳工组织关于工作中基本原则和权利宣言及其后续措施》（以下简称《宣言》）所明确。①CPTPP第19.3条规定的劳工权利的保护范围，不仅涵盖了结社自由和有效承认集体谈判权利、消除一切形式的强迫劳动或强制劳动、有效废除童工、消除就业和职业歧视这四项核心劳工标准（第19.3条第1款），还规定了最低工资、工作时长、职业安全卫生相关的可接受的工作条件等非核心劳工标准（第19.3条第2款）。②

另一方面，程序性救济规则的内容围绕权利保障展开，包括可获救济等程序性权利的阐明、劳动争议解决程序的规定两部分。第一，CPTPP要求缔约方订立程序以保证：在发生权益受损的情形时，当事人可以向公正且独立的法庭寻求庇护并拥有辩护、听证、提交证据、上诉等相应的诉讼权利，法庭裁决亦应得到有效、及时的执行。第二，CPTPP劳工权利的争议解决措施包括合作性劳工对话（第19.11

---

① 《国际劳工组织关于工作中基本原则和权利宣言及其后续措施》第2条。

② CPTPP第19.3条“劳工权利”。

条）、劳工磋商（第 19.15 条）和争端解决（第 28 章）[1] 三部分。措施的烦琐性和苛责性依次递进，前二者在适用上并无严格的条件，缔约方可随时就 CPTPP 第 19 章下产生的任何事项请求与另一方进行对话 / 劳工磋商。而援用第 28 章下的争端解决的前提条件是缔约方已首先寻求劳工磋商，即劳工磋商是适用争端解决的前置程序。总的来说，实体性权利和程序性措施共同构成了 CPTPP 劳工保护条款的主要内容。

（二）条约的可操作性和可执行力强

第一，CPTPP 在明确劳工权利保护范围的同时还要求成员国将这五项劳工权利转化为国内法律、法规，在法律制定乃至法律实施层面贯彻落实。此外，CPTPP 还设置了“不减损规则”，[2] 对成员国提出有效实施劳动法的义务，要求成员国不得以吸引贸易或投资为目的而减损劳工权利。从规定上看，与《宣言》比较而言，CPTPP 显然对成员国提出了更为严格的劳工法制要求。具体而言，虽然《宣言》赋予四项核心标准以“基本权利的原则”的地位，要求所有成员国根据《国际劳工组织章程》去“尊重、促进和实现”，但条文本身仅具宣誓意味，并未强制要求将四项劳工权利纳入国内法之中。这是由《宣言》本身的性质是软法，因而不产生直接的法律义务所决定的；[3]CPTPP 规定的成员国义务显然更

① CPTPP 第 19.15 条第 12 款规定：如磋商方未能在不迟于收到第 2 款下一请求之日后 60 天解决该事项，则请求方可请求根据第 28.7 条（专家组的设立）设立专家组，并按第 28 章（争端解决）中所规定的，在此后援用该章其他规定。这意味着 CPTPP 劳工权利的争议解决程序也适用第 28 章下的争端解决。

② CPTPP 第 19.4 条“不减损”。

③ 孙冬鹤：《ILO〈1998 年宣言〉和核心劳工标准的法律性质——兼批在 WTO 中输入“社会条款”》，载《中国法学会国际经济法研究会年会论文集》2009 年。

具有强制力和可执行力。[①] 例如，为了落实劳工条款、确保国内劳工权利符合国际标准，原 TPP 缔约方美国与越南达成双边换文：《美国—越南关于加强贸易和劳工关系的计划》（United States-VietNam Plan for the Enhancement of Trade and Labour Relation）。双边换文细化了越南劳工法律改革内容，并规定自协议生效之日起，越南必须在五年执行期后的两年评估期内得到美国对其国内劳动改革的认可，否则将被停止或暂停关税削减。[②]

第二，争端解决机制具有强制性。为保证争端获得积极解决，CPTPP 规定了多种救济措施，这些救济措施完全被允许适用于第 19 章劳工条款引起的劳动争议，包括消除侵权情形（第 28.19 条）、补偿利益减损部分（第 28.20 条第 1 款）、中止利益（第 28.20 条第 2—6 款）、支付货币赔偿（第 28.20 条第 7—14 款）。这意味着，一旦专家组审议认定应诉方未能遵守劳工保护义务，该应诉方可能面临严格的惩罚措施。在此重压下，缔约方不得不考虑不履行协定义务可能带来的不利后果，这也将最大限度地确保劳工保护条款供所有缔约国遵照执行。

（三）可能建立劳工标准型贸易壁垒

改善工人劳动和生活条件是国际劳工标准设立的初衷，但随着劳工标准与国际贸易挂钩，保障人权成为某些发达国家建立贸易壁垒、实行

---

① 李西霞：《论 CPTPP 有执行力劳工标准及中国的应对措施》，载《中国劳动关系学院学报》2021 年第 4 期。

② 《美国——越南关于加强贸易和劳工关系的计划》第八章“执行情况的审议”，https://www.caitec.org.cn/upfiles/file/2017/4/fea7034c-4675-4ad9-8497-49a6d1b2b9b3.pdf，2023 年 5 月 15 日访问。

贸易保护的遮羞布。劳工标准贸易壁垒是指一些国家或地区（多指发达国家）在单边或多边层面抵制侵犯劳工权利的产品进口。早在美国1930年《关税法》中即规定：禁止进口全部或部分由强迫劳动而开采、种植或生产的产品。CPTPP劳工章节中也有类似的规定，即每一缔约方不仅要消除一切形式的强迫或强制劳动，还应“阻止从其他来源进口全部或部分由包括强迫或强制童工在内的强迫或强制劳动生产的货物”。① 这意味着，凡是被认定为通过“强迫或强制劳动”生产的货物，即使原产国并非CPTPP成员国，都将被拒之门外。由于CPTPP劳工章节本身既未对“强迫或强制劳动”的标准下定义，又排除国际劳工组织第29号公约的定义，② 因此，“强迫劳动”在实际认定上存在自由裁量的空间，不排除滥用的可能，“很可能成为成员国任意或武断拒绝进口非成员国产品的法定理由”，③ 这就进一步筑高了CPTPP成员国与非成员国之间的贸易壁垒。该条款构筑贸易壁垒的后果可以预见为：一方面，成员国加快国内立法和严格执法以履行高标准的条约义务；另一方面，若非成员国想要与成员国进行贸易往来，就不得不遵守成员国建立的劳工标准，相当于间接适用CPTPP劳工规则。总而言之，建立劳工标准贸易壁垒的行径不仅影响全球劳工标准规则的构建，作为不可避免的局限性，亦将对一些经济发展水平低、劳动状况差的国家和地区造成沉重的打击。④

---

① CPTPP第19.6条“强迫或强制劳动”。

② CPTPP第19.3条脚注规定：第19.3条（劳工权利）中所列义务，如与国际劳工组织相关时，仅指国际劳工组织宣言。这意味着CPTPP不要求缔约方遵守与劳工权利所列义务相关的国际劳工公约。

③ 李西霞：《试论TPP劳工标准、其影响及中国的应对策略》，载《法学杂志》2017年第1期。

④ 林燕玲：《国际劳工标准》，中国劳动社会保障出版社2007年版。

三、我国接受 CPTPP 劳工标准的法律障碍

CPTPP 劳工条款所倡导的保护劳工权利、改善工作条件的宗旨与我国全面深化改革、加快推进劳动者权益保护转型升级的目标相一致，但仍面临一定挑战，对此，国内学者对中国接受 CPTPP 劳工条款多持积极态度。受限于篇幅，本章仅就中国接受第 19.3 条劳工权利条款展开分析。

从实体权利来看，如前所述，CPTPP 要求缔约方遵守并有效执行四项核心劳工标准以及可接受的工作条件，包括两个方面：一是在国内劳工制度建设中纳入符合要求的劳工权利；二是有效执行。因此在分析我国劳工标准时也应从立法和执法两方面展开。围绕这四类核心劳工标准，国际劳工组织理事会已经确认 8 个基本国际劳工公约，[①] 其中我国已部分附条件批准接受 6 个（即第 29 号、第 100 号、第 105 号、第 111 号、第 138 号、第 182 号），分别对应消除一切形式的强迫或强制劳动、消除就业与职业歧视、有效废除童工。我国未批准接受关于结社自由的国际劳工公约。

---

① 这 8 个国际劳工公约分别是：1. 关于结社自由的公约：1948 年《结社自由与保护组织权利公约》（第 87 号公约）、1949 年《组织权利和集体谈判权利公约》（第 98 号公约）；2. 关于消除一切形式的强迫或强制劳动的公约：1930 年《强迫劳动公约》（第 29 号公约）、1957 年《废除强迫劳动公约》（第 105 号公约）；3. 关于有效废除童工的公约：1973 年《准许就业的最低年龄公约》（第 138 号公约）、1999 年《禁止最恶劣形式的童工劳动公约》（第 182 号公约）；4. 关于消除就业与职业歧视的公约：1958 年《消除就业和职业歧视公约》（第 111 号公约）、1951 年《对男女工人同等价值的工作付予同等报酬公约》（第 100 号公约）。

（一）核心劳工权利与我国法律与实践之比较

1. 结社自由和有效承认集体谈判权

从“结社自由和有效承认集体谈判权利”的立法现状来看，《中华人民共和国宪法》第35条规定了公民的结社权利：“中华人民共和国公民有言论、出版、集会、结社、游行、示威的自由。”宪法这一原则性规定在劳动法领域由《中华人民共和国工会法》(以下简称《工会法》)、《中华人民共和国劳动法》(以下简称《劳动法》)、《中华人民共和国劳动合同法》(以下简称《劳动合同法》)贯彻落实。一方面《工会法》确认劳动者具有组织工会的权利（第11条）、工会享有集体谈判的权利（第21条），但另一方面，由于工会在组织上采取民主集中制原则，“基层工会、地方各级总工会、全国或者地方产业工会组织的建立，必须报上一级工会批准”，[①]“上级工会组织领导下级工会组织”，[②]因此与劳工公约规定的劳动者和用人单位均“有权建立和加入自己选择的组织，无需事先得到批准”[③]的工会体制仍存在不一致。而且，《劳动法》和《劳动合同法》在细化劳工双方平等协商、订立集体合同的规则表述中采取任意性规定，使用“可以”而非“有权”或“应当”等词汇，这就区别于劳工公约要求各国政府采取措施，以鼓励、促进、加强劳工双方进行集体谈判、签订集体协议等规则。[④]

可见，结社自由多局限在国内制度设计的困境上，与之相对，集体

---

① 《中华人民共和国工会法》第12条第1款。
② 《中华人民共和国工会法》第10条第5款。
③ 1948年《结社自由与保护组织权利公约》(第87号公约）第2条。
④ 杨帅、宣海林:《国际劳工标准及其在中国的适用》，法律出版社2013年版。

谈判制度的不足则多反映在实践过程中。集体谈判与协商要求工会作为劳动者权益的代表者和维护者，从劳动者权益保护出发，与雇主充分协商，从而达成集体协议、化解劳动纠纷。但从目前实践情况看，集体谈判制度存在流于形式，雇主组织缺位、工会组织行政化色彩浓，权益代表性降低、谈判协议雷同、执行力低下等问题时有发生，是为该制度缺乏有效执行的若干表现。

2．消除强迫或强制劳动

从权利角度出发，“消除强迫或强制劳动”意指公民享有免于受强迫劳动的权利。此项权利并未直接纳入我国宪法对公民基本权利的保护范围之中，而是作为“国家尊重和保护人权”的内容之一，由其他法律、行政法规和司法解释来加以保护。目前，我国尚未就禁止强迫劳动作系统性立法，而是维持了分散在各法律法规之中的现状。例如，《劳动合同法》和《劳动法》都规定劳动者在遭遇用人单位强迫劳动时享有劳动关系的任意解除权；对侵害劳动者人身权益的强迫劳动行为，公权力机关可给予用人单位行政处罚甚或承担刑事责任的处置。上述法律条文将强迫劳动中“强迫”的具体手段限制为暴力方式、威胁方式、非法限制人身自由方式三类。此外，上述两部法律的适用主体也存在限制，有关意见明确规定，公务员、农村劳动者、军人和家庭保姆等不适用《劳动法》。① 综上所述，国内废除强迫劳动相关立法在适用的形式、主体范围方面与国际劳工标准尚存在差距。

3．就业与职业歧视

国际劳工组织第111号公约第1条明确“就业与职业歧视”的内

① 《关于贯彻执行〈中华人民共和国劳动法〉若干问题的意见》第4条。

容，即凡是因种族、肤色、性别、宗教、政治见解、民族血统或社会出身而做出任何排斥或优惠的区别对待，最终造成劳动者在就业机会或待遇上的不平等的，就构成“歧视”。从我国法律确立的就业歧视范围来看，无论是《就业促进法》，还是《劳动法》，其规范范围窄于公约范围。① 在实践中，由于制度建设不健全、责任机制不完善、机构设置不完备、法律监督不严格，企业歧视作风盛行，尤其是在性别歧视、户籍歧视、疾病歧视等领域仍然十分严重。

4．有效废除童工

我国法律对儿童权益保护规定较为全面。2002 年国务院发布的《禁止使用童工规定》对违反规定使用童工的情形提供法律保护和救济；情节严重构成犯罪的，则由《刑法》依法追究刑事责任。因此，我国童工劳动保护标准大体符合国际劳工公约，在某些方面甚至高于国际标准。例如，我国法律规定最低就业年龄为 16 周岁，该标准高于国际劳工组织第 138 号公约确定的允许就业的最低年龄；对未成年人工的特殊保护也有详细规定。但在实践中，儿童权益保护面临的一个困境是：童工的监管力度与地区经济发展水平呈正相关，在一些贫困和教育水平低下地区，仍然有相当一部分非法童工的存在。

（二）非核心劳工权利与我国法律与实践之比较

非核心劳工权利是指国际劳工组织确定的四项核心劳工权利以外的劳工权益，在 CPTPP 中指“可接受的工作条件”，具体分为最低工资、

---

① 《劳动法》第 12 条规定，劳动者就业，不因民族、种族、性别、宗教信仰不同而受歧视；《就业促进法》专设公平就业一章，但也仅对性别、民族、残疾人、传染病病原携带者、农村劳动者项下的就业歧视作出规定。

工作时长和职业安全卫生，与劳动者的生存权和生命健康权密切相关。对此我国已经制定若干法律法规，形成了较为完整的劳动基准法律体系。但应注意的是，CPTPP 确立的工作条件标准本身具有不确定性和模糊性。这种不确定性一指工作条件的标准由各成员国法律、法规和实践自行确定；二指各国确定的工作条件必须是“可接受的”，但对于何为“可接受”及其标准和幅度则未作说明，这就意味着各国可以根据自身国情来制定相关标准。该条款的约束力相对而言更集中在国内法的执行上，而非高低标准本身。可以认为，我国在接受该条款上基本不存在障碍。

因此，根据以上分析，针对 CPTPP 第 19.3 条规定的劳工权利条款，在有关有效废除童工、消除就业与职业歧视、废除强迫或强制劳动以及可接受的工作条件四方面的劳工标准，于我国而言接受难度较小，关键在于弥补立法漏洞、严格加强执法力度等；有关结社自由和集体谈判权利的劳工标准，我国目前仍与国际劳工标准存在差距，可能成为我国申请加入 CPTPP 的主要障碍。

四、越南劳工标准改革

越南于近十年广泛参与和签署自由贸易协定并取得显著成效。[①] 在越南签署的自由贸易协定中，不乏一些包含了高标准的劳工条款。例如，越南加入的《跨太平洋伙伴关系协定》《全面与进步跨太平洋伙伴关系协定》和《欧盟—越南自由贸易协定》(Europe-Vietnam Free Trade Agreement，EVFTA) 等区域性自由贸易协定均规定遵守国际劳工标准，

① 杨耀源、陈新明：《最近十年越南革新开放的新探索——积极参与自由贸易协定的动机与策略》，载《当代世界与社会主义》2020 年第 5 期。

要求不符合标准的成员国应修改国内法律、规则和实践。① 严格的劳工条款倒逼越南开展国内劳工标准改革。换言之，作为一种贸易创造战略，越南积极追求与东盟地区以外（主要是欧盟和美国）的经济市场签订自由贸易协定，从而以这些具有规则约束力的贸易协定来达到国内改革的目的。②2019 年 1 月 14 日，CPTPP 在越南正式生效。但早在美国主导下的 TPP 时期，为和国际劳工标准接轨、遵守劳工条款，越南就以改革劳动法律、加快批准国际劳工公约、签署附属协定等多种方式开启了改革之路。

自 TPP 谈判以来，通过劳工标准改革，越南不断加强劳动者权益保护。

（一）修改和完善越南国内劳动法律制度

越南《劳动法》于 2019 年 11 月 20 日由越南国民议会批准通过，并于 2021 年 1 月 1 日起生效。越南政府另发布第 145/2020/ND-CP 号法令（第 145 号法令）以指导和帮助劳动法的实施。与越南 2013 年《劳动法》相比，这部新生效的越南《劳动法》对劳动合同、独立工会、集体谈判、工作时长等内容作出修订和调整，朝着与国际劳工标准保持一致迈出关键一步。③ 尤其是在加强劳动者结社自由和集体劳动权方面，

---

① 班小辉、苌雅洁：《FTA 对“一带一路”沿线国家劳工标准的影响与我国应对策略——以越南 2021 年〈劳动法〉为视角》，载《国际经济法学刊》2021 年第 1 期。

② Sophie Deprez, The Strategic Vision behind Vietnam’s International Trade Integration, 37 (2) Journal of Current Southeast Asian Affairs 3 (2018), p.9.

③ Dezan Shira and Associates: Vietnam Approves Labor Code for 2021, Vietnam Briefing, 8 January 2021, https://www-vietnam--briefing-com.translate.goog/news/vietnam-approves-labor-code-2021.html/?_x_tr_sl=en&_x_tr_tl=zh-CN&_x_tr_hl=zh-CN&_x_tr_pto=sc, visited on 15 May 2023.

被认为是越南劳工政治的重大转变。

表 13-1　新旧《劳动法》关于结社自由权的条款对比

修订内容	越南 2013 年《劳动法》原条款	越南 2021 年《劳动法》新增或修订条款
删除直属上级工会对基层工会以及同级工会之间的有关职责	第 188 条工会在劳资关系中的作用	删除相关内容
新增企业职工组织，与原基层工会一同构成基层职工代表组织	第 3 条第 4 款基层员工代表组织的术语解释；第 189 条企业、机关和组织工会的建立、加入和运作	第 3 条第 3 款基层员工代表组织的术语解释；第 170 条基层职工代表组织的建立、参加和参与活动的权利；第 171 条越南工会组织系统中的基层工会
新增企业员工组织的成立程序、成员构成和章程内容	无相关内容	第 172 条企业职工组织的设立和加入；第 173 条企业员工的领导和组织成员；第 174 条企业员工组织章程
细化用人单位阻碍职工代表组织正常运作的禁止性行为和义务范围	第 190 条禁止雇主与工会的建立、加入和运作有关的行为；第 192 条雇主对工会的责任	第 175 条禁止雇主在基层设立、加入和运作职工代表组织的行为；第 177 条用人单位对基层职工代表组织的义务
细化基层职工代表组织的权利和义务	第 191 条基层工会代表在劳资关系中的权利；第 193 条确保企业、机构、组织的工会活动条件	第 176 条基层职工代表组织领导班子成员的权利；第 178 条基层职工代表组织在劳动关系中的权利和义务

资料来源：根据越南官方法律文本整理绘制。

根据越南 2013 年《劳动法》和 2012 年《工会法》，越南工会组织体系由越南劳动总联合会（Vietnam General Confederation of Labor，VGCL）和各级工会组成。其中，基层工会作为工会的基层组织，由直接上级工会批准设立并在其指导下活动，具有两点特征：一是在工作的开展上具有强烈的附属性质，二是在劳动者权益保护上不具有明显的代表性。越南2021年《劳动法》为切实保障劳动者的结社自由和集体谈判权，做出如下修改：（1）根据第170条规定，基层职工代表组织包括两类，一是官方工会，二是企业员工组织，后者是企业一级的员工代表组织，不隶属于任何官方工会，劳动者有权选择建立、加入上述两种组织并开展相应活动；（2）第172、173、174条分别详细规定了企业员工组织的成立程序、成员构成和章程内容；（3）第178条进一步明确：包括企业员工组织在内的基层职工代表组织具有集体谈判、对话、组织和领导罢工等权利和义务。越南2021年《劳动法》第3条第3款对基层职工代表组织作出更明确的定义：（1）作为保障职工的具体权利是“在劳动关系中建立和加入全体职工代表组织的权利”的机构而存在；（2）反映职工的自由和自愿意愿；（3）法律承认其为具有法定权力的机构，并有相应机制来确保其执行。①不难看出，“旧”工会体制和“新”企业一级员工代表组织二者并存，颠覆了传统工会体系，使得劳动者能够在不受任何组织或机构干预的情况下真正享有自由结社权，进而更高效地代表劳动者行使权利。②可以认为，承认独立于越南劳动总联合会的“新”工会是越南实践劳工结社自由的一个里程碑。③

在劳动者集体谈判权方面，与越南2013年《劳动法》相比，越南2021年《劳动法》一是大幅增加了可选择进行集体谈判的内容，二是确认“新”企业一级员工代表组织享有集体谈判权，三是细化集体谈判流

① Dao M. Diep: The Assessment of the Labor Code Impact on Labor Relations, 58 Hong Kong Journal of Social Sciences 12 (2021), p.13.

② 班小辉、苌雅洁：《FTA对“一带一路”沿线国家劳工标准的影响与我国应对策略——以越南2021年〈劳动法〉为视角》，载《国际经济法学刊》2021年第1期。

③ Tran Thi Kieu Trang and Richard Bales, On the Precipice: Prospects for Free Labor Unions in Vietnam, 17 San Diego International Law Journal 71 (2017), pp.87—89.

程，兼顾程序正义，[①] 四是列举三种集体谈判失败的情形并规定后续依照本法规定办理劳动争议解决程序，五是将“协助推动集体谈判、积极协助双方在集体谈判过程中达成协议（当双方同意时）”[②] 作为省级人民委员会在集体谈判中的责任。可见，在自由结社权被赋予实际意义的前提下，集体谈判权利作为劳动者与用人单位之间的一种对话机制，也得到了进一步的丰富和完善。

综上所述，越南 2021 年《劳动法》的修订、完善和颁布、实施使得越南劳工标准改革在立法层面走上快车道，成为实现越南劳工标准与国际劳工标准接轨的关键一步。

（二）积极批准和实施核心劳工公约和其他国际劳工公约

随着越南劳动立法制度的不断推进，其国内劳工标准与国际劳工标准之间的差距逐渐缩小，从而为越南批准国际劳工公约创造了条件。自 1992 年加入国际劳工组织以来，越南已经批准 25 项国际劳工公约，涉及集体谈判、强迫劳动、废除童工、反歧视等领域，尤其是 2019—2020 年间，越南先后批准两个技术性公约和两个核心公约，其中以两个核心公约最为典型，分别是国际劳工组织第 98 号公约（1949 年《组织权利和集体谈判权利公约》，Right to Organise and Collective Bargaining Convention）[③] 和第 105 号公约（1957 年《废除强迫劳动公

---

① 例如第 68 条规定，基层职工代表组织要求开展集体谈判的前提是人数达到企业员工总数的最低成员比例；第 69 条规定各方参与集体谈判的人员组成由双方自行决定；第 70 条第 2 款设定了集体谈判时间的上限：除非双方另有规定，否则不得超过谈判开始之日 90 天等等。细化后的条款更有利于推进集体谈判和保障劳动者权益。

② 越南 2021 年《劳动法》第 74 条第 3 款。

③ Quốc hội thông qua Nghị quyết phê chuẩn việc gia nhập Công ước số 98, http://www.molisa.gov.vn/Pages/tintuc/chitiet.aspx?tintucID=29644, visited on 15 May 2023.

约》，Abolition of Forced Labour Convention）。① 至此，越南对基本劳工公约的批准数量达到八分之七。除了加入公约，越南亦表现出将这些公约的规定纳入国家法律体系的认真态度，越南 2021 年《劳动法》即表明其兑现承诺的决心。此外，越南也在积极研究其他国际劳工公约，并计划于 2023 年加入国际劳工组织第 87 号基本公约（1948 年《结社自由和保护组织权利公约》，Freedom of Association and Protection of the Right to Organise Convention）。②

（三）加强国际合作并接受各方技术援助

越南不断加强国际合作，接受来自多个国家和国际组织的技术援助。2021 年 5 月 20 日，为促进国际劳工标准的研究和应用，越南劳动、荣军和社会事务部（Ministry of Labor, Invalids and Social Affairs，MOLISA）与国际劳工组织驻越南办事处展开合作，制定了关于 2021—2030 年间在越南促进国际劳工标准的合作谅解备忘录。③ 越南外交部发言人表示，此次签约旨在提高国际劳工标准在越南的应用和执行力度，同时促进研究、引进另外 15 项国际劳工公约，其中包括剩余一项未批准的关于结社自由的基本公约。④ 此外，早在 TPP 谈判过程中，由于

① 94.82% ĐBQH tán thành Việt Nam gia nhập Công ước số 105 của ILO về xóa bỏ lao động cưỡng bức, http://www.molisa.gov.vn/Pages/tintuc/chitiet.aspx?tintucID=222708, visited on 16 April 2022.

② Hội thảo tham vấn Dự thảo Kế hoạch chiến lược về Thúc đẩy gia nhập và thực hiện các tiêu chuẩn lao động quốc tế tại Việt Nam, http://www.molisa.gov.vn/Pages/tintuc/chitiet.aspx?tintucID=29682, visited on 15 May 2023.

③ Ký kết hợp tác thúc đẩy các tiêu chuẩn lao động quốc tế tại Việt Nam giai đoạn 2021—2030—Trao tặng Kỷ niệm chương Vì sự nghiệp Lao động—Thương binh và Xã hội cho Giám đốc Văn phòng ILO tại Việt Nam, http://www.molisa.gov.vn/Pages/tintuc/chitiet.aspx?tintucID=226056, visited on 15 May 2023.

④ Gia nhập thêm các công ước ILO: Đảm bảo tốt hơn quyền của người lao động, http://www.molisa.gov.vn/Pages/tintuc/chitiet.aspx?tintucID=226115, visited on 15 May 2023.

越南国内劳动保护水平并未达到条约要求的高标准，越美两国即签署附属协定：《美国和越南关于加强贸易和劳工关系的计划的换文》(United States-Viet Nam Plan for the Enhancement of Trade and Labour Relations)。此换文作为 TPP 的附件，由越南遵照执行，内容是由越南实施法律改革，使得国内劳动法律体系与国际劳工标准保持相当程度的一致性，最终确保劳工标准有效执行。二者亦对美国将持续对越南实施 TPP 协定过程提供技术协助达成一致。① 类似这样的国际合作还有很多，可以看出，越南始终保持开放的姿态积极开展劳工标准领域的国际交流与合作。

当前，中国正积极申请加入 CPTPP，对接高标准国际规则。CPTPP 作为高标准的区域性自贸协定，第十九章劳工章节涉及的劳动者权利保护条款较为全面。近年来，我国逐步完善劳动者权益保护制度，这与 CPTPP 劳工章节中所倡导的保护劳动者权利、改善工作条件、履行企业社会责任等趋于一致。越南作为 CPTPP 成员国中的社会主义国家，其在加入 TPP 乃至 CPTPP 的谈判过程中，不断完善劳动者权利保护制度，不断加强国际合作、积极批准和实施各项国际劳工公约等，在某些方面可作为我国在申请加入 CPTPP 涉及劳工条款谈判时参考借鉴，为中国有效对接 CPTPP 劳工标准做好前期铺垫。

① 《美国承诺协助越南实施 TPP 协定》，https://cn.baochinhphu.vn/%E7%BE%8E%E5%9B%BD%E6%89%BF%E8%AF%BA%E5%8D%8F%E5%8A%A9%E8%B6%8A%E5%8D%97%E5%AE%9E%E6%96%BDTPP%E5%8D%8F%E5%AE%9A-11622871.htm，2023 年 5 月 15 日访问。

第四篇　知识产权与数据合规

第十四章　企业知识产权国际合规：发展历程、规则检视与体系完善

一、引言

企业知识产权国际合规是一个复合的概念，以“企业合规”为主体，可以拆解出“知识产权”和“国际”两个关键词。“企业合规”的本质即企业通过预防、控制和应对生产经营中产生的风险以实现自身利益的最大化。[①] 党的二十大报告中提出，推进高水平对外开放，加快建设贸易强国。如今世界经济正面临着百年未有之大变局，国际经济格局持续演变，全球治理体系深刻重塑。[②] 随着经济全球化程度的不断加深，我国企业开始主动走出国门，积极探索海外市场，寻求更好的发展机会。知识产权是我国企业“走出去”过程中参与国际市场竞争时的关键要素。党的二十大报告还提出，加强知识产权法治保障，支持全面创新。知识产权保护是促进中国企业技术创新的动力源泉。[③] 文章拟通过企业知识产权国际合规发展历程回顾，以及对国际贸易条约与协定中具

① 陈瑞华：《论企业合规的中国化问题》，载《法律科学（西北政法大学学报）》2020 年第 3 期。

② 王文涛：《加快建设贸易强国》，《人民日报》2022 年 12 月 20 日，第 9 版。

③ 李伟、余翔、蔡立胜：《政府科技投入、知识产权保护与企业研发投入》，载《科学学研究》2016 年第 3 期。

体知识产权规则的梳理，固本浚源，探赜索隐，分析我国企业在知识产权国际合规管理中应关注的重点问题，进而提出企业知识产权国际合规管理体系的完善方向。以期在实现企业自身更好发展的同时，为建设知识产权强国和贸易强国提供动力支持。

二、企业知识产权国际合规的发展

（一）企业合规的发展轨迹

“合规”按照字面意思理解即合乎规则，合规的“规”含义较为丰富，包括法律法规、商业行为守则、企业伦理规范、企业自身制定的规章制度等。① 文章着重强调法律法规层面的合规，具体包括我国及其他国家的法律法规和国际组织规章等。“企业合规”被我国学者称为 21 世纪法学研究两大前沿课题之一，涉及公司治理、刑法、国际经济法等多学科研究领域。② 简而言之，“企业合规”即企业主动对法律法规的遵从。企业合规最早发轫于美国，1887 年美国国会颁布的《州际商业法》中就已经有了行业自律与监管的相关规定，为后续的企业合规立法奠定了基调。③1991 年美国联邦量刑委员会颁布的《联邦组织量刑指南》在企业合规发展进程中起着里程碑式的作用，首次将“企业合规”概念带入了法律领域。④ 经过百余年的发展，欧美企业的合规管理制度已十分完善。

---

① 陈瑞华：《企业合规制度的三个维度——比较法视野下的分析》，载《比较法研究》2019 年第 3 期。

② 陈瑞华：《企业合规基本理论》，法律出版社 2020 年版。

③ Geoffrey P. Miller, The Law of Governance, Risk Management, and Compliance (Wolters Kluwer 2015).

④ 严驰：《论企业知识产权刑事合规建设》，载《上海法学研究》2022 年第 13 卷，上海人民出版社 2022 年版。

域外企业合规的理论与实践为我国企业合规制度的建构提供了良好的视角和丰富的素材。

“合规”一词在我国最早出现于金融领域。2006年10月，银保监会发布的《商业银行合规风险管理指引》中首度提及“合规”的概念。2016年4月，国资委印发了《关于在部分中央企业开展合规管理体系建设试点工作的通知》并率先在五家央企开展企业合规试点。我国的企业合规制度建设起步较晚，直至2018年“中兴通讯事件”后才逐渐引起广泛关注。①2018年12月，国务院国资委印发了《中央企业合规管理指引（试行）》。2021年3月，企业合规正式写入“十四五”规划。②目前我国已经初步构建起本土化的企业合规体系。现实中企业合规制度可以分为三个层次：第一层次是通过起草完整的合规制度文件，如合规风险预防和处理、风险识别与合规义务清单、岗位和业务流程安排等，帮助企业明确合法与非法的边界，降低企业违法违规风险。第二层次是在文件基础上建立长效的合规监督机制，帮助企业主动识别员工是否有违法违规行为，实现预先自我矫正和优化。第三层次是寻找到一定的制度依托，在企业面临合规审查或处罚时，通过自身的合规情况和依托的制度来争取免责或较为宽缓的处罚结果。

（二）企业知识产权国际合规制度

知识产权合规是新时代企业发展中亟须关注的重点问题，发挥知识产权组合效应是企业获取竞争优势的关键。企业合规领域存在“全面合

① 黎宏：《合规计划与企业刑事责任》，载《法学杂志》2019年第9期。

② 《中华人民共和国国民经济和社会发展第十四个五年规划和2035年远景目标纲要》第十三章第二节、第十九章第五节。

规体系说”和“专项合规体系说”的争议。① 近年来，我国企业知识产权保护进入了主动安排阶段。知识产权合规在提升企业竞争力、降低产品研发成本、增加产品盈利点上发挥着重要作用。② 随着中国对外开放政策的深入推进，越来越多的跨国企业开始进入中国。大量中国企业也贯彻落实“走出去”战略，前往域外国家或地区寻求扩大生产投资。经济全球化的大背景下，企业知识产权合规工作逐渐呈现出国际化趋势。面对复杂多变的国际经贸形势和日渐加大的知识产权监管力度，对有国际化经营需求的企业而言，建立企业知识产权合规制度、推进知识产权国际合规专项建设刻不容缓。

2018 年 12 月，发改委、外交部等七部门联合发布了《企业境外经营合规管理指引》。文件指出企业在开展对外贸易以及境外日常经营时，应全面掌握知识产权保护方面的具体要求，确保经营活动全流程、全方位合规。③2021 年 12 月，上海市发布了首个企业知识产权合规专项标准《企业知识产权合规标准指引（试行）》，从合规管理组织体系、管理制度体系、管理运行体系、风险识别处置体系、第三方监督评估体系的角度为企业知识产权合规制度的建构提供了规范指引。2022 年 4 月，广东省知识产权局发布了地方标准《企业知识产权国际合规管理规范》，这是我国首项企业知识产权国际合规管理地方标准。文件针对企业在对外贸易或跨国经营管理活动中的知识产权合规风险提出了相应的管理流程、评价体系、应对措施和完善路径，希望能帮助企业建立长期有效的

① 陈瑞华：《企业合规整改中的专项合规计划》，载《政法论坛》2023 年第 1 期。
② 杨力：《中国企业合规的风险点、变化曲线与挑战应对》，载《政法论丛》2017 年第 2 期。
③《企业境外经营合规管理指引》第 6 条、第 9 条。

知识产权国际合规管理体系。目前我国的企业知识产权国际合规管理体系已初具雏形。域外跨国企业的行为准则中也都把建立知识产权国际合规制度作为核心内容。① 企业知识产权国际合规问题俨然已成为全球企业合规的重点关注方向。但是，现实中我国企业还存在知识产权国际合规意识不强、知识产权国际合规制度建构不完善等问题，引发了进出口贸易中一系列的知识产权风险问题。

三、国际知识产权保护规则检视

随着全球企业知识产权保护意识的觉醒，知识产权领域受到各国高度关注。国际贸易中的知识产权争端主要包括企业的知识产权在域外被侵权或企业在域外被诉知识产权侵权两大类。企业应充分了解知识产权国际保护规则，知悉我国加入的国际条约如《巴黎公约》《伯尔尼公约》《专利合作条约》等中所需承担的知识产权保护义务并将其纳入企业合规管理内容中。在专业型国际组织方面，如果说此前是世界知识产权组织一家独大，主导国际知识产权规则的制定。② 如今世界卫生组织、国际海关组织、国际标准化组织等都开始就组织管辖议题内的知识产权问题制定标准和规则，③ 企业应保持持续关注。企业在全球范围内进行知识产权布局时也应将自由贸易协定（FTA）中的知识产权规则纳入考量，

① 王函、潘志成：《企业知识产权法律合规管理实务指南》，人民法院出版社 2022 年版。

② Debora J. Halbert, The World Intellectual Property Organization: Past, Present and Future, 54 Journal of Copyright Society of the U.S.A. 253 (2007).

③ 董涛：《全球知识产权治理结构演进与变迁——后 TRIPs 时代国际知识产权格局的发展》，载《中国软科学》2017 年第 12 期。

如我国签署的《区域全面经济伙伴关系协定》(RCEP)中就高度重视知识产权保护，在TRIPs协定的基础上全面提升了知识产权保护水平，代表了知识产权国际保护的发展方向。①如今亚太自由贸易区在经济规模上已经和欧盟、北美自由贸易区形成三足鼎立之势。②基于此背景，本章以《区域全面经济伙伴关系协定》《全面与进步跨太平洋伙伴关系协定》《中欧全面投资协定》为分析对象，从具体规则层面总结企业知识产权国际合规中应重点关注的问题。

（一）基于《区域全面经济伙伴关系协定》的分析

RCEP知识产权章是迄今为止我国签署的FTA中内容最为全面、丰富的知识产权章。其不仅涵盖了著作权、商标、专利、反不正当竞争等传统知识产权议题，还纳入了电子商标系统、技术保护措施、权限管理信息和集体管理等新规定，体现出与时俱进的特点。③本章选取了企业对外贸易中合规风险较高的著作权和相关权利、商标权、专利权、工业设计、不正当竞争五个方面，归纳梳理了RCEP知识产权章中的重点规则。(1)著作权和相关权利。著作权和相关权利规定于知识产权章第二节，该节对著作权的主要制度作了框架性规定。企业应注意该节中的“TRIPs-plus”④风险，如对载有加密节目的卫星信号的保

① 王晓丽、严驰：《从RCEP展望CPTPP：知识产权条款分析及对我国的启示》，载《法治论坛》(第64辑)，中国法制出版社2021年版。

② 盘和林：《RCEP正式生效，共享互利共赢发展机遇》，载《光明日报》2022年1月5日，第11版。

③ 张乃根：《与时俱进的RCEP知识产权条款及其比较》，载《武大国际法评论》2021年第2期。

④ “TRIPs-plus”是指双边、区域或多边框架下的自由贸易协定、投资协定及知识产权协定中高于TRIPs协定的知识产权保护标准。

护、对著作权及相关权利进行集体管理、防止规避有效技术措施、对权利管理电子信息的保护、规定中央政府使用非侵权计算机软件等内容，都是在TRIPs协定基础上的提升。（2）商标权。企业尤其应关注RCEP中对可申请商标范围的扩大。第19条“商标保护”中指出，缔约国必须接受声音商标且不排斥味觉商标、触觉商标等无法被视觉感知的商标注册。企业还需重点关注第27条“恶意商标”中的相关规定，避免企业商标在海外经营中被恶意抢注。（3）专利权。企业应重点关注第44条中经营领域内的专利申请信息，明确RCEP中的专利申请需满足最早优先权日起18个月的公布时限，防止“潜水艇专利”[①]突袭。此外，企业还需充分知悉第38条中各成员国“授予权利的例外”情形以及第42条“专利宽限期”中各缔约国的具体管理规定。（4）工业设计。企业应知晓第49条中RCEP缔约国在工业设计保护范围上的规定，以及从工业设计法或著作权法角度对纺织品设计保护的强制性规定，寻求弥补工业设计产品“许诺销售”缺乏法律保护的替代措施，同时充分运用整体设计和局部设计的工业设计保护规则进行提前布局。（5）不正当竞争。企业应根据第55条中RCEP各缔约国的域名管理体系、争端解决机制以及域名被恶意抢注时的救济渠道进行提前布局。

（二）基于《全面与进步跨太平洋伙伴关系协定》的分析

《全面与进步跨太平洋伙伴关系协定》（CPTPP）中对知识产权的保护水平大幅超越了TRIPs协定，CPTPP吸纳了原《跨太平洋伙伴关

① “潜水艇专利”（Submarine Patent）是指申请人通常会提交专利的继续申请以延迟专利权的颁发，从而尽可能长时间地保持专利有效。

系协定》（TPP）中大部分的内容，但是删减了知识产权部分的9项条款，① 主要在知识产权保护对象、保护期限和保护措施三方面作出了暂缓规定。尽管CPTPP中并未完全采纳TPP中的知识产权保护标准，但是其知识产权规则的先进性是毋庸置疑的。在商标与地理标志领域主要体现为扩展了可注册和保护的客体范围，如第18.18条规定，不得以标记仅由声音组成为由拒绝其注册商标且缔约国应尽最大努力注册气味商标。在著作权保护领域，《伯尔尼公约》中将著作权及相关权利保护期限的最低标准定为作者终生加死后50年，CPTPP第18.63条在《伯尔尼公约》的基础上进一步把作品、表演或录音制品的保护期限延长至作者终生加死后70年。我国著作权相关立法中将除作者署名权、修改权、保护作品完整权外其他权利的保护期限规定为作者终生及死亡后50年，② 日后需酌情考虑进一步延长保护期限。目前我国专利领域的大部分规定已实现和CPTPP的接轨，但在少数条款上还需进一步修改。如根据《中华人民共和国专利法》（以下简称《专利法》）第24条，专利不丧失新颖性的宽限期为六个月。CPTPP第18.38条中则规定，确定发明专利是否具有新颖性或包含创造性步骤的宽限期为十二个月。此外，TRIPs协定第33条中规定专利权保护期限为申请之日起不少于20年。我国《专利法》中并未加入专利权保护期限延长或缩短的条款。但是，CPTPP在第18.46和18.48条中分别加入了特殊情况下因授予机关不合理迟延或不合理缩短而调整专利期的规定。目前中国加入CPTPP的关键障碍之一就是自身规则与高水平国际经贸规则间存在的差

① CPTPP中搁置的“知识产权”条款具体包括第18.8条、18.37条、18.46条、18.48条、18.52条、18.63条、18.68条、18.79条、18.82条。

② 《中华人民共和国著作权法》第22、23条。

距。[1] 知识产权规则是 CPTPP 的重要组成内容，为顺利加入 CPTPP，我国企业应深入研究 CPTPP 中的知识产权条款并提出应对之策，[2] 提升高标准国际经贸规则接受能力，助力我国早日达到加入 CPTPP 的标准。

（三）基于《中欧全面投资协定》的分析 [3]

我国虽然已经具备了较为完整的知识产权保护体系，但实践中企业尤其是中小型企业普遍知识产权保护意识薄弱。长久以来，欧盟深受中国企业知识产权侵权问题的困扰。有学者分析指出，中欧在知识产权保护力度上的差异可能会使知识产权保护成为《中欧全面投资协定》（以下简称“中欧 CAI”）谈判中的难点问题。[4] 中欧 CAI 对知识产权保护对象、保护期限、保护措施等方面进行了强化，扩大了知识产权保护范围。[5] 虽然没有专门规定知识产权方面的内容，但是“尊重知识产权”是中欧 CAI 的核心内容之一。[6] 如在“强制技术转让”问题上，由于技术常以知识产权尤其是专利权的形式出现，[7] 美国曾多次指责中国通

---

① 郝荻：《CPTPP 加入程序中的制度性权力及中国因应》，载《世界经济研究》2022 年第 11 期。

② 管育鹰：《CPTPP 知识产权条款及我国法律制度的应对》，载《法学杂志》2022 年第 2 期。

③ 2020 年 12 月 31 日，中欧领导人共同宣布完成《中欧全面投资协定》的谈判。此后，双方一直在开展法律审核等技术工作。目前《中欧全面投资协定》尚未正式签署和批准生效。

④ 叶斌：《中欧双边投资协定谈判展望》，载《国际展望》2015 年第 6 期。

⑤ 王彦辉：《中欧 CAI 达成的背景、影响与中国策略选择》，载《中国流通经济》2021 年第 7 期。

⑥ 杨燕妮：《中欧携手构建开放型世界经济》，载《人民政协报》2021 年 1 月 5 日，第 3 版。

⑦ 何艳：《技术转让履行要求禁止研究——由中美技术转让法律争端引发的思考》，载《法律科学（西北政法大学学报）》2019 年第 1 期。

过“强制技术转让”的市场准入规则取得美国的知识产权。① 中欧 CAI 第二部分“投资自由化”第 3 条“性能要求”中明确规定，禁止强迫技术转让或干预技术许可。具体表现为中欧双方不得就境内所有企业的设立、经营强加第 3 条第 1 款中的任何承诺或保证，或者以符合第 3 条第 2 款中的任何条件为要求，接受或继续接受境内所有企业的建立或经营有关的利益。而且中欧双方不得以任何方式干涉自然人和企业与另一方自然人和企业间基于自愿的市场条款并反映双方意志的技术转让或许可行为。第 3 条第 5 款中则规定了条款履行的两项例外，包括法院、行政法庭或竞争主管机关实施的防止或纠正限制或扭曲竞争的措施以及 TRIPs 协定第 31 条、第 31 条之二或第 39 条中允许的例外。我国企业应维护好自身利益，在斗争中求和平。② 鉴于欧盟在医药、航空、精密仪器等高端制造业上的优势，我国企业应加大技术创新研发上的有效投入，掌握核心技术与知识产权，重视高新技术领域的投资合作，在更公平、透明的竞争环境下实现更好的发展。

四、企业知识产权国际合规管理体系构建

当前区域主义盛行，全球贸易经济规则正在重塑。③ 目前欧美国家在知识产权保护的国际规则制定上仍占据着主导地位。但是，不同于

---

① 蒋启蒙、朱雪忠：《大国竞争中的知识产权安全化及中国的政策选择》，载《外交评论（外交学院学报）》2022 年第 5 期。

② 余森杰、郭兰滨：《〈中欧全面投资协定〉：基础、前景和挑战》，载《长安大学学报（社会科学版）》2021 年第 4 期。

③ 余楠：《RCEP 知识产权规则述评及中国的参与》，载《湖北师范大学学报（哲学社会科学版）》2018 年第 4 期。

TRIPs 协定缔结过程中发达国家的“一言堂”，以中国为代表的发展中国家正逐渐在知识产权保护国际规则建设中掌握更大的话语权。我国始终秉持着支持发展中国家的立场，在建立反对发达国家提出的“TRIPs-plus”标准的防御性联盟方面值得肯定。① 一系列协定的签署有望逐步改变我国企业被动接受欧美国家制定的高标准知识产权规则的局面，把我国倡导的知识产权规则推向国际层面。上述协定从微观层面出发，为企业知识产权保护做出了具体的风险提示。企业还应从宏观层面出发，建立长效、完善的知识产权国际合规管理体系。

企业知识产权国际合规管理体系是指企业建立知识产权国际合规管理的方针和目标并实现的体系，属于更细化领域的知识产权合规体系。企业知识产权合规管理体系建设是我国建设知识产权强国的应有之义，采取适宜的途径和手段保护知识产权能帮助企业更好地应对国际经贸往来中的挑战，增强企业在全球范围内的竞争力与影响力，为我国的高质量发展与高水平对外开放贡献力量。② 以最高检发布的企业合规典型案例中的“张家港 S 公司、睢某某销售假冒注册商标的商品案” ③ 为例。斯凯孚是世界最大的滚动轴承制造公司之一。由于 S 公司企业内部知识产权合规管理制度的缺失，企业采购环节对供货商资质和商品来源审查不严，因而在销售时侵犯到斯凯孚公司的注册商标专用权。后续经过监察部门的合规整改和监督考察，S 公司建立起了完善的企业知识产权国际合规管理体系，并借此机会和多家大型企业建立了长期合作关系。为保

① Wenting Cheng, China Engages with the Global Intellectual Property Governance: The Recent Trend, 22 The Journal of World Intellectual Property 146 (2019).

② 杨阳腾：《合规建设是企业重要软实力》，载《经济日报》2022 年 12 月 29 日。

③ 《企业合规典型案例（第二批）》，https://www.spp.gov.cn/spp/xwfbh/wsfbt/202112/t20211215_538815.shtml#2，2023 年 1 月 23 日访问。

护企业合法权益、促进企业合规经营，有必要构建完备的企业知识产权国际合规管理体系。

（一）企业知识产权国际合规管理要点

企业主动合规的动力主要源于市场驱动或是监管驱动，从当下国际实践来看，企业合规建设更多是源于法律及监管机构层面的压力。①随着中国制造的崛起，我国企业的海外交易量实现了持续增长。与此同时，针对中国跨境企业的知识产权“围猎”也愈演愈烈，实践中大量知识产权诉讼的诉由或赔偿要求都毫无根据。以美国 GBC、Keith 为代表的一众律所通过“钓鱼执法”，以向我国企业提起侵权诉讼获取和解费用为营生之道，对我国跨国企业的经营、管理造成了极大困扰。如在全球最大的玩具公司美泰与我国企业的“Barbie”商标侵权诉讼中，尽管作为被告方的我国企业侵权产品销售额仅 13.18 万美元，却因原告申请的临时禁令使得 Paypal 账户中超过 500 万美元资金被冻结。②为更好地预防、控制、处理知识产权国际合规风险，避免遭遇知识产权恶意诉讼，保护企业发展利益，今后企业在知识产权国际合规管理中应重点关注以下三个方面的问题：

1．知识产权注册登记

由于知识产权的法定性和地域性特征，企业若想在其他国家或地区获得知识产权保护，必须先使其知识产权得到其他国家或地区的认可，

---

① 尹云霞、李晓霞：《中国企业合规的动力及实现路径》，载《中国法律评论》2020 年第 3 期。

② Mattel Inc. v. The Entities Doing Business as Goodmenow at the URL Goodmenow.com et al (Case 1:20-cv-11075-NRB).

获取“认可”的主要方式即向其他国家或地区的知识产权管理部门申请知识产权境外注册或登记。企业知识产权境外注册登记地的选择，主要取决于企业产品或服务是否已在该国家或地区有一定的发展基础。随着我国企业国际影响力的日渐增大，企业知识产权在境外被非法注册或利用的情况也与日俱增。如浙江大华技术股份有限公司此前就在柬埔寨发生了商标被抢注的纠纷。由于企业对域外法律的不熟悉，再加上侵权方的消极应对，会导致案件进展不畅，影响到企业市场的进一步拓展。[①]因此，我国企业对于世界上主要国家或地区不管是美国、欧盟还是东盟、非盟，均应加强知识产权保护意识，考虑到不同国家或地区在知识产权保护法律规定上的差异，应及时申请注册登记自己的知识产权。以上文提到的美国和欧盟为例，在美中资企业可以向美国版权局申请著作权登记，向美国专利和商标局申请商标注册及专利申请审批等。在欧中资企业则可以向欧洲知识产权局申请注册欧盟商标或外观设计，向欧洲专利局申请专利授权等。

2. 知识产权境外监测

企业在完成境外国家或地区的知识产权注册登记后，应通过该国家或地区的公开数据库对境外可能发生的他人侵犯企业知识产权行为进行实时预警监测和及时反馈，避免受制于法律的时效规定。监测的具体行为包括但不限于著作权或相关权利侵权、商标侵权、域名侵权、境外企业在生产销售过程中侵犯到我国企业的专利权和工业设计等，力保企业知识产权无虞。以美国为例，用于监测的数据库包括商标电子检索系统、授权专利数据库、专利申请信息检索系统等。欧洲的话则有欧洲专利公

① 朱晶晶：《激发创新监管活力，杭州优化营商环境“步履不停”》，载《杭州日报》2022年7月8日，第1版。

报、Espacenet 专利文献数据库、欧盟商标及外观设计检索数据库等。知识产权境外监测对主要生产经营地位于国内的企业来说存在诸多不便，企业应积极向相关监督管理部门如市场监督管理局、知识产权保护中心等求助。上文的大华公司就在国际知识产权局、国家海外知识产权纠纷应对指导中心及当地市场监督管理局的共同帮助下，顺利完成了商标注册。此外，企业还可以聘请境外行业专业人员提供知识产权监测服务，或是由为企业提供境外知识产权注册登记服务的当地专业机构代为监管。

3．知识产权争议应对

企业在处理境外知识产权侵权纠纷时应深入了解争议解决程序，对案件成本有清晰的认知，使争议解决策略与企业长远利益保持一致。国家是企业发展的坚强后盾，企业在“走出去”过程中不管是遭受他人侵权，还是被控侵犯他人知识产权，都应及时向相关国家部门反映情况并寻求帮助。现实中常见的企业境外知识产权争议解决方式包括法院诉讼、临时禁令和替代性争议解决方式。① 根据争议具体情况，选择符合发展规划的争议解决策略，能帮助企业及时有效地捍卫自身权利。如在深圳市大疆创新科技有限公司与多个德国进口商的外观设计侵权纠纷中，大疆公司就通过临时禁令的方式实现了低成本的快速维权。② 法院诉讼可以充分保障企业权利且裁判结果具有强制执行力，但是时间长、成本高、程序复杂；临时禁令能够及时、有效地制止侵权，挽救企业损失，但同时可能会对被申请人的权益造成损害。如果处理不当，还有升级为初步禁令乃至永久禁令的风险；替代性争议解决方式也可以快速解

① “替代性争议解决方式”是指通过非诉讼的选择性争议解决方式的总称，主要包括调停、调解、仲裁、中立评估等。

② 谢小勇：《海外知识产权纠纷应对指导案例汇编》，知识产权出版社 2022 年版。

决争议，且成本低、保密性高，但是无法保障结果的终局性和可执行性。三种争议解决方式各有千秋，企业应从维护自身利益最大化的角度出发，谨慎选择争议解决方式。同时应考虑到维护良好的市场秩序，企业在应诉时应不卑不亢、据理力争，不能助长域外企业以和解为目的提起知识产权侵权诉讼的歪风邪气。

（二）企业知识产权国际合规管理体系完善方向

企业知识产权国际合规管理体系是一个框架，在整合了结构、方针、过程、程序等诸多要素的基础上，通过持续的改进和维持，希望实现预期的合规结果。从合规管理制度模式上来说，我国企业已经形成了相对独立的日常性合规管理模式和合规整改模式，[①]文章更倾向于构建大而全的日常性企业知识产权国际合规管理体系。现有的企业实践大多是在《中央企业合规管理办法》《企业知识产权管理规范》等国家标准或管理办法指引下建立的。企业通过将外部规范要求导入内部运营管理，将国家标准转化为可执行的内部标准，实现了“1.0基础版本”的企业知识产权国际合规管理体系建构。为增强企业国际竞争力，护航企业平稳发展，有必要从管理组织及职责、风险预警机制、合规文化建设、管理体系认证的角度出发，建立更完备的“2.0升级版本”。

1．管理组织及职责

在如今企业知识产权国际合规管理体系中，管理组织及职责普遍不够细化和明确，企业应根据自身经营规模、所处行业性质、未来发展需求等设置专门的知识产权国际合规部门。同时，在企业原有的和国际业

① 陈瑞华：《有效合规管理的两种模式》，载《法制与社会发展》2022年第1期。

务及知识产权关系密切的部门中选取一名业务骨干，由其担任合规管理联络员，在接受专门培训后负责本部门日常工作中知识产权国际合规风险的提示、记录和处理等工作，定期向知识产权国际合规部门汇报，若遇到无法处理的重大合规风险时应及时汇报。通过以点带面的方式，提升企业知识产权国际合规管理效能。具体而言，知识产权国际合规部门的日常工作包括但不限于起草覆盖著作权、专利权、商标权、商业秘密等主要知识产权品类的合规管理制度，建立包括采购、设计、研发、生产、销售等全流程在内的合规管理体系，形成可评测、考核的具体方案，并及时评估、更新；对接各部门中的合规管理联络员，收集、统计各部门合规工作开展情况，及时处理其他部门日常工作中出现的合规风险；关注国内外法律法规的最新变化，分析变化后的内容可能对企业造成的风险，开展面向企业全体员工的风险预警工作；为企业其他部门提供合规问题咨询服务，定期开展企业内部的合规检查与考核；组织全体企业员工参与合规培训，建立问题台账记录员工违规情况并及时督促整改等。知识产权国际合规部门的负责人是企业知识产权国际合规管理工作的最高领导者，同时也是第一责任人，应直接对企业主要负责人负责，向其汇报工作。在负责人人选确定时，应综合考虑其在合规、管理、法律、知识产权等方面的理论与实践能力。此外，负责人还必须具备优秀的外语听说读写能力，并对知识产权国际合规有深刻的认识和理解。负责人的职责包括但不限于组织、协调、监督本部门日常合规管理工作，及时报告企业日常生产经营中的重大合规风险，涉及重大风险事项时的一票否决权等。

2．风险预警机制

随着知识产权领域国际竞争的日益激烈，世界各国都在加快推进知识产权立法的更新。[①] 由于各国在经济发展水平和阶段上的不同，出台的知识产权法律法规也呈现出多元化的发展趋势。“控风险”是企业知识产权国际合规管理体系建设的核心，如今知识产权国际合规风险预警需要收集、处理、分析更多专业化的信息和数据。若仅依靠强化人工分工和管理可能力有不逮。知识产权是科技成果向现实生产力转化的桥梁和纽带，[②] 充分运用数字化技术保护知识产权是新时代的应有之义。建立一套大数据分析和人工管理相结合的风险预警机制，保证风险预警的实时性和准确性，或许才是企业知识产权国际合规管理体系的未来出路。企业知识产权国际合规中的风险预警机制主要包括信息收集、信息分析、风险评价三个方面。信息收集是风险预警的基础性工作。为确保信息收集的广度、深度、准确度，企业应利用大数据技术建立先进的信息收集系统，对全球范围内的知识产权信息进行动态监测，在世界各国专利申请、商标注册、知识产权法律法规更新等方面提供数据支撑和决策支持，提升信息收集、传递效率和企业实时应对风险的能力。信息分析是风险预警工作的核心环节。信息分析的最终目的是把收集到的海量数据化繁为简，化无序为有序。企业首先应确定一个可分析的风险指标体系，然后充分利用人工智能、计算机辅助系统等大数据工具对获取到的知识产权风险信息进行定量分析和处理，筛选、过滤掉无用信息后得出可靠的、有助于企业发展的结果。[③] 风险评价是在信息收集、分析的

---

① 孙国瑞等：《国际知识产权保护的发展趋势》，载《科技与法律》2005 年第 1 期。

② 徐超超、王彤彤：《向知识产权要生产力》，载《大众日报》2022 年 4 月 26 日，第 4 版。

③ 方琳瑜、宋伟：《“一带一路”战略下企业海外知识产权风险预警与管理机制研究》，载《科技管理研究》2016 年第 8 期。

基础上，根据企业制定的标准，确定风险处理的优先级和具体的应对措施。企业应聘请资深的知识产权律师、高校知识产权领域专家等，通过大数据分析结果设定合理的风险预警阈值，采取针对性的知识产权风险防范策略。①

3．合规文化建设

现有的企业知识产权国际合规管理体系虽然取得了一定的成就，但还远未达到预期。实践中仍有不少企业将合规管理制度视为沉重的负担，在应对检查时草草应付了事，企业员工未能真正形成合规意识。究其原因，企业在追求外在形式上合规的同时，忽略了员工内在的合规文化认同。相较于强制性的规章制度，合规文化更注重于精神、意识层面的培养，今后企业应充分利用 PDCA 循环理论来建设企业合规文化。“PDCA”即计划（Plan）、执行（Do）、检查（Check）、处理（Act）四个环节英文首字母的组合，其特点是通过严密的过程控制实现既定目标，在周而复始的循环间渐进式地解决问题。此前 PDCA 循环理论主要用于质量管理体系的持续改进问题中，通过一次次的循环来逐步提高产品质量。②近年来，PDCA 循环理论的应用逐渐呈现出多元化的发展趋势。在计划环节，企业首先应明确企业内部存在合规文化缺失的问题，进而分析合规文化缺失问题的产生原因，最终确定以培育企业合规文化、提升员工合规意识为主要目标；在执行环节，企业应通过张贴合规标语、举办合规知识竞赛等，营造良好的合规氛围，把合规文化宣传

---

① Crawford John and Strasser Robert, Management of Infringement Risk of Intellectual Property Assets, 20 (12) Intellectual Property & Technology Law Journal 7 (2008).

② 杨洁：《基于 PDCA 循环的内部控制有效性综合评价》，载《会计研究》2011 年第 4 期。

贯穿于招聘、培训、团建等各环节；在检查环节，企业应起草员工合规文化管理标准，制定员工合规文化建设评价指标，每季度评估一次合规文化建设成果，同时还应加强和各部门员工的沟通、交流，及时纠正实施过程中不恰当的行为；在处理环节，企业应根据上一个环节的评估结果，明确存在的关键问题并将其加入下一次循环。与此同时，其他问题则进入了另一个循环，多个循环同时运转，每一次循环的结束都会是对上一次循环的补充完善。企业合规文化建设是一项长期的系统性工程，无法一蹴而就，只有通过 PDCA 一次次的循环才能实现持续、有效的改进和优化。

4．管理体系认证

根据 2013 年 11 月国家认证认可监督管理委员会和国家知识产权局发布的《知识产权管理体系认证实施意见》第 1 条规定，需要由第三方认证机构来证明企业内部的知识产权管理体系是否符合规范要求。2021 年 4 月发布的《合规管理体系要求及使用指南》也为第三方对企业合规管理体系的认证提供了依据。“第三方认证”即政府部门依靠第三方来核实、认证被规制者遵守规则情况的一种制度安排，① 认证机构一般应是政府或者政府规制机构认可的公司、组织及个人。② 目前我国的管理体系认证市场存在着较大的问题，如根据《中华人民共和国认证认可条例》(以下简称《认证认可条例》) 第 10 条的规定，认证机构的准入门槛较低，盈利模式较为固定和简单。随着越来越多认证机构的出现，认证

① 孙敏：《第三方审核介入社会性规制的困境及规制》，载《商业研究》2016 年第 4 期。

② 李军超：《基于第三方认证的社会性规制：一个合作治理的视角》，载《江西社会科学》2015 年第 7 期。

证书的含金量大打折扣。此外，根据《认证认可条例》第9条的规定，认证机构资质的取得应当经国务院认证认可监督管理部门批准。中国合格评定国家认可委员会（CNAS）是经国家批准成立的官方认可机构，认证机构理应获得CNAS的批准，但现实情况是我国现有的认证机构中大部分仍未经CNAS认可。①我国当下的合规管理体系认证市场亟须规范发展，但是，企业作为被认证的一方能做的并不多。一方面，企业应从自身做起，把通过合规管理体系认证视为企业的重要任务认真对待。在选择第三方认证机构时，尽量选择经过CNAS认可、注册资本高、管理制度完善的机构。同时，保障认证流程诚信、合法，避免“买证卖证”现象的出现，维护企业良好形象。另一方面，企业可以向政府部门寻求帮助，由政府负责认证或让其严格把控市场上认证机构的资质，如把经CNAS认可作为认证机构颁发证书的前置要件，加强对合规管理认证机构收费乱、评审乱、发证乱现象的监管。

五、本章小结

面对日趋激烈的国际竞争，知识产权和合规体系正逐渐成为企业“走出去”过程中的重要倚仗和竞争力的核心来源。《知识产权强国建设纲要（2021—2035年）》第11条中指出，“十四五”规划期间应完善以企业为主体的高质量知识产权创造机制。我国签署的国际贸易条约与协定中的知识产权规则为企业知识产权国际合规工作提供了风险防范指引。知识产权是企业国际竞争中的核心依托，企业在“走出去”过程中

① 吴学静：《企业合规管理体系认证问题分析及发展建议》，载《中国标准化》2022年第24期。

应立足国际视野，增强知识产权合规意识，避免因为知识产权安全上的疏忽而引发“链式反应”。如今纷繁复杂的国际政治经济形势对我国企业而言机遇与挑战并存，要想在其中取胜，今后应逐步探索构建更完备的知识产权国际合规管理体系，把经济建设和知识产权保护工作相结合，在实现自身更好发展的同时，推进我国贸易强国的建设和知识产权强国战略的实施。

第十五章　个人信息出境合规要求探析

2022 年 9 月 1 日，我国《数据出境安全评估办法》(以下简称《评估办法》) 生效，正式确立网信部门主导的数据出境安全评估要求和门槛。根据《评估办法》，数据出境安全评估应当"坚持事前评估和持续监督相结合、风险自评估与安全评估相结合"的原则，即在数据出境安全评估的基础上设置"自评估"的前置要求。按照《个人信息保护法》，另一前置要求是进行个人信息保护影响评估。

除上述规定之外，此前多部法律法规征求意见稿亦对企业个人信息和重要数据出境行为提出评估要求，包括 2019 年 6 月颁布的《个人信息出境安全评估办法》[①] 以及 2017 年 4 月颁布的《个人信息和重要数据出境安全评估办法》。

事前评估、数据出境安全评估、数据出境风险自评估、个人信息保护影响评估、个人信息出境安全评估……面对各类评估要求，企业或感雾里看花，对于应当在哪个阶段参照何种规定完成评估要求有所疑虑。本文通过对数据出境法规的梳理，帮助企业明辨数据出境评估要求，为数据跨境传输合规提供行之有效的方法论。

---

① 《个人信息出境安全评估办法》第一版征求意见稿于 2017 年 4 月 11 日颁布。

一、评估类型

从生效法律法规来看,《个人信息保护法》《网络安全法》和《评估办法》分别提出了数据出境评估要求。

- 评估要求
  - 《个人信息保护法》
    - (1)**个人信息保护影响评估**:所有个人信息处理者
    - (2)**个人信息出境安全评估**:CIIO+处理个人信息达到规定数量的个人信息处理者;其他个人信息处理者出境合规可选条件之一①
  - 《网络安全法》—(3)**个人信息和重要数据出境安全评估**:CIIO
  - 《评估办法》
    - (4)**数据出境自评估**:进行数据出境安全评估的数据处理者+其他跨境传输数据的主体可参照适用
    - (5)**数据出境安全评估**:CIIO+处理100万人以上个人信息的数据处理者+跨境提供重要数据的数据处理者+自上年1月1日起累计向境外提供10万人个人信息或者1万人敏感个人信息的数据处理者
    - (6)**数据出境重新评估**:已进行数据出境安全评估且再次适用评估要求的数据处理者

图 15-1　评估要求细分图

尽管《网络安全法》《个人信息保护法》以及《评估办法》规定的数据出境相关的评估类型繁多,适用主体的表述也各不相同,但结合数据出境评估各项规定,就当前生效法律法规,企业在数据出境过程中应进行个人信息保护影响评估、数据出境风险自评估和数据出境安全评估三类评估。

二、个人信息保护影响评估

对于跨境传输个人信息的企业而言,无论跨境传输个人信息的数量

① “CIIO”是“关键信息基础设施运营者”。尽管《个人信息保护法》规定“通过国家网信部门组织的安全评估”是个人信息处理者可选择的四项基本条件之一,但未达《评估办法》规定门槛的企业申报评估,网信部门是否受理有待实践证实。

或所涉个人信息主体的数量如何，在跨境传输个人信息前，均应当进行个人信息保护影响评估。根据《个人信息保护法》的要求，个人信息保护影响评估应当包括以下三项内容：

（1）评估个人信息的处理目的、处理方式等是否合法、正当、必要；

（2）评估个人信息出境行为对个人权益的影响及安全风险；

（3）评估为跨境传输个人信息所采取的保护措施是否合法、有效以及是否与风险程度相适应。

个人信息保护影响评估的概念类似于欧盟法下的DPIA（Data Protection Impact Assessment），该等评估重点关注个人信息处理场景中的高风险处理行为，要求个人信息处理者从个人信息处理目的、方式、风险、对个人的影响和保护措施等维度评估数据处理行为的风险等级，并确定需要采取的降低风险的措施。

通常情况下，个人信息保护影响评估是企业处理个人信息时必须搭建的合规框架，个人信息跨境传输场景仅为个人信息保护影响评估的评估事项之一。在《个人信息保护法》生效前，部分企业，特别是跨国公司可能已经针对个人信息处理行为进行过类似评估，该等企业则可在过往个人信息保护影响评估的基础上按照《个人信息保护法》的要求进行调整和更新。

三、数据出境风险自评估

根据《评估办法》的要求，数据出境风险自评估是数据出境安全评估的前置步骤，企业在申报数据安全评估时，数据出境风险自评估报告也是必须提交的材料之一。对于达到数据出境安全评估门槛的企业而言（大概率需要进行个人信息保护影响评估），可以在个人信息保护影响评估的基础上，增加自评估的相关内容，以此节约合规成本。

数据出境风险自评估报告主要有两部分内容，一是对数据出境活动整体情况的描述，自评估报告中应当写明：

（1）出境方：数据处理者的基本情况 + 安全保障能力的描述；

（2）业务和系统：数据出境涉及业务和系统的情况；

（3）出境数据：拟出境数据的情况；

（4）境外接收方：境外接收方的情况，包括基本情况、处理数据的用途、方式、数据安全保障能力、所在国家 / 地区的数据保护环境等；

（5）法律文件：数据出境法律文件约定的数据安全保护责任义务。

对数据出境活动的整体情况进行描述后，自评估报告中还需根据基本情况对出境数据的风险进行评估，评估维度应当涵盖《评估办法》规定的六类重点评估事项。

四、数据出境安全评估

在申报数据出境安全评估时，应当按照《数据出境安全评估申报表》的要求对数据出境业务、目的、方式、链路情况、拟出境数据的情况、境外接收方的情况进行描述，同时一并提交《数据出境风险自评估报告》，由网信部门最终判断数据出境风险的高低，并据此作出评估结果。

总结而言，就个人信息保护影响评估、数据出境风险自评估和数据出境安全评估的适用：

（1）凡涉及个人信息出境的企业，必须进行个人信息保护影响评估；

（2）达到数据出境安全评估门槛的企业，需首先进行数据出境风险自评估，自评估可在个人信息保护影响评估的基础上进行，主要内容应当包括数据出境活动的整体概述和对数据出境活动风险的评估；

（3）完成数据出境风险自评估后，应当在3个月内申报数据出境安全评估。如果截至申报日，数据出境情况发生重大变化，① 企业应当重新进行自评估后才可申报数据出境安全评估。

申报数据出境安全评估后，如果数据出境安全评估有效期届满（自结果出具之日起2年）且企业仍继续跨境传输数据，或者在有效期内数据出境情况发生重大变化，则申报企业应当重新申报评估。

五、其他评估

需要注意的是，在非出境场景下，企业仍可能需要履行网络数据安全评估义务。

对于个人信息处理者而言，除出境场景外，企业还需就处理敏感个人信息、委托个人信息、共享个人信息等场景开展个人信息保护影响评估。

① 参照《评估办法》的规定，重大变化一般包括：（1）向境外提供数据的目的、方式、范围、种类和境外接收方处理数据的用途、方式发生变化影响出境数据安全的，或者延长个人信息和重要数据境外保存期限的；（2）境外接收方所在国家或者地区数据安全保护政策法规和网络安全环境发生变化以及发生其他不可抗力情形、数据处理者或者境外接收方实际控制权发生变化、数据处理者与境外接收方法律文件变更等影响出境数据安全的；（3）出现影响出境数据安全的其他情形。

对于重要数据处理者而言，企业应当就重要数据的处理情况定期开展风险评估并报送主管部门。目前《汽车数据安全管理若干规定（试行）》已对汽车重要数据的内涵进行界定，并要求处理汽车重要数据的处理者向有关部门报送风险评估报告。

对于构成关键信息基础设施运营者（CIIO）的企业而言，需要按照《网络安全法》以及《关键信息基础设施安全保护条例》等法律法规的要求，对关键信息基础设施每年至少进行一次网络安全检测和风险评估，对发现的安全问题及时整改，并按照数据保护工作部门要求报送情况。

第十六章　补全个人信息出境合规路径的拼图

——《个人信息出境标准合同办法》重点解读

2023 年 2 月 24 日，国家互联网信息办公室公布了《个人信息出境标准合同办法》的正式文本（以下简称《办法》）。《办法》于 2023 年 6 月 1 日生效。至此，《个人信息保护法》视域下的个人信息跨境方式之一“标准合同”的落地蓝本与中国方案正式亮相。

《个人信息保护法》第 38 条规定的个人信息出境合规路径有三大类，即数据出境安全评估、个人信息保护认证以及标准合同。此前，针对前两者路径，我国已陆续出台《数据出境安全评估办法》《个人信息跨境处理活动安全认证规范》等一系列配套法规文件予以细化规范；而《办法》的正式落地，则为个人信息出境的合规路径补全了最后一块拼图，至此，“三驾马车”将并驱推动数据出境管理。中国法下个人信息处理者跨境传输个人信息的三种合规数据出境路径，梳理如下：

对于跨国集团公司内部的数据传输而言（例如，中国子公司向国外总部汇报销售订单数据，其中包含消费者的个人信息），如果未达到出境安全评估的申报条件，理论上可以在标准合同或个人信息出境认证两条路径中择一适用。但由于个人信息出境认证的相关实践仍有待法律的明确和落实，我们建议相关企业在现阶段可通过签订标准合同的方式完成合规数据出境。

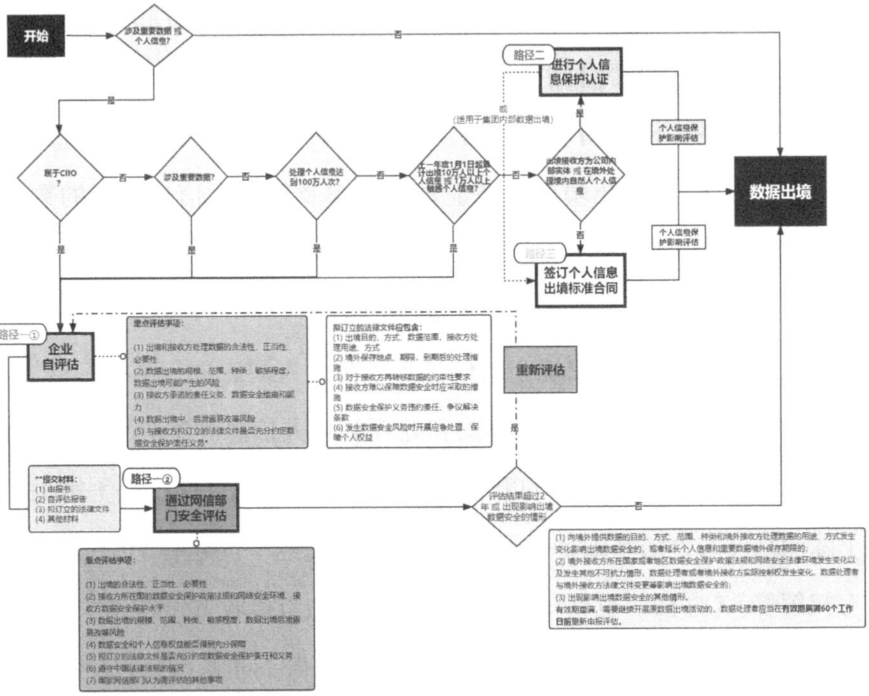

图 16-1　中国法下个人信息处理者跨境传输个人信息的三种合规数据出境路径图

一、正式稿与征求意见稿的区别

网信办早在2022年6月30日便发布了《办法》的征求意见稿。《办法》在原有征求意见稿的基础上进行了一定的修改和补充。如，在标准合同的适用条件上，原有同时满足的四项条件未发生变化，[①]在此基础上，《办法》特别强调了个人信息处理者不得采取数量拆分等手段规避出境安全评估、而通过订立标准合同的方式向境外提供。换言之，判

① 需同时满足的条件包括：（1）非关键信息基础设施运营者；（2）处理个人信息不满100万人；（3）自上年1月1日起累计向境外提供个人信息不满10万人；（4）自上年1月1日起累计向境外提供敏感个人信息不满1万人。

断企业是否符合申报条件应当基于企业自上年1月1日起出境的总量来计算，而不是单个合同中出境的数量。同时，《办法》调整了部分表述，将之前的“未达到10万人个人信息/1万人敏感个人信息”修改为“不满×万人”，即出境的人数应理解为涉及的个人信息主体的数量，出境同一个人的多个数据字段的（如年龄、邮箱、手机号等），应计为1人。

此外，《办法》对出境个人信息的事前个人同意进行了明确，规定如以约定的处理目的、处理方式和处理的个人信息种类处理个人信息的，无需取得个人的单独同意，这也使得《个人信息保护法》第13条下除同意外的合法基础是否可以豁免单独同意这一问题有了一个确定的有权解释。《办法》也新增了一系列规定，如当接收方所在国家或者地区的政府部门、司法机构要求接收方提供标准合同项下的个人信息时，接收方应当立即通知个人信息处理者；标准合同《附录一：个人信息出境说明》的出境后保存期限具体到起止时间的年/月/日等等。

具体的主要变化如下表所示：

表16-1 《个人信息出境标准合同办法》征求意见稿与正式稿比对表

	评注	征求意见稿	正式稿
《个人信息出境标准合同办法》正文对比			
1	特别强调个人信息处理者不得采取数量拆分等手段规避出境安全评估。	/	第4条 …… 个人信息处理者不得采取数量拆分等手段，将依法应当通过出境安全评估的个人信息通过订立标准合同的方式向境外提供。

（续表）

	评注	征求意见稿	正式稿
2	对合同订立提出更严格的按照附件《个人信息出境标准合同》书写订立的要求。据此理解，企业在订立合同时不能自行调整其中的条款。	第6条　标准合同包括以下主要内容： （一）个人信息处理者和境外接收方的基本信息，包括但不限于名称、地址、联系人姓名、联系方式等； （二）个人信息出境的目的、范围、类型、敏感程度、数量、方式、保存期限、存储地点等； （三）个人信息处理者和境外接收方保护个人信息的责任与义务，以及为防范个人信息出境可能带来安全风险所采取的技术和管理措施等； （四）境外接收方所在国家或者地区的个人信息保护政策法规对遵守本合同条款的影响； （五）个人信息主体的权利，以及保障个人信息主体权利的途径和方式； （六）救济、合同解除、违约责任、争议解决等。	第6条　标准合同应当严格按照本办法附件订立。国家网信部门可以根据实际情况对附件进行调整。
3	具体化相关管理措施，对涉及较大风险或者发生个人信息安全事件的情况，约谈个人信息处理者并要求整改、消除隐患等。	第11条　省级以上网信部门发现通过签订标准合同的个人信息出境活动在实际处理过程中不再符合个人信息出境安全管理要求的，应当书面通知个人信息处理者终止个人信息出境活动。个人信息处理者应当在收到通知后立即终止个人信息出境活动。	第11条　省级以上网信部门发现个人信息出境活动存在较大风险或者发生个人信息安全事件的，可以依法对个人信息处理者进行约谈。个人信息处理者应当按照要求整改，消除隐患。
4	新增6个月的“整改期”。	/	本办法施行前已经开展的个人信息出境活动，不符合本办法规定的，应当自本办法施行之日起6个月内完成整改。

（续表）

	评注	征求意见稿	正式稿
《个人信息出境标准合同办法》附件对比			
5	出境个人信息可以不基于个人的单独同意。	第 2 条　个人信息处理者的义务……并已取得个人单独同意，但相关法律法规规定不需要取得个人单独同意的除外。 …… 第 3 条　境外接收方的义务 （一）按照附录一“个人信息出境说明”所列约定处理个人信息，除非取得个人信息主体的事先同意。	第 2 条　个人信息处理者的义务……基于个人同意向境外提供个人信息的，应当取得个人信息主体的单独同意。 …… 第 3 条　境外接收方的义务 （一）按照附录一“个人信息出境说明”所列约定处理个人信息。如超出约定的处理目的、处理方式和处理的个人信息种类，基于个人同意处理个人信息的，应当事先取得个人信息主体的单独同意。
6	统一由境内的个人信息处理者答复来自监管机构关于境外接收方的个人信息处理活动的询问。	第 2 条　个人信息处理者的义务 …… （六）将答复来自监管机构关于境外接收方的个人信息处理活动的询问，但双方均同意由境外接收方作出答复的除外；在此情况下，若境外接收方在要求答复的期限内未答复，个人信息处理者仍将根据其合理掌握的信息在合理期限内作出答复。	第 2 条　个人信息处理者的义务 …… （七）答复来自监管机构关于境外接收方的个人信息处理活动的询问。
7	向第三方提供个人信息的条件发生变更：（1）如非基于个人同意处理个人信息的，无须取得个人的单独同意；	第 3 条　境外接收方的义务 …… （七）不将个人信息提供给位于中华人民共和国境外的第三方，除非同时符合以下要求：	第 3 条　境外接收方的义务 …… （八）同时符合下列条件的，方可向中华人民共和国境外的第三方提供个人信息： ……

（续表）

	评注	征求意见稿	正式稿
7	（2）向个人（而非之前的个人信息处理者）提供协议副本，提供的协议副本可适当隐去涉及商业秘密或者保密商务信息部分。	2. ……并已取得个人单独同意，相关法律法规规定无需取得个人单独同意的除外……在难以告知或者难以取得个人信息主体单独同意时，及时告知个人信息处理者，并请求个人信息处理者协助其告知个人信息主体或者取得个人信息主体单独同意。 …… 4. 向个人信息处理者提供该协议副本。	3. 基于个人同意处理个人信息的，应当取得个人信息主体的单独同意…… …… 5. 根据个人信息主体的要求向个人信息主体提供该书面协议的副本。如涉及商业秘密或者保密商务信息，在不影响个人信息主体理解的前提下，可对该书面协议相关内容进行适当处理。
8	（1）仅要求对境外接收方所在国家或者地区的个人信息保护政策和法规尽到合理的注意义务，如果未发现其影响接收方履行本合同约定的义务，则可以继续进行； （2）新增了境外接收方在境外政府部门、司法机构要求提供个人信息时的通知义务。	第4条　当地个人信息保护政策法规对遵守本合同条款的影响 （一）双方在此保证，经过合理努力仍不知晓境外接收方所在国家或者地区的个人信息保护政策法规（包括任何提供个人信息的要求或授权公共机关访问个人信息的规定），会阻止境外接收方履行本合同规定的义务。	第4条　境外接收方所在国家或者地区个人信息保护政策和法规对合同履行的影响 （一）双方应当保证在本合同订立时已尽到合理注意义务，未发现境外接收方所在国家或者地区的个人信息保护政策和法规（包括任何提供个人信息的要求或者授权公共机关访问个人信息的规定）影响境外接收方履行本合同约定的义务。 …… （六）境外接收方接到所在国家或者地区的政府部门、司法机构关于提供本合同项下的个人信息要求的，应当立即通知个人信息处理者。

（续表）

	评注	征求意见稿	正式稿
9	合同解除的情形中删除了“境外接收方破产、解散或清算”一项。	合同解除：（二）出现下列情形之一的，个人信息处理者有权解除本合同，并在必要时通知监管机构： …… 5. 境外接收方破产、解散或清算：无论是以个人还是组织名义提出的有关境外接收方依法解散的请求未在法定期限内被驳回；境外接收方作出解散决定；境外接收方被指定破产管理人；境外接收方自行开展破产、解散或清算程序；境外接收方在其国家或地区出现类似情况并在必要时通知监管机构。	/
10	附录保存期限具体到起止时间的年/月/日。	附录一　个人信息出境说明 （一）处理方式…… （八）出境后保存期限：（年月日至年月日）。	附录一　个人信息出境说明 （一）传输的个人信息属于下列类别的个人信息主体…… （八）出境后存储时间。

二、其他重点合规要点提示

（一）标准合同的内容、生效条件及备案义务

为平衡商业自由和监管需要，《办法》采用“自主缔约与备案管理相结合”的原则，[①] 因此标准合同无需事先审批即可生效，但《办法》明确合同生效后个人信息处理者方可开展个人信息出境活动，因此，对于绝大多数进行个人信息出境但未达安全评估标准的企业来说，签订标准合同（或进行个人信息出境认证）具有紧迫性。如果在《办法》生效后

① 中国网信网：《专家解读〈个人信息出境标准合同办法〉出台　贡献数据跨境流动中国方案》，https://mp.weixin.qq.com/s/5u3EgaM9wvgms55lS4EPBQ，2023 年 2 月 25 日访问。

未签订标准合同而继续进行个人信息出境的，将构成违法。此外，如合同有效期内出现特定情形，包括向境外提供个人信息的目的、范围、种类、敏感程度、方式、保存地点，接收方处理个人信息的用途、方式发生变化，延长个人信息境外保存期限，或者接收方所在国家或者地区的个人信息保护政策和法规发生变化可能影响个人信息权益的，应补充或重新签订并履行备案手续。

根据《办法》，虽然企业在标准合同生效后即可进行个人信息跨境传输，但根据《办法》第 7 条的规定，企业应当在合同生效之日起 10 个工作日内向所在地省级网信部门备案，并提交标准合同和个人信息保护影响评估报告。因此，虽然不备案不影响个人信息出境活动的合法性，但不备案本身即构成对于《办法》和《个人信息保护法》的违反，企业将承担相应的法律责任。

在内容方面，此次网信办对合同的订立提出更严格地按照附件《个人信息出境标准合同》书写订立的要求。因此企业所签订的标准合同应严格按照《办法》附件进行方符合规定。而对于其他的出境路径，如仅涉及个人信息出境的数据处理者申报数据出境安全评估时，相关法律文件与此合同相互衔接，可参照《办法》附件拟订，但其内容一致性的严格要求会有所下降。

（二）个人信息保护影响评估义务

《办法》在《个人信息保护法》第 55 条提出在向境外提供个人信息时需进行个人信息保护影响评估的基础上，进一步针对出境场景细化了影响评估的评估项，比如提出了境外接收方承诺履行的个人信息保护义务、措施和能力，以及个人信息出境后遭到篡改、破坏、泄露、丢失、非法利用的风险。

与《数据出境安全评估办法》安全评估途径下的出境自评估要求相比较，由于采用标准合同的出境方式本身的数据量和重要性有所减少，该方式相应弱化了数据出境可能对“国家安全、公共利益”带来的风险，而着重强调对个人信息权益带来的风险。此外，《办法》要求该项下的影响评估还需重点考虑“境外接收方所在国家或者地区的个人信息保护政策和法规对标准合同履行的影响”。

（三）注意整改期后的违法后果与责任

根据《个人信息保护法》第38条的要求，除法律法规另外规定外，向境外提供个人信息应当符合出境安全评估、个人信息保护认证、出境标准合同三种要求之一。由于之前仅《数据出境安全评估办法》正式生效，在此阶段如果企业未达到出境安全评估的申报条件，即使未订立标准合同或未进行个人信息保护认证，也不存在被监管机构执法的风险。但需要注意的是，在《办法》正式出台后，根据其第12条的规定，“违反本办法规定的，依据《中华人民共和国个人信息保护法》等法律法规处理；构成犯罪的，依法追究刑事责任”。结合目前企业的数据出境实践，《办法》对于目前已经开展个人信息出境活动但没有订立标准合同或订立合同不规范、不符合要求的，也给予了企业6个月内的整改期（即从2023年6月1日实施之日起算），以便企业限期整改满足合规要求。

限期仍未按照要求订立或修改合同的企业，可能会因此受到监管部门的处罚。对于违法处理个人信息、或处理个人信息未履行个人信息保护义务的，相关监管部门将责令改正、给予警告、没收违法所得，情节严重的还可同时处五千万元以下或者上一年度营业额百分之五以下罚款，并可责令暂停或停业、吊销业务许可或营业执照；对直接负责的主管人员和其他直接责任人员可处十万元以上一百万元以下罚款，并决定禁止其在一定期限内担任相关企业的董事、监事、高级管理人员和个人信息保护负责人。若因此造成个人信息权益损害的，还应当承担损害赔偿等民事侵权责任。此外，其项下的刑事责任包括侵犯公民个人信息罪、拒不履行信息网络安全管理义务罪等罪名，例如可能涉及未经同意或授权非法获取个人信息，未经被收集者同意非法出售、提供个人信息的情况。

第十七章　科技类企业经贸合规体系的构建

一、引言

在国际竞争日益激烈的科技领域，科技类企业的竞争也是各国对科技领域话语权和影响力的竞争。在科技类企业国际博弈的激烈现实背景下，我国科技类企业难免受到来自其他国家的打压，这既反映了他国对科技控制权的追求，也凸显出了新科技、新技术对规则的挑战以及科技类企业面临的风险。①面对这样的挑战和风险，为了维护自身权益，同时提高企业自身合规经营的能力，我国科技类企业越来越重视经贸领域的合规建设。

以华为为例，公司创立于1987年，是全球领先的信息通信基础设施和智能终端提供商。作为中国代表性的高技术、国际化经营企业，华为正在不断扩大对研究与创新领域的投资。在华为的国际化经营进程中，经贸合规体系建设是不可或缺的关键环节。2003年思科系统公司（Cisco Systems）就华为非法侵犯知识产权提起诉讼。②虽然双方最终通过对比源代码达成和解，但该案反映出我国企业在知识产权保护领域的

---

① 冯硕：《TikTok被禁中的数据博弈与法律回应》，载《东方法学》2021年第1期。

② Cisco Systems, Inc. v. Huawei Technologies, Co., Ltd., 266 F. Supp. 2d 551 (E.D. Tex. 2003).

合规漏洞。面对国际市场经营争端，华为不断加大合规建设资源投入，采取了更为积极的合规应对措施，逐渐将全面防范国际化经营合规风险作为企业经营目标之一。

随着2018年美国《出口管制改革法》的实施，我国许多科技类企业受到美国政府技术出口管制范围的限制，在技术领域被打压。①2019年5月，美国商务部产业安全局以违反美国国家安全和外交政策为由，将华为及近70家华为关联企业列入了出口管制“实体清单”，限制美国先进元器件和技术对华为的出口。②同时，美国以维护网络安全与隐私安全为借口，联合盟友对华为5G技术进入国际市场设置重重障碍，进一步倒逼华为对其经贸合规体系进行全面升级，这也提示我国科技类企业需要更加重视经贸合规体系的构建。

目前，一些科技类企业已率先构建起业务流程全覆盖的合规管理体系，为我国大型科技类企业合规建设提供了重要的经验参考，也为我国科技类企业防范国际贸易风险作出了科学的方法指引。

二、典型科技企业经贸合规体系建设与经验借鉴

企业的合规制度、机制与文化是合规体系构建的基本构成，③具体而言，包括：合规政策、合规组织、合规预防程序、合规识别程序、合规

① 韩爽：《美国出口管制从关键技术到新兴和基础技术的演变分析》，载《情报杂志》2020年第12期。

② Bureau of Industry and Security, U.S. Department of Commerce, Addition of Entities to the Entity List, https://www.federalregister.gov/documents/2019/05/21/2019-10616/addition-of-entities-to-the-entity-list, visited on 28 February 2023.

③ 张远煌：《企业合规全球考察》，北京大学出版社2021年版，第31页；陈瑞华：《论企业合规的性质》，载《浙江工商大学学报》2021年第1期。

应对程序等基本要素。①

（一）科技类企业合规体系建设

以华为等科技类企业为例，在合规体系建设中，公司高层首先对合规文化与理念进行了承诺：坚持诚信经营、恪守商业道德、遵守所有适用的法律法规是华为管理层一直秉持的核心理念；华为长期致力于通过资源的持续投入建立符合业界最佳实践的合规管理体系，坚持将合规管理端到端地落实到业务活动及流程中；华为重视并持续营造诚信文化，要求每一位员工遵守商业行为准则。②

通过对华为官方网站提供的信息进行分析，华为的合规管理可以主要总结为以下几个方面：第一，业务与机制方面。由首席合规官负责统一管理合规工作并向董事会汇报，各业务部门、全球各子公司成立合规组织负责各自的合规管理；根据适用的法律法规并结合业务场景，识别与评估风险，将所制定的管控措施落实到业务活动及流程中，实现对各个业务环节运作的合规管理与监督；通过检查与审计检验合规管理体系的有效性，并通过回溯与改进实现合规管理体系持续优化。第二，员工合规意识培养方面。华为重视提升员工的合规意识及能力，通过培训、宣传、考核、问责等方式，使员工充分了解公司和个人的合规遵从义务和责任。第三，合作伙伴方面。华为通过与客户、合作伙伴及各国政府监管机构等利益相关方展开积极的交流与合作，沟通合规理念与实践，增强彼此的理解与互信。③

① 刘艳红：《涉案企业合规建设的有效性标准研究——以刑事涉案企业合规的犯罪预防为视角》，载《东方法学》2022年第4期。

②③ 《合规与诚信》，https://www.huawei.com/cn/compliance，2023年1月18日访问。

就合规体系建设涉及的关键领域，华为、中兴等科技类企业采取了针对性措施，进行了许多具有探索意义的尝试，形成了包括反商业贿赂合规、出口管制合规、金融合规、网络安全与隐私保护、知识产权与商业秘密保护及合作伙伴合规管理等在内的、覆盖多个关键领域的合规管理体系。

（二）反商业贿赂合规

企业合规中的反腐败主要针对商业贿赂行为。世界上许多国家都对反商业贿赂进行了规制，[①] 对参与国际业务的企业提出了较高的要求。商业贿赂行为危害市场公平竞争，对社会及企业自身的发展都会产生恶劣影响。[②] 因此，企业往往要求各部门经营时应当坚持诚信原则，重视商业道德，遵守业务所在地的反商业贿赂法律法规，对腐败行为持“零容忍”态度。实际上，预防商业贿赂不仅是企业自身治理和承担社会责任的重要内容，还能够使企业免除司法责任，预防法律风险，有效降低企业经营成本。[③] 例如，通过考察英、美等发达国家企业反商业贿赂的实践，可以发现，建立健全的反商业贿赂合规管理体系能使企业在遭遇相关法律风险时，利用举证“企业已具备完善的合规管理制度”来进行免责。[④]

以华为为例，在反商业贿赂合规领域中，其设置了商务稽查部作为面向全公司的反商业贿赂合规部门，并在子公司设立反商业贿赂组织，有效承接相应职能。此外，华为还采取了一些措施支撑反商业贿赂

---

① 张远煌：《企业合规全球考察》，北京大学出版社 2021 年版，第 73 页。
② 《反商业贿赂》，https://www.huawei.com/cn/compliance/abc，2023 年 1 月 18 日访问。
③ 王田田：《论新时期中国民营企业的腐败治理》，载《中州学刊》2017 年第 10 期。
④ 王志乐：《我国企业“走出去”与合规经营》，载《国际经济合作》2012 年第 11 期。

合规体系运作：第一，发布《反腐败声明》《华为公司反腐败政策》《华为公司合作伙伴反腐败政策》以及针对具体业务的合规指引，明确对员工和第三方的反商业贿赂要求；第二，聘请外部咨询顾问，从“合规文化、治理与监督、合规风险评估及防范—发现—应对、运营持续性与有效性”等方面设计反腐败和反商业贿赂合规体系；第三，提升员工的反商业贿赂合规意识，通过培训、承诺文件签署、考试等方式向员工传达并确保员工遵从相关要求；第四，重视对合作伙伴的反商业贿赂管理，采取风险评估、尽职调查、培训、承诺文件签署等方式，防范与华为有业务关联的合作伙伴的商业贿赂风险；第五，提供投诉举报渠道，鼓励员工和第三方举报违规行为，协助提高反商业贿赂体系的有效性。①

（三）出口管制合规

当前，贸易管制合规尤其是出口管制方面的合规越来越受到关注。②近年来，域外国家发起了许多针对华为等高科技公司的制裁行动，其中以美国的出口管制措施最为严厉。自 2012 年始，美国以中兴通讯公司违反美国出口管制法规为由，对中兴采取了限制出口的措施。中兴、华为等作为位居世界前列的电信设备制造商，在美国等发达国家的市场份额快速上升，但其产品的核心芯片和高端元器件等仍主要依赖美国半导体厂商供应，从而不得不受制于美国出口管制法规。

2019 年 5 月，美国商务部将一些企业列入“实体清单”，致使相关企业无法获取在美国《出口管理条例》管辖范围内的半导体等关键

① 《反商业贿赂》，https://www.huawei.com/cn/compliance/abc，2023 年 1 月 18 日访问。
② 张远煌：《企业合规全球考察》，北京大学出版社 2021 年版，第 73—77 页。

产品与技术。[①] 由于美国在芯片制造业乃至全球信息技术产业中的重要地位，被列入“实体清单”对我国高科技企业造成了很大负面冲击，尤其是对企业的关键原材料及产品库存周转等能力提出了前所未有的挑战。[②] 虽然部分企业进行了积极自救，但完全自主研发并非一朝一夕可以实现，寻找与欧洲、日本等国企业合作的替代方案可能产生更高的经营成本。[③] 因此，一些企业投入大量资源推进贸易合规体系的建设与完善。以华为为例，其先是成立了跨集团职能部门、贯穿区域业务的综合贸易合规管理组织，然后在全球配置专业团队，跟踪外部各个国家贸易政策与法律法规变化，实现对采购、研发、销售、供应、服务等各个业务环节运作的贸易合规管理与监督。[④] 此外，公司还注重提升公司员工的贸易合规意识，在全公司范围对管理层和员工提供了各种形式的贸易合规培训，使员工充分了解公司和个人在出口管制上的义务和责任，以遵守相关出口管制法律法规。

在全球经济发展的动荡期，中国跨国企业必须保持对主要国家出口管制政策的关注与追踪，及时准确地评估国外对华出口管制政策及对相关领域、行业的影响。[⑤] 美国等主要国家正在对高科技领域的出口管制

---

① Bureau of Industry and Security, U.S. Department of Commerce, Export Administration Regulations (EAR), https://www.bis.doc.gov/index.php/regulations/export-administration-regulations-ear, visited on 28 February 2023.

② 葛晓峰:《从华为案探究美国对中国出口管制的本质》，载《国际经济合作》2022年第1期。

③ 李国喜、施盛云:《美国制裁中国高科技企业发展的成因与应对之策》，载《商业经济研究》2022年第4期。

④《贸易合规》，https://www.huawei.com/cn/compliance/trading-compliance，2023年1月19日访问。

⑤ 刘俊霞:《“中兴事件”视角下美国贸易出口管制及风险防范》，载《对外经贸实务》2018年第11期。

立法进行调整和改革，我国企业特别是高新技术行业企业需要利用数字化工具，对供应链各环节进行有效的合规风险识别与防控。企业法务人员要做到事前提高警惕，事中及时预警，事后尽快处理，尽量减少企业受到贸易制裁等处罚的可能。

（四）金融合规

近年来，一些高科技公司同样十分重视对金融制裁、反洗钱、反恐怖主义融资等金融合规风险的管理，开展了金融合规文化建设，强化员工金融合规意识。[①]通过对国家、客户、交易类型等多要素的金融合规综合管理，持续优化采购、销售和资金流程中的信息系统，实现对各业务领域事前、事中和事后的全流程金融合规管控。2020 年 8 月 24 日，华为与深圳证券交易所签署战略合作协议，[②]双方将发挥各自在信息技术资源和行业科技引领方面的优势，推动华为鲲鹏生态和信息技术基础设施在深交所业务体系里的创新研究和应用实施。在数字监管方面，双方合作打造了第五代大数据智能监察系统，可通过一体化工作平台，实现智能化监测异常交易和违法违规行为。

尽管许多企业在传统金融风险防控领域积累了长期、丰富的监管经验，但随着现代信息技术的不断发展，科技越来越多地与金融领域结合，金融领域的合规监管难度正显著提高。跨国企业的市场规模扩张和金融风险跨境的发展，对企业金融合规能力提出了更高要求，以国际化

① 《金融合规》，https://www.huawei.com/cn/compliance/finance-compliance，2023 年 1 月 19 日访问。

② 《华为与深交所达成战略合作，加速推进金融科技创新研究》，https://www.huawei.com/cn/news/2020/8/huawei-szse-cooperation，2023 年 1 月 19 日访问。

经营为目标的企业需坚持学习新技术，善于利用科技手段提升金融风险防控能力。[①] 例如，在反洗钱合规方面，企业可以利用身份识别、知识图谱、机器学习等科技系统进行合规管理，帮助自身解决金融领域相对复杂的合规要求。[②] 科技为金融领域带来了组织和业态的不断变化，其内在风险也处于不稳定的状态。因此，科技类企业必须对新金融业态持续加以关注，不断完善现有的监管机制和模式，在监管制度与机制动态发展的过程中不断学习。

（五）网络安全与隐私保护合规

随着数字化转型的不断加速，网络安全成为未来数字世界的基石。国内一些科技类公司明确将网络安全和隐私保护作为企业合规的纲领，致力于通过管理变革、技术创新、开放合作来迎接网络安全和隐私保护带来的挑战和机遇。[③]

一些科技类企业在遵从适用的国家和地区的法律法规、国际标准并参考监管机构、客户要求和行业实践的基础上，建立和完善了网络安全与隐私保护保障体系，并积极与有关政府、客户及行业伙伴加强合作，共同应对网络安全与隐私保护方面的挑战。例如，华为设立了“全球网络安全与用户隐私保护委员会”，作为公司的最高网络安全与隐私保护管理机构，负责决策和批准公司总体网络安全与隐私保护战略。此外，

① 许多奇：《金融科技的“破坏性创新”本质与监管科技新思路》，载《东方法学》2018 年第 2 期。

② 陶朗逍：《论中国式现代法治国家的企业合规改革模式》，载《上海对外经贸大学学报》2023 年第 2 期。

③《华为 2021 年可持续发展报告》，https://www-file.huawei.com/-/media/corp2020/pdf/sustainability/sustainability-report-2021-cn.pdf，2023 年 1 月 19 日访问。

公司还任命“全球网络安全与用户隐私保护官”，负责领导团队制定网络安全与隐私保护战略和政策，管理和监督其在各体系、各区域、全流程的实施，并推动与政府、客户、消费者、供应商、合作伙伴、员工等各利益相关方的沟通。同时，积极对标外国高标准立法，主动完善自身规则架构。例如，2016 年 4 月 14 日，欧盟议会通过了《通用数据保护条例》（GDPR）并于 2018 年 5 月 25 日开始正式在欧盟范围内全面实施。为遵守所在地隐私保护相关的法律法规要求，华为自 2016 年开始对标 GDPR 的标准和要求，构建了统一的隐私保护治理架构。①

在政策、流程、工具、技术和规范等方面，一些公司也通过采取相关措施来确保网络安全与隐私保护，以华为为例：第一，在公司层面发布《关于构筑全球网络安全保障体系的声明》② 及《华为隐私保护总体政策》，明确华为在网络安全与隐私保护上的基本态度、总体原则和各项要求；第二，各业务部门基于业务场景和风险人群，识别网络安全与隐私保护风险并制定相应管理要求，并将管理要求融入相关业务流程、信息系统和工具中；第三，建立端到端网络安全与隐私保护验证体系，例行开展度量、稽查、内部审计活动，设立了独立于业务体系的组织，对华为产品和服务进行验证，针对发现的问题持续进行管理改进，同时与第三方合作，开展测试、认证、外部审计等活动，不断提升网络安全与隐私保护管理水平；第四，面向全员例行开展网络安全与隐私保护意识培训教育与考试，针对管理者、高风险人群等进行专项培训，建立问责机制，发布《网络安全与

① 《华为 2021 年可持续发展报告》，https://www-file.huawei.com/-/media/corp2020/pdf/sustainability/sustainability-report-2021-cn.pdf，2023 年 1 月 19 日访问。

② 《关于构筑全球网络安全保障体系的声明》，https://www.huawei.com/cn/declarations/cyber-security，2023 年 1 月 19 日访问。

隐私保护违规问责定级标准》，对违规行为进行问责。2022 年 11 月 7 日，华为举办了以“共筑安全可信，护航数字化转型”为主题的网络安全与隐私保护合规治理论坛，并首次发布《华为隐私保护治理白皮书》。① 该白皮书将华为隐私合规框架分为“隐私保护治理”和“个人信息生命周期保护”两条主线。②“隐私保护治理”从顶层设计出发，集合了政策、组织、人员意识等因素。“个人信息生命周期保护”则覆盖个人信息全生命周期的管理，从收集、使用、披露、留存、处置等个人信息处理环节分别提出了隐私合规工作要求。该白皮书将华为隐私合规核心实践总结为隐私设计③、个人信息安全、供应商管理、个人信息跨境转移、隐私合规管理流程信息化、个人信息主体权利请求六个方面。

近年来，美国政府展开了密集且强力的网络安全相关行动，目的是剥夺中国及相关企业获得先进技术的机会。④ 例如，美国在 2018 年指控华为设备威胁他国网络安全，以司法互助为由要求加拿大配合逮捕孟晚舟。美国政府曾在国家安全战略报告中将中国及相关高科技企业描述成技术方面的“侵略者”，指责华为从事危害其国家与网络安全的行为。⑤

---

① 《华为首次发布隐私保护治理白皮书》，https://www.huawei.com/cn/news/2022/11/huawei-privacy-protection-whitepaper，2023 年 1 月 19 日访问。

② 《华为隐私保护治理白皮书》，https://www-file.huawei.com/-/media/corp2020/pdf/trust-center/huawei_privacy_protection_governance_white_paper_2022_cn.pdf，2023 年 1 月 19 日访问。

③ 隐私设计是一个应用于信息技术、业务实践、业务流程的整体概念，目的是将隐私需求作为整个系统开发和业务实践的一部分，确保隐私合规需求在业务或系统的规划之初就被纳入考量。

④ 杨剑:《当全球数字生态遭遇霸权政治: 5G 市场谈判中的“华为冲突”》，载《太平洋学报》2021 年第 1 期。

⑤ National Security Strategy of the United States of America, https://trumpwhitehouse.archives.gov/wp-content/uploads/2017/12/NSS-Final-12-18-2017-0905.pdf, visited on 28 February 2023.

美国国务卿迈克尔·蓬佩奥（Michael Pompeo）在2019年12月2日谈到5G网络时表示，“至关重要的是，欧洲国家不要将其关键基础设施的控制权交给华为或中兴通讯等中国科技巨头”。① 在美国的舆论与外交攻势之下，澳大利亚、英国等国家跟随美国在本国5G网络建设中排除了华为的参与。②2020年10月，瑞典邮政和电信管理局以“国家安全”为由，禁止华为、中兴等中国企业参与其举办的5G网络频谱拍卖，同时禁止参与5G频谱拍卖的瑞典电信企业使用华为或中兴通讯的5G设备。可以预见，未来一些科技类公司若想巩固或继续拓展国际市场，需要为美国及相关国家设置的地缘政治障碍付出更高的成本。同时，部分企业还需要针对一些目标国家的市场准入重新谈判，其全球化经营的成本将随着这些问题的出现而增高。③ 前述这些问题都值得有关企业借鉴、学习，提前做好风险预防与应对措施。

（六）知识产权与商业秘密保护

作为技术密集型企业，坚持尊重和保护知识产权是保持自身创造力的必由之路。企业在注重自有知识产权和商业秘密保护的同时，也应尊重他人知识产权和商业秘密，禁止员工不当获取、披露、使用及处置他人商业秘密。④ 例如，华为设立了面向全公司的商业秘密保护合规部门

---

① U.S. Department of State, *The 5G Future*, https://2017-2021.state.gov/5g-security/index.html, visited on 28 February 2023.

② 李巍、李玙译：《解析美国对华为的“战争”——跨国供应链的政治经济学》，载《当代亚太》2021年第1期。

③ 杨剑：《当全球数字生态遭遇霸权政治：5G市场谈判中的“华为冲突”》，载《太平洋学报》2021年第1期。

④《知识产权与商业秘密保护》，https://www.huawei.com/cn/compliance/intellectual-protection，2023年1月19日访问。

"公司信息安全与商业秘密保护部"，负责公司商业秘密合规体系建设，制定商业秘密合规政策、制度与流程，协助并指导各业务部门开展商业秘密合规工作。比如，通过指导具体业务领域制定完整业务流程，落实保护他人商业秘密的合规管理要求，以保障公司商业秘密保护从氛围、流程到问责整体机制的落地。

根据华为在其官方网站提供的信息，在保护他人商业秘密方面，其主要采取了以下措施：第一，颁布《关于尊重与保护他人商业秘密的管理规定》，对员工在商业活动中尊重与保护他人商业秘密提出明确要求，确保员工合法合约地开展各项业务活动；第二，将商业秘密保护要求融入到研发、销售、采购、人力资源等业务流程中，定期审视并结合业务运作中发现的问题和案例持续进行管理改进；第三，向全员开展商业秘密保护宣传、培训、考试，使员工充分知悉商业秘密合规遵从的义务及责任；第四，通过检查、审计等方式对保护他人商业秘密工作情况进行监督，确保政策、制度及流程的有效落地；第五，建立问责机制，发布《关于侵犯他人商业秘密违规的问责制度》《信息安全违规问责定级标准》等文件，对违规行为严肃问责。①

2021 年 3 月 16 日，华为发布了《创新和知识产权白皮书 2020》，系统介绍了华为创新和知识产权保护方面的种种实践，通过历史数据和关键事件脉络梳理，展现了华为从 20 世纪 90 年代创业早期阶段开始的研发和创新历程。② 华为首席法务官宋柳平在深圳总部召开的论坛上表

---

① 《知识产权与商业秘密保护》，https://www.huawei.com/cn/compliance/intellectual-protection，2023 年 1 月 19 日访问。

② 《华为创新和知识产权白皮书（2020 版）》，http://www-file.huawei.com/-/media/CORP2020/pdf/download/Huawei_IPR_White_paper_2020_cn.pdf，2023 年 1 月 19 日访问。

示，希望通过发布的《创新和知识产权白皮书2020》，展示华为三十余年来技术创新的发展历程和对知识产权一贯的尊重、保护和贡献，更加透明地让公众看到华为是如何一步步走到今天。《创新和知识产权白皮书2020》中提到，持续的创新投入使华为成为了全球最大的专利持有企业之一。截至2020年底，华为共持有全球有效授权专利超10万件，其中90%以上为发明专利。华为知识产权部部长丁建新指出，华为实际上自成立之初就非常重视创新，华为的成功是长期自主创新研发投入的结果。丁建新还表示，华为作为5G标准的重要技术贡献者，遵循FRAND①原则，希望能为5G技术的实施提供透明的成本预期，增加投资的确定性，促进5G技术的普及。②

（七）合作伙伴合规管理

企业为推进合规整改所建立的专项合规计划，一方面要督促减少企业自身发生违法违规的可能性，确保企业在各个环节实现合规经营的目标，另一方面也要推动交易方等合作伙伴的合规管理与合规运营，实现合规建设的可持续发展。③

企业对合作伙伴的合规管理在前述几个关键领域所采取的合规措施中有不同程度的体现。例如在反商业贿赂领域，通过风险评估、尽职调

---

① 作为惯例，国际标准组织都会对标准必要专利权人的权利作出一些限制，通常情况下都会要求专利权人做出对专利实施人许可标准必要专利的FRAND（公平、合理、无歧视）承诺，也有的标准组织称为RAND（合理、无歧视）条款，如国际电信联盟（ITU），两者含义是类似的。

②《华为发布创新和知识产权白皮书2020》，https://www.huawei.com/cn/news/2021/3/huawei-releases-whitepaper-innovation-intellectual-property-2020，2023年1月19日访问。

③ 陈瑞华：《企业合规整改中的专项合规计划》，载《政法论坛》2023年第1期。

查、文件签署等方式，对合作伙伴进行反商业贿赂合规管理，防范与华为有业务关联的企业存在商业贿赂风险。① 以华为为例，其对合作伙伴合规管理主要有以下两个方面内容：第一，专门针对供应商的合规管理。华为要求供应商合规运营，遵守供应商社会责任行为准则和诚信廉洁承诺，督促供应商进行合规管理体系建设并具备合规专业能力，向供应商提出合规要求，进行尽职调查。华为有针对供应商的风险评级和审核机制，采用基于风险的供应商审核模式，对于占采购金额 90% 以上的主力供应商例行开展年度风险评级，根据采购金额、物料类别、供应商所在地区、公司社会责任绩效结果及历史审核记录等指标综合评估，划分为高、中、低三个风险等级，将高、中风险供应商纳入年度可持续发展审核计划。② 第二，针对各类合作伙伴的合规管理。公司将合规要求纳入合作伙伴管理政策，并构建合作伙伴认证体系，要求各类合作伙伴学习和签署行为准则，并对合作伙伴进行适当的尽职调查和真实性验证，并鼓励违规举报，处罚合作伙伴违规行为，停止与不合规、不诚信合作伙伴的合作。③

三、中国科技类企业经贸合规建议

前文对反商业贿赂合规、出口管制合规、金融合规、网络安全与隐私保护、知识产权与商业秘密保护等方面的分析是大多数科技类企业在进行跨国经营时关注的重点领域。我国科技类企业在进行经贸领域的合规建设时，应对以下几个方面进行重点关注、采取相应措施。

---

① 《合规与诚信》，https://www.huawei.com/cn/compliance，2023 年 1 月 19 日访问。

② 《华为 2021 年可持续发展报告》，https://www-file.huawei.com/-/media/corp2020/pdf/sustainability/sustainability-report-2021-cn.pdf，2023 年 1 月 19 日访问。

③ 《合规与诚信》，https://www.huawei.com/cn/compliance，2023 年 4 月 11 日访问。

（一）控制供应链风险

国际技术竞争与经济博弈导致中国企业面临供应链中断的可能性急剧增加，构建安全可控的供应链成为广大中国企业亟待解决的问题。① 一方面，企业必须提高核心技术开发能力，合理利用巨大的研发投入，有针对性地研发关键核心技术，在国际供应链上掌握主动权。② 另一方面，企业需积极维护其外部供应链，在保持适当库存的同时，积极参与国际分工，提高中国企业的生产效率以及在全球价值链中的位置。例如，华为在被列入“实体清单”后，就积极在芯片供应领域进行“去美国化”，最具代表性的体现就是其在产品中使用了自主研发的麒麟芯片。因此，即使在美国出口管制的不利影响下，华为仍保持了业绩，实现全球市场份额的增长。③

（二）促进科技手段在关键合规领域的应用

在数字经济时代，企业的合规建设也更加关注数字化转型，逐渐引入区块链、大数据、人工智能等技术，对企业合规风险进行智能化和系统化的监控、识别、分析和评价。④ 我国科技类企业在国际化经营过程中，可以运用相关技术手段，推动科技系统在金融、网络安全与隐私保护等关

---

① 符正平、叶泽樱：《大国博弈下全球供应链的中断风险与“备胎”管理——基于华为公司的案例》，载《江苏社会科学》2021 年第 4 期。

② 杨栋、梁霄：《我国通信企业提升核心竞争力路径——从中兴和华为事件说起》，载《对外经贸实务》2019 年第 4 期。

③ 葛晓峰：《从华为案探究美国对中国出口管制的本质》，载《国际经济合作》2022 年第 1 期。

④ 马明亮：《合规科技在企业整改中的价值与实现路径》，载《苏州大学学报（哲学社会科学版）》2022 年第 4 期。

键合规领域中的适用。在把握科技手段自身风险的前提下，通过释放科技在合规体系中的价值，企业可以构建出在合规建设方面相对全面和完善的动态规制体系，[①]从而降低合规风险管理的难度，提高合规建设效率。

（三）关注他国涉华经贸立法

不同于企业内部的合规风险，他国经贸立法给企业带来的合规困境难以仅通过企业的内部合规建设进行化解。[②]以美国为例，美国的涉华经贸立法对中美经贸发展产生了严重的消极作用，不仅阻碍了美国高新技术进入中国市场，也破坏了中国企业在美经贸发展环境，导致了我国科技型企业在经贸合规方面的困境。[③]因此，存在潜在被制裁风险的相关企业应从多方面化解他国涉华立法的消极影响，提前做好相关产品进出口风险评估工作，熟悉企业经营业务相关的技术标准，明确所在行业上下游市场的分类和应用，识别自身业务是否受到管制。[④]密切关注和熟悉东道国国内相关法律，在自身利益受到他国不合理的侵犯时，研判其负面影响，依法积极进行维权。

四、本章小结

合规建设是企业防控法律风险能力的集中体现，也是新时代全球经贸环境对我国科技类企业提出的内生性需求。部分科技类企业在走向国

① 唐林垚：《数据合规科技的风险规制及法理构建》，载《东方法学》2022年第1期。
② 裴炜：《刑事数字合规困境：类型化及成因分析》，载《东方法学》2022年第2期。
③ 郭永虎、安鑫玉：《近期美国国会涉华经贸立法及其影响（2019—2021）》，载《东北师大学报（哲学社会科学版）》2022年第4期。
④ 韩爽：《中国企业出口管制合规建设与要点分析》，载《企业经济》2020年第7期。

际的过程中遇到了各种各样的合规问题，也积累了丰富的跨境合规风险预防与应对经验，在不断进行合规观念更新与制度改革后建立了较为完善的合规体系，能为更多企业提供借鉴与示范。以国际化经营为目标的科技类企业应对合规加以重视，从三个方面展开企业合规管理体系建设工作。首先，建立合规管理组织机构，出台全面、具体的合规政策和指引，监督企业合规制度的执行与落实，对违规行为加强问责追究。其次，建立风险管控机制，对境内外合规风险信息进行收集与分析，进行合规风险动态识别和评估，做好合规风险培训，及时预防合规风险的发生。最后，在出现突发事件或风险时，企业合规机构应及时对企业国际经营过程中的争议或违规行为进行回应与整改，向企业提供合规方面的救济。科技类企业还应结合行业属性和自身特点，在重点领域和关键方面采取有针对性的合规举措。

后　记

本书撰写是集体努力的成果，是一次有组织科研的尝试，更是一次学习的经历。彭德雷统领全书的选题框架、主题分配与阶段进展，指导并对全书进行多轮审阅修改。彭德雷、王达坡、孙安艺主要负责书稿撰写各阶段的组织研讨与审阅修改事宜。魏圣香主要负责书稿部分章节的撰写与审阅修改事宜。

本书初稿撰写分工如下：

彭德雷撰写第一章；王达坡、彭德雷撰写第二章；孙安艺撰写第三章；娄岩撰写第四章；徐娟撰写第五章；闻凯撰写第六章；仇墨苒撰写第七章；杨李潼画撰写第八章；费秀艳撰写第九章；向彦霖撰写第十章；张朝阳、魏圣香撰写第十一章；魏圣香撰写第十二章；魏佳怡、彭德雷撰写第十三章；严驰撰写第十四章；潘永建、沙莎撰写第十五章；潘永建、朱晓阳、左嘉玮、吴若蘅撰写第十六章；侯佳静撰写第十七章。

在初稿撰写阶段，彭德雷主要负责第一至八章、第十章、第十三章、第十四章、第十七章的修改；王达坡主要负责第二章、第五章、第六章、第十三至十七章的修改；孙安艺主要负责第三至十章、第十四章、第十七章的修改；魏圣香主要负责第十一章、第十二章的修改。初稿定稿后，彭德雷对全书做了进一步修改完善。

由于时间所限，还有很多内容、观点存在不足之处，恳请同行批评。本书同时也是上海市商务委员会“2022 年上海市进出口公平贸易公共服务项目”研究的延伸成果。

特别感谢上海市商务委员会曹茵、颜海燕、丁秀峰、傅晓玉等各位领导在研究过程中的指导和支持。上海人民出版社冯静编辑对本书进行了精心审校，并对本书的出版给予了大力支持，作者深表谢意。

图书在版编目(CIP)数据

国际经贸合规风险与应对/彭德雷等著.—上海：
上海人民出版社，2023
ISBN 978-7-208-18422-0

Ⅰ.①国… Ⅱ.①彭… Ⅲ.①国际贸易-贸易法-研
究 Ⅳ.①D996.1

中国国家版本馆CIP数据核字(2023)第132856号

责任编辑 冯 静
封面设计 一本好书

国际经贸合规风险与应对
彭德雷 王达坡 孙安艺 魏圣香 著

出 版 上海人民出版社
(201101 上海市闵行区号景路159弄C座)
发 行 上海人民出版社发行中心
印 刷 苏州市古得堡数码印刷有限公司
开 本 720×1000 1/16
印 张 23
插 页 2
字 数 268,000
版 次 2023年9月第1版
印 次 2023年9月第1次印刷
ISBN 978-7-208-18422-0/F·2826
定 价 99.00元